U0895904

1949-2019

新中国成立70周年

新疆人民生活

国家统计局新疆调查总队 编

图书在版编目（C I P）数据

新中国成立70周年新疆人民生活 / 国家统计局新疆调查总队编. -- 北京：中国统计出版社，2019.9
ISBN 978-7-5037-8913-7

Ⅰ. ①新… Ⅱ. ①国… Ⅲ. ①区域经济发展－研究报告－新疆②社会发展－研究报告－新疆 Ⅳ. ①F127.45

中国版本图书馆CIP数据核字(2019)第180763号

新中国成立70周年新疆人民生活

作　　者/国家统计局新疆调查总队
责任编辑/李 冲
封面设计/杨生艳
出版发行/中国统计出版社
通信地址/北京市西城区月坛南街57号 邮政编码/100826
办公地址/北京市丰台区西三环南路甲6号 邮政编码/100073
电　　话/邮购(010)63376909 书店(010)68783171
网　　址/http://www.zgtjcbs.com
印　　刷/新疆统计印刷厂
经　　销/新华书店
开　　本/787mm×1092mm 1/16
字　　数/249千字
印　　张/19.25
版　　别/2019年9月第1版
版　　次/2019年9月第1次印刷
定　　价/220元

如有印装差错，由本社发行部调换。

《新中国成立70周年—新疆人民生活》

编者说明

一、《新中国成立70周年—新疆人民生活》是国家统计局新疆调查总队编印的大型历史资料，本书刊载了新中国成立70周年以来的新疆发展成就综述、城乡居民收支、主要价格指数、农业、畜牧业、农民工、扶贫开发、劳动力就业、规下服务业、文明城市创建、十四个地州市发展变化等系列成就回顾文章及相关数据资料。

二、本书内容：包括发展成就篇与调查数据篇两大部分。

三、资料中所使用的度量衡单位均采用国际统一标准计量单位。

四、本书总量指标计算所采用的价格均为现行价格。

五、本书中部分数据合计数或相对数由于单位取舍不同而产生的计算误差，均未作机械调整。

六、符号使用说明：

"…"表示数据不足本表最小计量单位数；

"#"表示其中的主要项；

"空格"表示没有、不详或未掌握该项数据。

七、本书在编辑过程中得到有关单位和领导的大力支持，在此深表谢意。由于我们水平有限，加之时间仓促，错误和不足之处不少，敬请各级领导、各界人士和统计战线的同仁不吝批评指正。

目 录

发展成就篇

调查数据篇

一、各类价格指数(1951–2018年)

二、城乡人民生活情况(老口径)(1978–2012年)

新中国成立70周年

1949-2019

新疆人民生活

发展成就篇

FA ZHAN CHENG JIU PIAN

栉风沐雨共奋斗 丝路故地展新颜

——新中国成立70周年新疆发展成就综述

沐浴着改革开放40年的春风，中华人民共和国迎来了70岁的生日。回望70年砥砺前行，在各族人民的团结奋进下，中国发生了翻天覆地的变化，取得了举世瞩目的成就。不仅在中华民族历史上，放眼世界范围内，都是一部感天动地的奋斗史诗。新疆地处祖国边陲，自1949年和平解放后，在党中央的关怀下，在自治区党委、自治区人民政府的正确领导下，在援疆兄弟省市的帮助下，各族人民团结一心、栉风沐雨共奋斗，取得了巨大成就。尤其是十八大以来，在以习近平同志为核心的党中央领导下，新疆经济蓬勃发展、社会祥和稳定、人民安居乐业，"一带一路"倡议的提出，更是为古丝路上的这颗明珠提供了千载难逢的历史机遇，丝路故地焕发着新的生机。

"农"墨迎重彩

(一)农牧业实现全面发展，由"产量低下、供给紧缺"到"自给有余、提质增效"

新中国成立70年，是新疆农村全面振兴发展的70年，村容村貌美丽宜居、农业生产提质增效、农民生活显著提高。

1949年新中国成立，同年，新疆和平解放。经过土地改革和民主改革，废除旧的剥削制度，在驻疆人民解放军的带领下，开垦荒地、兴修水利等生产运动开展起来，1954年，驻疆10万官兵集体就地转业组建生产建设兵团，为新疆屯垦戍边打下了坚实基础，新疆农牧业一改落后的生产状况，得到了前所未有的发展，解决了人民的温饱问题。

与新中国成立初期的积贫积弱不同，如今粮食产量大幅增长，实现自给有余，农业结构不断调整，经济作物的种植面积和占比不断提高。1949年全区粮食产量为84.77万吨，全区总人口433.34万人，人均粮食占有量仅为190千克；2018年全区粮食总产量已达到1504.23万吨，是新中国成

立初期粮食产量的17倍之多，全区2486.76万人，人均粮食占有量达600余千克，是1949年人均粮食产量的3倍多，实现了粮食的自给有余。种植结构不断优化调整，1949年农作物播种总面积为1027.87千公顷，粮食作物868.97千公顷，占总播种面积的84.6%；经济作物播种面积102.1千公顷，占总播种面积的9.9%。2018年粮食种植面积2219.64千公顷，棉花种植面积2491.30千公顷，油料种植面积224.13千公顷，甜菜种植面积57.25千公顷。

新疆地处欧亚大陆腹地，气候干旱少雨、光照充足，得天独厚的气候条件十分利于棉花的种植。新疆把握这一优势，大力发展棉花产业，自改革开放后，新疆棉花生产呈现近乎直线的增长态势，棉花的种植面积、总产量、单产量、商品调拨量连续24年保持在全国首位，成为全国优质棉主产区，同时也是世界最大的手摘细绒棉和中国唯一的长绒棉生产区域，初步形成"世界棉花形势看中国、中国棉花形势看新疆"的格局。新疆棉花产业在促进经济发展、增加农民收入、调整农业结构中发挥了重要作用。

目前棉花种植面积超过粮食成为新疆种植业生产中最大的大宗农产品，2018年，新疆棉花种植面积2491.3千公顷，同比增长12.4%，产量511.09万吨，增长11.9%，产量占全国的83.8%。2018年新疆原棉年产值超过950亿元，占全区农业产值的43.1%，农民人均出售籽棉收入1754.47元，人均纯收入的23.2%来自种棉。

新疆"稳粮、优棉、促畜、强果、兴特色"的农业战略布局带动了新疆特色林果业的发展。目前特色林果业作为农村支柱产业，在农民增收、农村稳定、农业增效上发挥了重要作用。近年来，新疆果业集团等大型林果类企业打造出新疆林果的"金字招牌"，新疆的干果红枣、核桃、巴旦木、杏干，瓜果香梨、葡萄、哈密瓜、苹果、石榴、杏子等特色优质品种借助互联网和交通运输的便利，远销海内外，成为新疆一块靓丽的名片。不仅总量和单产的大幅提高，种植品种也丰富多样。2018年全区特色林果产量1604.69万吨，其中水果1059.00万吨，坚果106.84万吨，果用瓜438.85万吨。仅水果产量一项，已是1988年6.62万吨的159.97倍。

全区畜牧养殖数量大幅提高，主要畜禽产品持续增长。近些年来，通过积极调整畜群、品种结构，增加适龄母畜比例，增加仔畜繁殖率，提高牧业经济效益，畜牧业逐步迈向高质量发展。2018年新疆主要牲畜猪牛羊年末存栏4952.63万头，其中生猪335.79万头、牛457.15万头，羊4159.68万只，较1949年的生猪3.75万头、牛139.66万头、羊765.11万只，分别增长了88.54倍、2.27倍和4.43倍，年均增速6.7%、1.7%、2.5%。产量上，1949年猪牛羊总产量仅为

5.06万吨，年人均产量仅为11.6千克，2018年猪牛羊总产量达155.46万吨，年人均产量为62.5千克，分别为1949年的30.72倍、5.39倍。无论从总量还是人均上，新中国成立以来畜牧业发展都实现了飞跃式发展，产量大增保障供给满足生活必需，结构优化满足老百姓日益增长生活品质所需。

（二）收入实现跨越式增长，由“站起来”到“富起来”

新中国成立前，新疆经济封闭落后，缺乏生产资料的贫雇民，承担着重税重租，奴隶制的无常劳动普遍存在。原始落后的生产方式使得农牧业生产力发展水平极其低下，主要依靠坎土曼和二牛抬杠等落后的生产工具,用来耕种的牲畜几户合用一头，面朝黄土背朝天、生活极其困苦。根据《新疆通志》记载，土改前，莎车、叶城、泽普、麦盖提4县的农奴制和无常劳役是普遍存在的。地主、富农占当地总人口的10%，但占有土地达70%；占人口总数50%的贫雇农，只占有15%的土地，这些压迫剥削现象在全疆普遍存在。新中国成立后，土地改革解放了生产力，牧区改革安定了社会秩序，特别是1978年改革开放，生产力得到极大地解放和提高，尤其是近年来在“乡村振兴”战略、农业供给侧结构性改革、脱贫攻坚、精准扶贫等政策的实施下，进城务工、土地承包流转、安居惠民带来收入渠道的进一步拓宽，农民工资性收入和转移净收入比重不断增加。农村居民人均可支配收入由1978年的119元，提高到2018年的11975元，增长近100倍。经营净收入占可支配收入的比重由1998年的90.0%下降到2018年55.3%，工资性收入和转移净收入占比分别由1998年的5.3%、2.4%提高到2018年的24.6%和18.1%。农民人均可支配收入显著增加，收入结构不断优化，真正实现了由“站起来”到“富起来”。

（三）脱贫攻坚取得阶段性胜利，由“解决温饱”到“奔向全面小康”

党的十八大以来，以习近平同志为核心的党中央把脱贫攻坚工作纳入“五位一体”总体布局和“四个全面”战略布局。党的十九大更是明确把精准扶贫作为决胜全面建成小康社会的“三大攻坚战之一”。新疆的南疆四地州作为国家“三区三州”之一的深度贫困地区，贫困率高、贫困程度深、脱贫难度大，在党中央、国务院的统筹领导下，自治区党委、人民政府坚持以习近平新时代中国特色社会主义思想为指导，以打赢脱贫攻坚战为目标，因地制宜，做到扶真贫、真扶贫、脱真贫、真脱贫。

通过加大对南疆四地州深度贫困区的政策倾斜，增加财政投入，改变当地交通道路、电网建设、水利建设等薄弱的基础设施建设困境。推进土地流转、加大贫困地区退耕还林还草支持力度、加大产业扶贫力度、实施电商进村带动扶贫、全力推进就业

扶贫、稳妥推动易地扶贫搬迁、实施发展教育脱贫等各项精准扶贫政策的实施，全区贫困人口数持续减少、贫困发生率大幅降低、贫困地区范围不断缩小，脱贫工作取得阶段性胜利。截至2018年年底，新疆农村贫困人口由改革开放初期的532万减少至64万，2018年全区农村贫困地区农民人均可支配收入10907元，与2011年的4245元相比，增长6662元，年均增长率达14.43%，增速高于全区农村居民人均可支配收入2.51个百分点。2018年全区53.7万人实现脱贫，513个贫困村退出，3个贫困县摘帽，贫困发生率降至6.51%。

“城”平显盛世

（一）经济发展市场繁荣，由“物资匮乏”到“物丰价稳”

新中国成立初期，生产力水平低下，粮油肉供应不足，为稳定市价、保障供应，粮票、肉票、布票成为50年代到80年代老百姓生活的必需。“凭票购买”正是当时社会物资奇缺、计划经济时代的产物。随着改革开放和市场经济体制的确立，市场流通便利、百业兴旺供应充足，生活所需的米面油、肉蛋奶更是品种繁多、种类齐全，充分满足了人民目前追求营养价值、增强体质的需求。家用电器不仅走进千家万户，家电升级换代速度更是应接不暇，大屏超薄液晶电视、LED电视、家庭影院、家庭投影仪满足了家庭个性化的娱乐休闲需求，微波炉、洗碗机、抽油烟机、空调、空气净化器、吸尘器的普及大大提升了老百姓的生活品质，中高档乐器、健身器材的家用化丰富了人们的业余生活，家用汽车取代自行车成为家庭主要通行工具。在1980年城市居民家庭主要耐用消费品每百户拥有量中，还没有洗衣机、电冰箱和彩色电视机的身影。到2018年，城镇居民家庭每百户拥有洗衣机、电冰箱、彩色电视机数量分别达到99.61台、103.03台、100.16台，远高于1984年的11台、0.9台和35台。2018年居民家庭平均每百户年底家用汽车拥有量38.35辆是2000年0.82辆汽车的46.77倍。

表1 主要年份城镇居民家庭平均每百户年末主要耐用消费品拥有量

项目	1985年	1990年	1995年	2000年	2005年	2010年	2015年	2018年
彩色电视机（台）	35.10	67.80	85.50	102.57	105.7	105.61	100.00	100.16
洗衣机（台）	52.24	79.66	92.10	95.48	88.53	93.43	97.00	99.61
电冰箱（台）	8.57	32.20	60.36	81.76	79.72	90.20	96.00	103.03
家用汽车（辆）	--	--	--	0.82	0.81	8.63	26.00	38.35
家用电脑（台）	--	--	--	5.68	23.86	47.68	63.00	55.03
微波炉（台）	--	--	--	5.39	19.68	34.84	39.00	41.16
空调（台）	0.20	0.17	0.93	2.78	7.02	12.42	17.00	29.71
排油烟机（台）	--	--	38.06	64.75	76.68	--	77.00	86.42
移动电话（部）	--	--	--	4.81	108.61	159.79	209.00	220.85

与新中国成立初期和改革开放初期的物价大幅波动不同，随着供给充足，消费市场繁荣，市场成为价格形成的主要机制，政府出台各项惠民生政策有序保障人民生活，物价平稳，百姓获得感增强（见图1）。

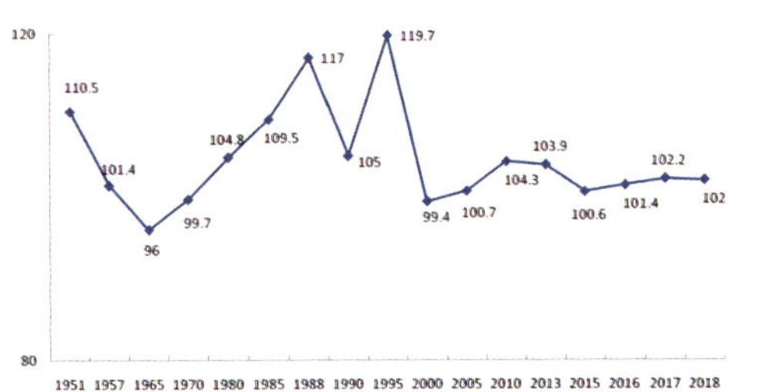

图1 1951年-2018年新疆CPI同比价格走势图

（二）城镇居民收入水平迈上新台阶，由“路狭窄”到“渠道宽”

新中国成立后百业待兴，商业、手工业得到恢复性发展。改革开放以来，中国确立了以公有制为主体、多种所有制经济共同发展的市场经济体制，老百姓的收入跟随经济发展水涨船高，作为祖国西大门的新疆人民安居乐业、生活水平显著提升。新疆城镇居民人均可支配收入从1978年的319元攀升至2018年的32764元，增长了101.71倍。1988年改革开放十周年，新疆城镇居民人均可支配收入突破千元大关达到1068元，2007年突破万元大关达到10794元，到2017年仅用十年时间实现跨越增长，突破三万元大关达30775元。在收入构成中工资性收入在20世纪90年代之前比例一度超过80%，随着收入渠道的拓宽，工资性收入占比下降至60%左右。伴随市场开放、营商环境优化，个体经营、经商办企业发展活跃，特别是“大众创业、万众创新”的各项优惠政策出台，激发百姓创业热情，居民的经营净收入稳步增长，城镇居民人均经营净收入从1985年49.14元增长到2018年的3414元，增长了68.47倍；在收入构成中由1985年的6.2%提高到2018年的10.4%。投资领域拓宽和金融市场放宽，为城镇居民人均财产净收入注入新动力，与1988年4.08元相比，2018年已达1434元，增长350.47倍；在收入构成中占比由1988年的0.4%上涨到4.4%。随着社保实现基本覆盖，人均转移净收入提升，2018年，城镇居民人均转移净收入5963元，与1980年的61.44元相比，增长了96倍，成为第二大收入来源。各项民生保障措施的完善，低收入户群体收入增速快，中等收入群体扩大。低收入户人均可支配收入在2017年突破万元大关，收入增速高于城镇居民人均可支配收入增速。

（三）消费结构优化升级，由“满足生活型”到“追求品质型”

随着经济的发展和人民生活水平的提高，新疆城镇居民消费水平稳步上升，2018年城镇居民人均消费支出24191元，比1980年的418元，增长近57倍，消费市场发生日新月异的变化，消费结构、消费观念和消费方式呈现新特征。

与改革开放初期相比，消费结构呈现出新的变化和趋势，满足生活需求的食品和衣着占比不断降低，居住、交通通信和医

疗保健消费快速增长。

当今的消费观念呈现新趋势：品质消费、体验消费成为主流消费观念，精神消费支出凸显，这些新趋势在老百姓的衣食住行方方面面体现得淋漓尽致。

2018年城镇居民人均衣着消费支出

表2 1980年-2018年新疆城镇居民人均八大类消费支出构成（单位：%）

	1980年	1985年	1990年	1995年	2000年	2005年	2010年	2015年	2018年
食品烟酒	57.4	46.8	47.8	44.8	35.9	34.5	33.0	30.7	28.5
衣着	16.5	17.8	15.6	17.6	12.8	12.4	13.1	10.4	9.2
居住	4.5	3.5	4.6	6.3	8.8	13.6	16.7	16.3	17.7
生活用品及服务	6.5	10.9	11.0	7.1	9.3	4.9	6.4	6.6	6.8
交通通信	1.0	1.3	1.6	5.5	7.4	11.8	11.6	14.8	14.2
教育文化娱乐	6.7	15.2	11.2	10.3	13.5	11.7	9.6	10.8	11.0
医疗保健	1.0	1.1	2.5	4.2	7.4	7.8	6.6	7.8	9.4
其他商品和服务	6.5	3.4	5.7	4.1	4.7	3.2	3.1	2.6	3.2

2233元，比1980年的增长30倍，年均增速9.6%。老百姓消费理念逐步改变，更加关注品牌、质量、个性化需求。淘宝、天猫等互联网的应用推广，销售渠道也由线下实体店扩展到线上网络销售，使老百姓可以足不出户买到心仪的衣服，选择多、品牌多。

食品消费市场供应充足，品种繁多，消费结构更加优化。2018年城镇居民人均食品烟酒消费支出6900元，是1980年食品消费239.64元的28.8倍，在人均消费支出中占比较1980年下降28.9个百分点。2018年人均粮食、肉类、蔬菜、奶类和蛋类消费支出分别比1980年增长7.9倍、26.1倍、20.1倍、75.6倍、3.3倍，粮食、肉类、蔬菜消费占食品消费的比重分别比1980年下降19.7个百分点、1.1个百分点和3.0个百分点，奶类消费占比提高2.9个百分点。

随着90年代初的城镇住房改革，城镇居民住房条件改善、人均住房面积增加、住房消费支出明显增加。2018年城镇居民人均居住消费支出4287元，比1980年增长224.6倍，2018年城镇居民人均住房建筑面积33.0平方米是1985年的18.7平方米的1.76倍，商品房、保障房、自建房、房改房成为当前房产市场的主要房产供应来源。刚需住房、改善性住房等多元化的房源满足了不同消费者的多种消费需求。自来水、厕所、浴室等家庭设施改善了老百姓的居住条件，2018年99.0%的家庭实现自来水入户，95.0%的家庭拥有浴室的卫生设备，93.0%的家庭实现水冲式厕所。

追溯七十年前，人与人之间的通信依靠书信、电报，通行则依靠马车、有限的汽车，道路崎岖、翻山越岭交通极为不便。新中国成立70年，借改革政策之风，新疆道路交通基础设施建设投入加大，公路延伸至千家万户，铁路通车里数越来越长、兰新高铁全线通车标志新疆迈入"高铁时代"，直飞通航航班班次连年增加,快速便捷的交通改变着人们的出行方式。现在新疆交通网已由单一的公路交通建设发展为水陆空立体网。2018年全区货物运输量9.76亿吨，而1950年仅为0.0032亿吨，增长3000多倍，货物运输周转量2601.84亿吨公里则是1950年0.21亿吨公里的1万多倍。信息与通信工程的发展，互联网、智能手机、各类App的普及，在通信上实现了"相隔千里犹在眼前"。2018年邮政行业业务总量达38.03亿元是1949年的0.019亿元的2000倍。2018年新疆城镇居民人均交通通信消费支出3425元，比1980年增长885.3倍；2018年新疆城镇居民家庭每百户拥有移动电话221部，比1998年的0.43部增长512.9倍，接入互联网的计算机47台，比2005年增加35台，增长2.9倍。

"工"到业自成

（一）工业成为新疆经济支柱，由"薄弱"到"壮大"

新中国成立前，新疆经济主要是封闭的农牧业自然经济，现代工业一片空白。史料记载，1949年全疆工业总产值不过9800多万元，官办企业只有14个小型厂矿，职工不到1100人。在当时国家统计局发布的40种主要工业产品中，新疆只能生产5种。没有一公里铁路，没有一座像样的工厂，工业产品匮乏，一寸钢、一颗圆钉、一张机制纸都生产不了，工业品价格十分昂贵，一些偏远的地方，有的群众甚至要用一只活羊才能换到一包火柴。新中国成立后，新疆工业发展从量到质都有明显提高，主要经历了五个阶段：

1. 萌芽起步期（1949–1977年）。1949年新疆工业总产值仅为9773万元，主要以手工业为主。为改变新疆工业的落后面貌，尽快建全工业体系，在驻疆人民解放军的积极参与和支持下，在全区人民攻坚克难、艰苦奋斗下，自治区人民政府大力恢复和发展原有工业企业生产的同时，于1950–1952年，先后投资1亿多元，兴建起包括石油、煤炭、钢铁、有色金属、建筑、建材、电力、机械、纺织、食品等一批工业企业，其中具有代表性的八一钢铁厂、新疆农机厂、八一面粉厂、苇湖梁火力发电厂、十月汽车配修厂等大中型厂矿企业兴建。工业得到初步发展，1977年新疆生产总值35.67亿元是1952年7.91亿元的4.5倍；工业总产值由1952年的1.09亿元增长到1977年的12.79亿元，年均增速10.3%。

2. 快速发展期(1978–1999年）。改革开放以来，经济社会得到全面发展，新疆经济得到长足发展。1978年，新疆GDP只有39.07亿元，1999年达到1168.55亿元，是1978年近30倍，年均增长17.6%。这一时期，工业产值由1978年的14.48亿元增长到1999年的317.93亿元，增长近22倍，年均增速15.8%。与1978年新疆三次产业结构为35.8∶47.0∶17.2相比，1992年第二产业

的比重开始超过第一产业且呈逐渐上升趋势，成为主导产业，其中工业占比26.4%。

3.发展机遇期（2000-2009年）。西部大开发战略实施为新疆发展带来新机遇，新疆经济发展站上新台阶，工业成为拉动经济增长的主要动力。2004年，新疆经济总量跨上2000亿台阶，2009年已是翻了一倍达到4257.60亿，是2000年1363.56亿元的3倍多。工业总产值由2000年的418.63亿元增长为2009年的1555.84亿元，年均增速达15.7%。2009年三次产业贡献率分别为9.5%、48.6%和41.9%，其中工业贡献率30.2%。三次产业结构也由1999年的23.1：36.1：40.8变为2009年的17.8：45.1：37.1，第二产业比重和对经济增长的贡献显著提高。

4.强劲增长期（2010-2013年）。中央新疆工作座谈会召开以来，新疆经济加速前行，经济增速在全国的位次不断跃升，工业支柱作用显著增强。四年经济总量分别跨越5000、6000、7000和8000亿元四个大台阶。工业总产值2010年迈上2000亿台阶，2013年接近3000亿元达到2943.67亿元，年均增速10.8%。三次产业结构调整为17.3：46.4：36.1，与2009年相比，第一、第三产业比重分别下降0.5和1.0个百分点；第二产业比重上升1.3个百分点，其中工业比重由36.4%提高到37.6%，提高1.2个百分点。2013年三次产业对经济增长的贡献率分别为11.3%、60.2%和28.5%，其中工业的贡献率达46.9%。

5.高质量发展期（2013-）。十八大以来，经济由高速发展向高质量发展，供给侧结构性改革等政策实施指导工业转型升级，工业规模总量不断攀升、产业结构不断优化、质效不断提升。乌鲁木齐、昌吉、石河子高新技术产业开发区启动建设国家自主创新示范区，大数据、“互联网+”等新产业新业态迸发活力，高新技术制造业、工业战略性新兴产业实现大幅增长。2017年新疆生产总值突破万亿大关达10881.96亿元，2018年新疆生产总值12199.08亿元，第二产业增加值4922.97亿元，三次产业增加值占地区生产总值的比重分别为13.9:40.3:45.8，三次产业的年均贡献率分别为11.3%、26.4%和62.3%。

（二）现代工业体系逐步建立完善，由“单一”到“齐全

工业是立国之本，强国之基。与新中国成立初期的工业发展落后、门类不健全相比，改革开放后工业基础逐步坚实，门类逐渐齐全完善，目前全区规模以上工业企业覆盖了国民经济行业中工业的38个大类、119个中类、171个小类、309个基本分类，1591种产品规格，涉及范围广、代表性强，形成了门类比较齐全的工业体系。煤炭、石油、有色、电力、化工、钢铁、建材、纺织等行业在新疆工业中占主要地位，形成了全区重点监测的十大产业。2018年，全区重点监测的十大产业中，石油工业增加值1360.07亿元，有色工业334.88亿元，电力工业443.44亿元，化学工业382.58亿元，钢铁工业81.22亿元，建材工业153.00亿

元，煤炭工业184.96亿元，纺织工业108.14亿元，农副食品加工工业65.26亿元，装备制造工业62.33亿元。

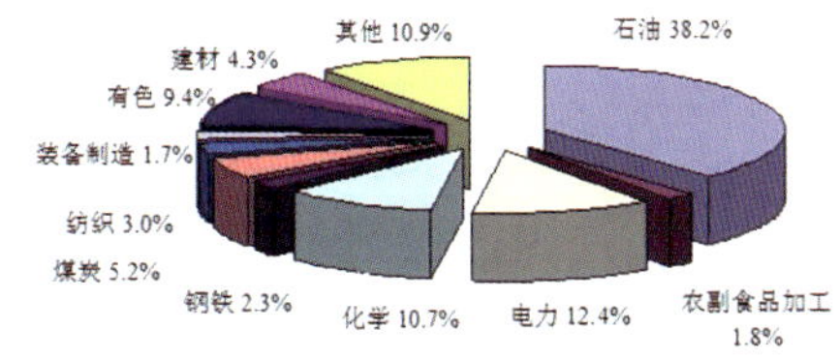

图2 2018年全区规模以上工业增加值中十大重点产业增加值比重

近年来，新兴产业发展势头良好，在全区规模以上工业中占比越来越高，2018年全区规模以上工业战略性新兴产业增加值比上年增长15.1%，高技术制造业增加值增长32.1%，分别占规模以上工业增加值的比重为4.9%和1.5%。

回望新中国成立七十年，是风雨同舟、团结奋斗的七十年。七十载在中华民族的历史长河中转瞬即逝，但它留下辉煌的历史篇章。春华秋实七十载，栉风沐雨向前行，新疆这颗古丝绸之路上的明珠，在中国共产党的领导下，散发着更加迷人和耀眼的光芒。我们坚信在以习近平同志为核心的党中央的坚强领导下，在各族人民的团结奋斗下，迎着“一带一路”的历史机遇，新疆的未来会更光明，各族人民群众的生活会更美好！

作者：刘宇杰

单位：国家统计局新疆调查总队

奋进七十年 众志奔小康

——新中国成立70周年新疆发展成就之农村居民生活篇

新中国成立70年来，在党中央坚强领导下，新疆各级党委、政府坚持以经济建设为中心，大力推动经济发展，不断改善居民生活水平。新疆农村社会经济发生翻天覆地的变化，特别是改革开放以后经济发展突飞猛进，农村居民收入水平迅速增长，收入结构多元化，消费水平大幅提升。新疆农村居民人均可支配收入由1957年的125.1元增长到2018年的11975元，增长了94.7倍，年均增加194元，年均增长7.8%。农村居民的幸福感与获得感与日俱增。

一、七十年历程，数说收入稳步增长

（一）新中国成立，书写奋斗新篇章

1949年新中国成立，新疆和平解放，是中国人民民主革命的一个重大胜利，开创了新疆历史新纪元。为新疆的人民政权巩固、经济建设和文化教育事业的发展提供了条件。政通人和，百废俱兴。在新疆各级党委、政府的领导下，稳步开展平叛剿匪、减租反霸、土地改革、兵团屯垦等一系列发展措施，坚持人民当家作主、激发人民创造活力，有效地推动了新疆农业的社会主义建设。新疆粮食产量从1949年的16.95亿斤增长到1954年的29.13亿斤；1957年新疆农村居民人均可支配收入达到125.1元，家庭总支出达到140.27元。

（二）改革开放后，激发创造新动力

1978年十一届三中全会确定了把党的工作重点转移到社会主义现代化建设上来，改革的经济方面在农村取得了率先突破，并随之迅速在全国各经济领域内推广，赋予了社会主义新的生机与活力。改革开放以来，新疆各级党委、政府深入贯彻落实中央关于农村工作的方针政策，农村地区的经济发展走上快车道。至21世纪，农村居民人均可支配收入由1978年的119元增长到2000年的1644元，增长了12.8倍，年均增长12.7%。

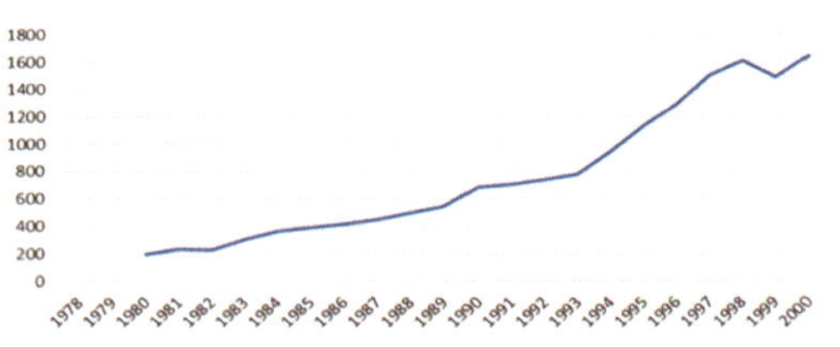

图一：1978年–1999年新疆农村居民人均可支配收入（元）

（三）西部大开发，推动发展新动能

由于历史及地理因素影响，改革开放后西部地区经济发展相对缓慢。进入21世纪，在党中央的正确领导下，为加快中西部地区的发展，实施西部大开发战略，推进“兴边富民”行动，重点支持少数民族地区扶贫开发、牧区建设等。新疆各级党委、政府紧握历史机遇，大力引进外部资金、人才、技术，依托丰富的矿产资源及独特的旅游资源，进一步推动农村地区的经济发展，带动农村居民收入日益增长。新疆农村居民人均可支配收入由2000年的1644元增长到2018年的11975元，增长了6.3倍，年均增长11.7%。且城乡收入比由2000年的3.48下降到2018年的2.74，城乡收入相对差距进一步缩小。

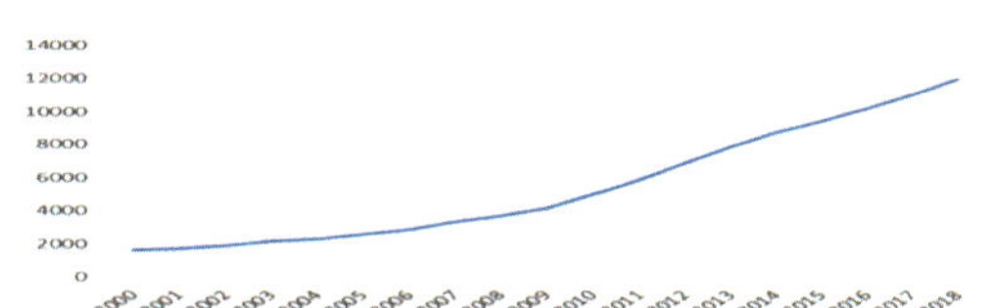

图二：2000年-2018年新疆农村居民人均可支配收入（元）

（四）奋进新时代，开拓共赢新思路

2017年党的十九大指出中国特色社会主义进入了新时代。在中央对新疆发展的大力支持下，在“一带一路”政策的持续推动中，为确保如期打赢脱贫攻坚战，新疆各级党委、政府坚持以习近平新时代中国特色社会主义思想为指导，以稳中求进为工作总基调，贯彻落实“1+3+3+改革开放”总体工作部署，强化精准施策，稳步推进“七个一批”“三个加大力度”；聚焦“两不愁三保障”，持续加大农村人居环境整治、渠路林网配套等基础设施改进力度。多措并举建立脱贫攻坚长效机制，协调推进乡村振兴战略。

新疆农村地区的经济发展成为推动新疆经济持续增长的新动力。2018年新疆农村居民人均可支配收入11975元，收入水平自2011年持续位居西北五省首位。

表一 2011年—2018年西北五省农村居民人均可支配收入比较（元）

	新疆	陕西	甘肃	青海	宁夏
2011年	5442	5028	3909	4608	5410
2012年	6876	6285	4931	5594	6776
2013年	7847	7092	5589	6462	7599
2014年	8724	7932	6277	7283	8410
2015年	9425	8689	6936	7933	9119
2016年	10183	9396	7457	8664	9852
2017年	11045	10265	8076	9462	10738
2018年	11975	11213	8804	10393	11708

注：由于历史回溯原因，2011年数据均为老口径数据。

二、七十年发展，收入结构不断优化

经济社会的高速发展，推动居民收入的渠道不断拓宽。新疆农村居民收入结构多元化，逐渐形成以经营净收入为主要收入、工资性收入和转移净收入齐头并进、财产净收入缓慢增长的态势。

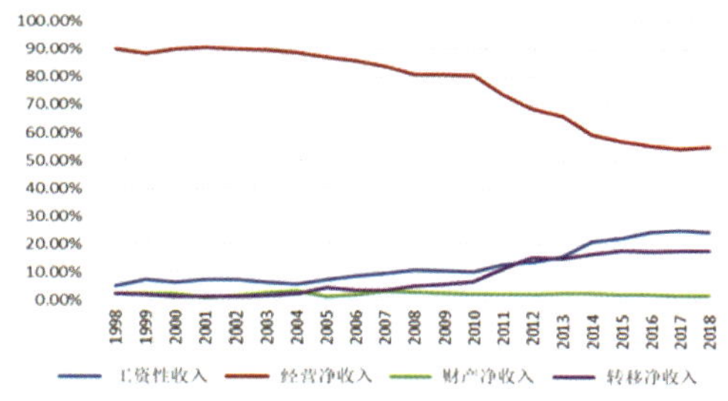

图三：1998年-2018年新疆农村居民人均四大类收入占比（%）

注：由于老口径数据中，财产收入与转移收入

合并为一个指标，故上图数据采用回溯至1998年的新口径数据。

(一)转移就业促进工资性收入稳定增长

家庭联产承包经营制度的确立，大大提高了农业生产效率，农村剩余劳动力逐渐增多。新疆各级党委、政府始终坚持就业优先政策，大力发展旅游兴疆、引进劳动密集型产业为新疆农村居民创造了无数的就业岗位。实施最低工资制度，适时调整增加工资水平，确保收入稳定增长。农村居民人均工资性收入由1998年的85.2元增长到2018年的2945元，增长了33.6倍，年均增长19.4%。

(二)二次分配推动转移净收入蒸蒸日上

改革开放以来，经济得到长足发展，税收改革效应日益凸显，财政收入的增长带动收入二次分配。新疆农村地区随着脱贫力度增大，越来越多的惠农、惠民政策相继出台。如农村安居工程、耕地地力保护补贴、新型农村养老保险、南疆四地州普通高中免费教科书、全民体检等，从政策上保障转移净收入快速增长。农村居民人均转移净收入由1998年的37.9元增长到2018年的2170元，增长了56.2倍，年均增长22.4%，四项收入中年均增速最高。

(三)土地流转催生财产净收入从无到有

十一届三中全会提出“土地承包经营权”；1995年国发[1995]7号《国务院批转农业部〈关于稳定和完善土地承包关系的意见〉的通知》中明确提出“建立土地承包经营权流转机制”。土地承包经营权得以合法流转，至今为止转让承包土地经营权租金净收入仍为新疆农村居民财产净收入的主要组成部分。农村居民财产净收入由1998年的37.5元增长到2018年的235元，增长了5.3倍，年均增长9.6%。

(四)农业优产保障经营净收入主导地位

家庭联产承包责任制的实施，大幅提升了农业生产的积极性；土地流转促使农业向规模化、集约化发展；现代农业科技的高速发展，大大促进农业生产提质增效。农业经营收入大幅上升。新疆农村居民人均经营净收入由1998年的1448.2元增长到2018年的6624元，增长了3.6倍，年均增长7.9%。

收入结构经过不断优化调整，农村居民人均经营净收入在人均可支配收入的比重由1998年的90%调整为2018年的55.3%，依然保持在四项收入结构中的主导地位。

三、七十年变化，消费结构逐步升级

新中国成立，人民走向社会稳定、生活富裕的道路。收入水平增长的同时，生活消费也同步上涨。新疆农村居民人均生活消费由1980年的150.6元增长到2018年的9421元，增长了61.6倍，年均增长11.5%。同时，消费结构呈现生存型消费占比逐步下降、发展型消费占比逐步上升、享受型消费占比波动平稳的态势。

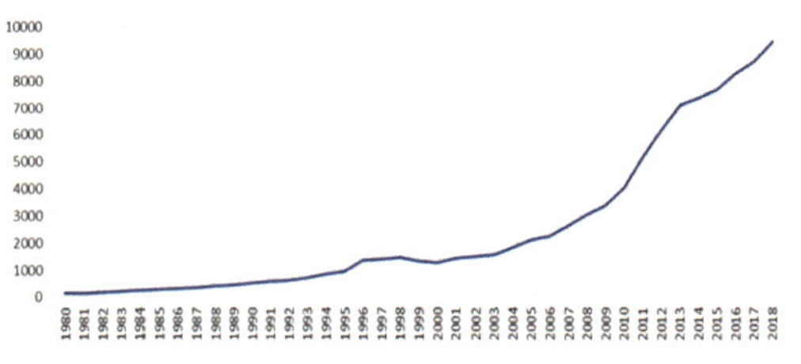

图四：1980年-2018年新疆农村居民人均消费水平(元)

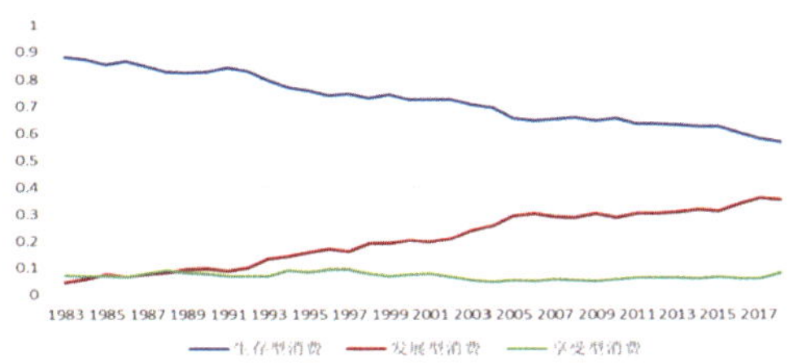

图五：1983年-2018年新疆农村居民消费结构变化（%）

注：由于新疆农村居民人均消费八项结构中的新口径数据回溯至1998年，故图四与下文中1997年及以前数据采用老口径数据。

（一）生存型消费促进居民衣食无忧

新疆农村居民人均食品烟酒消费由1983年的132.4元增长到2018年的2824元，饮食结构由单一主食演变为荤素结合、营养搭配。其中人均谷物和薯类消费量由1978年的180.2公斤下降到2018年的169.1公斤，人均蔬菜及制品、肉类消费分别由1978年的58.2公斤、6.5公斤增长到2018年的78.55公斤和22.34公斤。

农村居民人均衣着消费由1983年的43.3元增长到2018年的799元，衣着色彩从“绿蓝灰黑”变为“多彩华服”，成为新农村的一道亮丽的风景线。

农村居民人均居住消费由1983年的25.6元增长到2018年的1716元。2010年新疆政府实施富民安居工程，各族群众的居住环境从老旧危房变成富民安居房，人均现住房居住面积由1980年的11平方米增长到2018年的29.2平方米。2018年，农村家庭住宅外道路路面硬化率达90%；管道供水入户率达87.6%；家庭饮用水源进过净化或受保护率达93.6%。

（二）发展型消费推动家庭优质生活

中华民族自古以来就是崇尚教育的民族，党中央1977年恢复高考、1995年实施科教兴国战略，推动全民教育。新疆政府大力发展全区教育事业，依托脱贫攻坚，开展教育扶贫专项行动，尤其是保障南疆四地州教育资源公平。农村居民人均教育文化娱乐消费由1983年的4.6元增长到2018年的1011元。农村居民家庭文盲或半文盲劳动力比重由1986年的30.5%下降到2012年的2.4%；2018年高中及以下年级学生入学率均达到90%以上。

“要致富，先修路”，新疆交通运输事业发展迅速，铁路营业里程由1978年的1031公里增长到2017年的6244公里；交通运输客运量（铁路、公路和航空三类总计）由1978年的941万人增长到2017年的30101万人。我国通信技术“5G”更是在国际上实现了“弯道超车”。基础设施的进步带动居民生活的便利。新疆农村居民人均交通通信消费由1983年的1.49元增长到2018年

的1301元。居民出行方式由自行车更换为家用汽车、摩托车或助力车，通信方式由书信来往变成移动互联网交流。2018年每百户家用汽车、摩托车、助力车拥有量分别为：19.4辆、60.3辆、77辆；移动电话拥有量更是达到每百户200.7部。

医疗事业的进步，有力保障了居民身体安全。医保的普及解决了居民支付高额医疗费用的难题。《中国农村扶贫开发纲要(2011—2020年)》提出“两不愁，三保障”；《自治区健康扶贫工程“三个一批”行动计划实施方案》的实施，通过精准扶贫，防止居民因病返贫、因病致贫。农村居民人均医疗保健消费由1983年的4.42元增长到2018年的1018元。

（三）享受型消费共享社会发展成果

科技的发展促进居民生活的便利。新疆农村居民人均生活用品及服务消费由1983年的15.1元增长到2018年的610元。由图六、图七比较可知，1987年到2018年农村居民家庭使用的家用电器不仅数量上大大增加，质量上更是更新换代，为居民家庭提供了舒适便捷的生活。

农村居民家庭每百户拥有洗衣机、电冰箱、彩色电视机数量分别由1987年的7.03台、0.24台、3.55台增长到2018年的94.91台、101.8台、100.97台。

随着实际需求的不断增长，应用场景的不断拓展，家用电器的功能愈加丰富。一系列实用家电进入居民生活中，2018年农村居民家庭每百户拥有微波炉、热水器、排油烟机分别为7.58台、44.14台、14.1台。

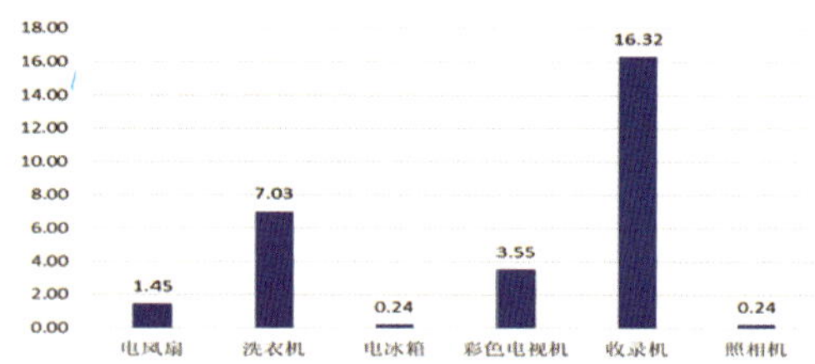

图六：1987年新疆农村居民家庭每百户耐用消费品拥有量(台)

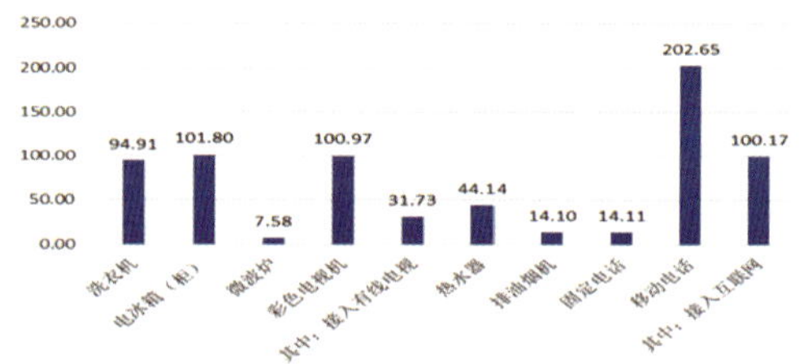

图七：2018年新疆农村居民家庭每百户耐用消费品拥有量(台)

四、七十年风雨，不忘初心牢记使命

从食不果腹到膳食均衡，从衣不蔽体到光鲜亮丽，从茅室土阶到窗明几净，从道路崎岖到四通八达，从不学无术到有教无类，从因病致贫到祛病延年。这一切无不显示出中国特色社会主义的巨大优越性，无不彰显出中国共产党领导的先进性，无不表现出全国各族人民紧紧团结在中国共产党周围的坚定性。

不忘初心，牢记使命。为人民服务是中国共产党人始终如一的不变初心。在初心的指引下，一系列推动社会发展、人民增收的政策相继出台；在初心的激励下，一大批驻村干部深入基层，推动脱贫攻坚，助力乡村振兴；在初心的带领下，越来越多的困难群众脱离贫困、奔向小康，共享社会发展成果！

作者：李涛

单位：国家统计局新疆调查总队

透过民生数据 观美好生活变迁

——新中国成立70周年新疆发展成就之城镇居民生活篇

新中国成立70年来，新疆各族儿女在党中央的高度关怀和领导下，同心协力、奋力拼搏、艰苦创业、团结建设，经过70年风雨历程，取得了辉煌成就。特别是党的十一届三中全会以来，新疆经济社会发生了翻天覆地的变化，经济、政治、文化、社会、生态等全方位改革，民生建设不断推进，教育、医疗、社会保障更加完善，居民就业渠道和发展机会逐渐拓宽，居民收入持续增加，消费愈加多元化，广大人民群众真正享受到经济社会发展和改革开放带来的伟大成果。

一、城镇居民收入稳步增长

新中国成立以来，新疆城镇居民收入变化大体以1978年十一届三中全会为分水岭。改革开放前，从物质供应短缺到衣食基本有保障，居民生活得到初步改善；改革开放后的四十年，经济迅速发展，物质生活极大丰富，居民收入快速增长，生活水平显著提高。

（一）改革开放前（1949-1978年）

1949年，在以毛泽东为核心的中国共产党第一代中央领导集体的领导和关怀下，新疆获得和平解放，当时的新疆生产方式十分落后，几乎没有现代工业，生产水平低下，经济发展基本停滞，1949年人均产值不足百元，人民生活极度贫困。新中国成立后，新疆和全国一样，在党中央的领导下进行了艰巨的国民经济恢复和建设工作，城市经济飞跃发展。1955年，随着自治区成立和经济建设的大规模展开，新疆新建扩建一大批现代化工矿企业，广大城镇居民获得了充分就业机会，就业局势得以稳定，居民收入逐渐增加。1957年，新疆全民所有制职工总人数约44万人，是1949年的15倍。经过三十年的发展，新疆经济实力不断增强，居民收入逐渐增长，从物质供应短缺到物资慢慢丰富，城镇居民生活得到初步改善。

（二）改革开放后（1978-2018年）

改革开放以来，以邓小平、江泽民、胡锦涛为核心的党的三代中央领导集体和以习近平同志为核心的党中央，始终坚持把

增加居民收入、改善人民生活作为工作的出发点和落脚点，积极创造条件，不断拓宽增收渠道，城镇居民收入快速增长，实现了大跨越。

1. 第一阶段（1978-1988年）：城镇居民收入突破千元

改革开放后，以邓小平为核心的第二代中央领导集体采取一系列推动新疆改革开放和社会主义现代化建设的政策措施，百姓的思想观念得到改变，陈旧的体制和机制受到冲击，经济建设取得全面发展，城镇居民就业范围极大丰富，收入取得重大突破，首次跨越千元大关。1978年居民人均可支配收入为319元，1988年达到1068元，年均增长12.8%。

2. 第二阶段（1989-1998年）：居民收入超过五千

进入90年代，改革开放进一步深化，社会经济充满活力，人民生活得到较大改善。新疆城镇居民收入进入快速增长期，收入由千元迅速增加至五千元。1986年，经济体制改革开始在城市推行，国有企业扩大经营自主权、扩大利润留存等改革措施相继推行，同时，国家出台一系列保护非公有制经济的政策法规，为非公有制经济的发展提供了法律保障，特别是在1992年邓小平同志南行讲话和中国共产党第十四次全国代表大会后，个体经济快速发展，城镇居民收入得以快速增长。1989年新疆城镇居民人均可支配收入为1176元，1998年可支配收入首次超过五千元，达到5023元，年均增长17.5%，比第一阶段快4.7个百分点，延续了第一阶段收入快速增长的态势。

3. 第三阶段（1999-2007年）：居民收入突破万元

进入21世纪，我国进入社会主义经济建设稳步可持续发展阶段，各种体制和机制得到进一步完善。中国以加入世界贸易组织为契机，加快调整国有经济布局和结构；党的十六大提出进一步深化国有企业改革，积极推行公有制的多种有效实现形式，国民经济健康发展。特别是国家实施西部大开发战略，加大对西部地区基础设施建设的投入，新疆经济得以快速发展、社会全面进步，城镇居民收入持续增加。到2007年，新疆城镇居民人均可支配收入突破万元大关，达到10794元，比1999年增加5427元，年均增长9.1%。

4. 第四阶段（2008-2018年）：居民收入实现大跨越

近十年，我国继续不断推进改革开放伟大事业，党中央不断深入贯彻以人为本的发展思想，惠民举措不断落地实施。2010年起，新疆连续七年开展“民生建设年”活动，新疆第九次党代会召开以来，持续推进九大惠民工程，各族人民获得感、幸福感不断增强。惠民政策的实施，推动就业状况持续改善，2014-2018年五年时间，新疆城镇新增就业达233万人。“一带一路”倡议的实施也为新疆发展创造了历史性机遇，新疆社会经济实力的增强使城镇居民收入实现跨越式增长，2013年新疆城镇居民收入首次突破两万元，2017年首次突破三万元，2018年增长至32764元，比1978年增长101.7倍，年均增长12.3%。

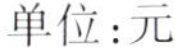

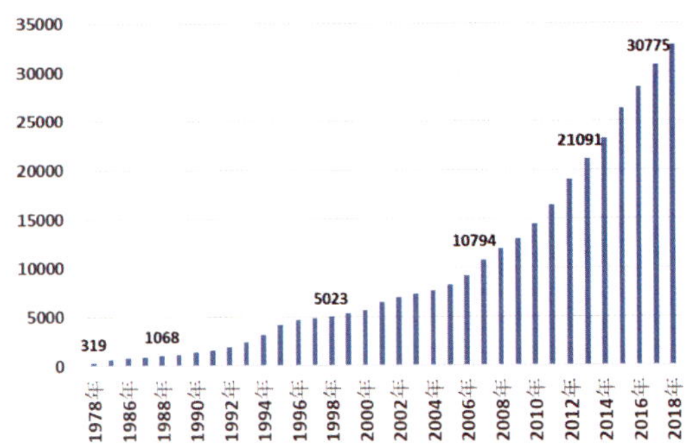

图1 1978-2018年新疆城镇居民人均可支配收入水平图

二、收入结构日益优化

在城镇居民收入快速增长的同时，增收渠道也不断拓宽，逐步趋向多元化，收入结构日渐优化。(注：文中1998年以前的数据为老口径数据)

(一)就业政策持续推出，工资性收入持续增长

新中国成立后，特别是改革开放以来，在国家统筹规划和指导下，政府介绍就业、自愿组织就业和自谋职业相结合的方针进一步拓宽了就业渠道，各族劳动者就业机会不断增加。自治区政府针对不同时期的形势出台了符合当时实际的促进就业稳定就业的积极措施，如建立政府促进就业责任制，把新增就业人数和控制失业率列入政府绩效考核内容、解决城镇困难群众就业难问题、帮助零就业家庭解决就业、拓宽大中专毕业生就业渠道、加强职业培训、提高劳动者就业能力等。在解决就业的同时，自治区政府于1995年批准建立了最低工资保障制度，就业务工收入得以保障，截至2018年已先后13次对最低工资标准进行调整。积极的就业政策相继出台，工资保障制度不断完善，这一系列措施使得城镇居民工资性收入水平明显提高。2018年，新疆城镇新增就业47.6万人，城镇居民人均工资性收入达到21953元，比1980年增加21461元，年均增长10.5%。

(二)个体经济快速发展，经营净收入快速增加

70年以来，随着我国对非公有制经济发展的限制放开，民营经济、个体经济逐渐活跃，新疆紧跟国家步伐，大力发展个体、私营经济，鼓励和支持下岗、失业人员及大中专毕业生自主创业，自治区各级政府积极落实各项税收、融资优惠政策，扶持中小企业发展，为个体经营户创造良好的创业环境，带动城镇居民经营净收入快速增长，经营收入成为城镇居民收入增长的新渠道。2018年新疆城镇居民人均经营净收入达到3414元，比1985年增长3365元，年均增长13.7%，经营净收入占可支配收入的比重由1985年的6.7%提高至2018年的10.4%。

(三)家庭积累财富增加，财产净收入高速增长

随着经济的快速发展，城镇居民财产累积增多，再加上投资市场的不断完善，居民投资理财意识逐渐增强，利息收入、股息与红利收入、出租房屋收入以及其他财产收入均大幅增长，带动了财产净收入的高速增长。2018年城镇居民人均财产净收入达到1434元，比1988年增加1429元，年均增长21.6%。

(四)民生工程持续推进，转移净收入稳步增长

新中国成立以来，中央和自治区不断

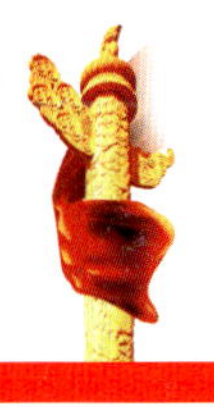

出台惠民政策，加快民生工程建设，完善社会保障体系，财政支出不断向民生领域倾斜，社会救助、政策性生活补贴力度持续加大，居民从医疗、教育、养老等方面享受的实惠不断增加，转移净收入持续增长。2018年城镇居民人均转移净收入达到5963元，比1980年增加5902元，年均增长12.8%。由于民生工程的不断推进，政府转移支付力度持续加大，转移净收入占可支配收入的比重也有所上升，由1980年的14.4%提高到2018年的18.2%。

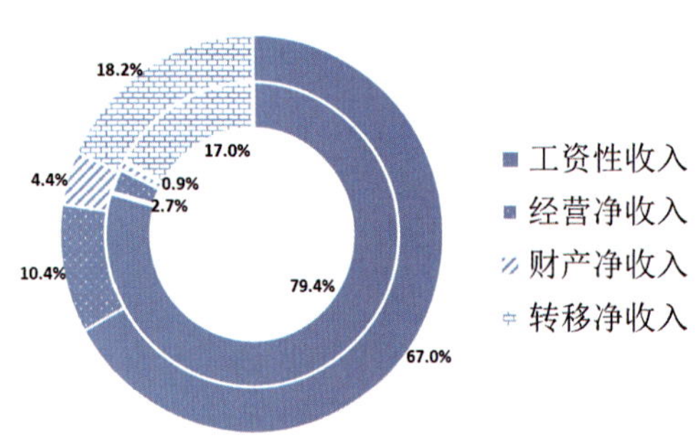

图2 1998年和2018年城镇居民四类收入占可支配收入对比图

（内圈1998年，外圈2018年）

三、居民生活质量显著提升

新中国成立后，特别是改革开放以来，随着居民收入的不断增加，城市居民生活经历了由解决温饱到逐步迈向小康富裕的阶段，生活消费水平显著提高，消费特征日益明显，居民家庭生活水平跃上一个新的台阶。2018年，新疆城镇居民人均消费支出24191元，比1980年增加23773元，增长56.9倍，年均增长11.3%。新疆城镇居民消费结构明显优化升级，食品、衣着等基本生活消费支出占比逐年下降，居住、交通通信等发展型消费支出保持快速增长，占比明显提升。

（一）食品消费结构优化，更加重视营养和质量

新中国成立以来，新疆城镇居民的食品消费逐渐从食不果腹到满足温饱再向提高质量转变。1953年国家实行粮食统购统销并对城区居民实行粮油定量供应，争取对居民生活的基本保障，居民可以用粮票兑换粮食，大多数家庭生活由饥寒向温饱改善，与新中国成立前的生活相比，变化天翻地覆。经过三十多年的发展，到1980年，新疆城镇居民人均食品消费支出240元，占消费支出的比重达57.4%。改革开放以后，随着居民收入的增长，饮食消费更加多样，饮食更加注重营养搭配。2018年城镇居民人均食品烟酒消费支出6900元，比1980年增加6660元，占人均消费支出的比重比1980年下降28.9个百分点。2018年人均粮食、肉类、蔬菜、奶类和蛋类消费支出分别比1980年增长7.9倍、26.1倍、20.1倍、75.6倍和3.3倍，粮食、肉类、蔬菜、蛋消费占食品消费的比重分别比1980年下降19.7个百分点、1.1个百分点、3.0个百分点和8.0个百分点，奶类消费占比提高2.9个百分点。

（二）衣着消费品质提升，追求多样化时尚化

改革开放前，城镇居民衣着消费十分单一，“新三年，旧三年，缝缝补补又三年”是当时社会提倡的风气。在温饱问题解决以后，城市居民的衣着消费逐渐成为美化生活的一种方式。改革开放以来，新疆城镇居民衣着消费发生了很大变化，人们穿着打扮追求美的愿望充分实现，衣着穿戴

越来越追求时尚化，购买成衣逐渐取代量身制作，服装更新换代不断提速，购买服饰更加注重品牌和质量。2018年人均衣着消费支出2233元，比1980年增长31.4倍，年均增长9.6%。

（三）住房产权私有化程度提高，居住条件明显改善

过去一家三代挤在一间房子，并不是一件罕见的事情。如今，城镇居民收入的增加和住房制度的改革给城镇家庭居住带来了新气象。九十年代中期以来，新疆不断深化城镇住房制度改革，促进住房商品化和住房建设的发展，城镇居民住房需求不断满足，居住条件大幅改善。随着收入的增长，居民有充裕的资金改善住房现状，住房消费支出明显增加。2018年城镇居民人均居住消费支出4287元，比1980年增长224.6倍，年均增长率达15.3%，占生活消费支出的比重由1980年的4.5%提高至17.7%。2018年城镇居民人均住房建筑面积33.0平方米，比1985年增加18.7平方米，增长1.3倍。从住房来源情况看，住房制度改革前城镇工薪阶层大多数都是租住单位分配的公房或房管部门的公房，大部分居民没有住房产权，推行住房制度改革后，实物性、福利性分房体制结束，城镇居民住宅产权私有化程度逐渐提高。2018年自建住房比例11.7%、购买商品房比例59.5%、购买房改房和保障性住房比例15.3%，租赁公房、私房比例为8.0%。城镇居民家庭住房设施更加完善，2018年99.0%的城镇居民家庭管道供水入户，99.0%的家庭饮用水源经过净化处理或受保护，93.0%的家庭厕所为水冲式厕所，95.0%的家庭有洗澡设施。

（四）交通通信事业快速发展，出行和沟通更加便捷

新中国成立以来，随着新疆交通事业的快速发展，公路建设投资继续加大，兰新高铁全线开通，空中丝绸之路继续延伸扩展，人们出行难、出行慢的现象彻底扭转，新疆居民出行更加快捷，享受到交通发展带来的便利，城镇居民人均交通通信消费快速增长。2018年新疆城镇居民人均交通通信消费支出3425元，比1980年增长885.3倍。随着收入的增长和交通事业的不断发展，居民家用交通工具也不断更新，80年代以前城镇居民主要的出行交通工具是自行车和公交车，90年代主要是摩托车，进入2000年以后，随着汽车工业的快速发展，家用小汽车快速进入居民家庭。2018年每百户城镇居民家庭拥有家用小汽车38辆，比1997年的0.99辆增长35.4倍。

70年来，我国通信事业发生了历史性巨变，过去以信函为主的通讯方式已退出历史舞台，如今通信方式更加先进，互联网、智能手机给居民通信通话带来了极大便利，2018年新疆城镇居民家庭每百户拥有移动电话221部，比1998年增的0.43部增长512.9倍，接入互联网的计算机47台，比2005年的12台增长2.9倍。

（五）耐用消费品迅猛增长，家庭设备更现代化

70年来，新疆城镇居民耐用消费品从实用型逐渐向享受型转变，消费品日趋多样化，消费档次更加提升，居民家庭设备不断高档化和趋向现代化。改革开放前，人

们追求的是“三转一响”的“老四件”，即自行车，缝纫机，手表和收音机，80年代转向以录音机、洗衣机、彩电、电冰箱等为主“新四件”。目前移动电话、空调、家用电脑、轿车等新的消费品逐渐进入城镇居民家庭。2018年城镇居民家庭每百户拥有洗衣机、电冰箱、彩色电视机、空调数量分别为100台、103台、100台和30台，1985年分别是52台、9台、35台和0.2台，人均生活用品及服务消费支出1642元，比1980年增长59.8倍，年均增长率11.4%。

（六）精神生活更加充实，教育消费显著提升

新中国成立前，普通百姓受教育机会很少，新中国成立后，国家对文化教育事业的投入不断提高，全民大扫盲、普及九年义务教育制等政策实施，居民文化水平才得以提升。新中国成立以来，自治区始终将教育事业摆在事关全疆改革发展稳定大局的关键位置，扩大家庭经济困难学生资助政策和免学费政策的实施范围、加快发展南疆三地州普通高中教育、扩大学前双语教育覆盖面等教育惠民政策。2016年，新疆确定教育惠民工程为九大惠民工程之一，2017年自治区实施义务教育学生“两免一补”资助政策，免除城乡小学、初中学生学杂费，给予普通高中家庭困难学生助学金补助。随着国家对教育文化事业的投入不断加大，城镇居民对教育文化娱乐的消费支出也明显增加，人们不仅满足于过上美好生活的期待，更需要充足的精神食粮，居民更加注重自身素质的提高。2018年，新疆城镇居民人均教育文化娱乐支出2651元，比1980年增长93.7倍，其中人均教育支出1638元，而1980年仅为2.8元。城镇居民文化娱乐耐用消费品的使用有了质的飞跃，2018年城镇居民人均文化娱乐耐用消费品支出158元，用于文化娱乐的耐用消费品主要有彩色电视机、移动电话、计算机，而1980年只有录音机和照相机。

（七）医疗事业发展迅速，居民保健意识增强

新中国70年来，新疆医疗卫生服务体系不断完善，医疗服务能力大幅提升，居民健康得到了根本保障。2018年末，自治区共有医疗卫生机构15484个，其中，医院、卫生院1621个，医院、卫生院拥有床位14.32万张，卫生技术人员15.19万人。当前新疆医疗卫生事业进入全面深化医改关键期，医疗惠民力度不断加大，2016年新疆全民健康体检工程正式启动，新疆籍城乡居民每年可享受一次免费健康体检。

改革开放初期，新疆城镇居民用于医疗保健方面的实际支出较少，1980年人均医疗保健支出仅为4元。随着生活水平的逐步提高，城镇居民自身保健意识逐渐增强，对保健器具和保健品的需求不断增加。2018年新疆城镇居民人均医疗保健支出2273元，比1980年增长516倍，年均增长率达17.9%，占生活消费支出的比重为9.4%，比1980年提高8.3个百分点。

作者：赵伟
单位：国家统计局新疆调查总队

市场供给逐渐丰富 价格改革逐步深化

——新中国成立70周年新疆发展成就之物价改革篇

新中国成立70年来，中国共产党领导全国各族人民团结奋斗，走过了不平凡的历程，取得了举世瞩目的成就，这植根于新中国前30年艰苦卓绝的探索，得益于后40年改革开放的伟大历史抉择。在此期间，新疆国民经济持续快速发展，经济实力显著增强，商品和服务实现了由严重短缺到丰富充裕的巨大转变，改革开放以后，随着经济体制改革的推进，价格改革逐步深化，价格机制成为引导市场资源配置的主要方式，物价波动也由大起大落逐步转向平稳运行，总体呈现出波动幅度缩小、波动周期加长的特点。

回顾新中国成立70年来的新疆价格改革之路，由于不同时期价格改革的思路、重点和方式侧重不同，大体可以分为三个阶段：第一阶段是价格改革前期（1951-1977年），此阶段以高度集中的国家定价为主要特征；第二阶段是由计划经济体制向社会主义市场经济体制的转变阶段（1978-2002年），此阶段高度集中的价格管理体制发生根本转变，市场机制作用逐步增强；第三个阶段是市场经济体制完善阶段（2003-2018年），此阶段核心问题是处理好政府和市场的关系，使市场在资源配置中起决定性作用和更好发挥政府作用。居民消费价格指数（CPI）的变化从侧面印证了不同阶段价格改革的成果。2018年与1950年相比，新疆CPI平均每年上涨3.0%。

一、价格改革前期阶段（1951-1977年）

新中国成立之初，在生产力发展水平低，物资匮乏的情况下，我国实行计划经济体制，集中全国有限的人力、物力、财力，保证了重点建设项目的顺利完成，使我国建立起比较完整的国民经济体系，实现了国

家的经济独立，抑制了多年来一直困扰我国的恶性通货膨胀，稳定了物价，保证了人民群众最基本的生活需求。在此阶段，新疆经历三次价格波动。

（一）1951-1955年，物价呈震荡下行走势

新中国成立初期，新疆物价剧烈波动，1951年，新疆CPI同比上涨10.5%，为此，新疆认真贯彻落实中央人民政府《关于统一国家财政经济工作的决定》，采取了一系列的有效措施，1952年，物价上涨的局面得到控制，同比下降2.3%。1954年，由于市场供给不足，CPI同比上涨4.3%。总体来说，这段时间，新疆物价水平震荡下行，人民生活得到了改善。1955年与1950年相比，新疆CPI上涨6.8%，平均每年上涨1.3%。

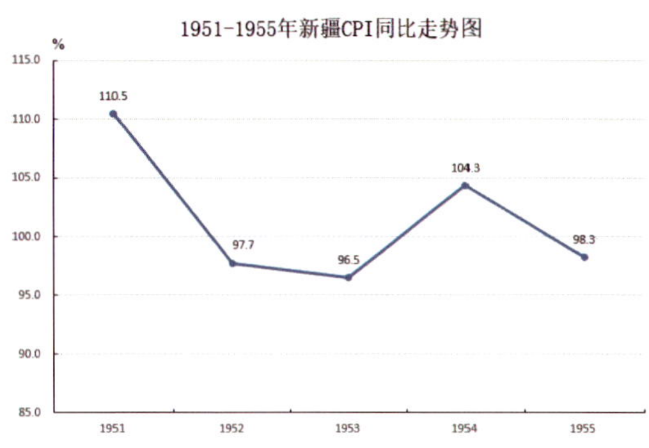

（二）1956-1965年，物价呈倒“V”型走势

这段时期，我国进入全面建设社会主义时期。在1959年至1961年间，农业连续遭受自然灾害，粮食和经济作物发展缓慢，商品供需失去平衡，到1961年，新疆CPI同比上涨19.0%，打破了物价稳定的局面。为了稳定物价，保证人民正常生活，自治区党委和人民政府根据党中央提出的对国民经济进行“调整、巩固、充实、提高”的方针，将人民生活必需的18类商品和服务项目价格暂时冻结，对职工生活必需的主要消费品，保证按定量标准平价供应，1962年，物价上涨局面得到控制，同比下降1.6%。1963年，铁路延伸到乌鲁木齐，大批由区外进入自治区的工业产品的价格出现了大幅度下降，市场物价转向稳定。1965年与1955年相比，新疆CPI下降1.6%，平均每年下降0.2%。

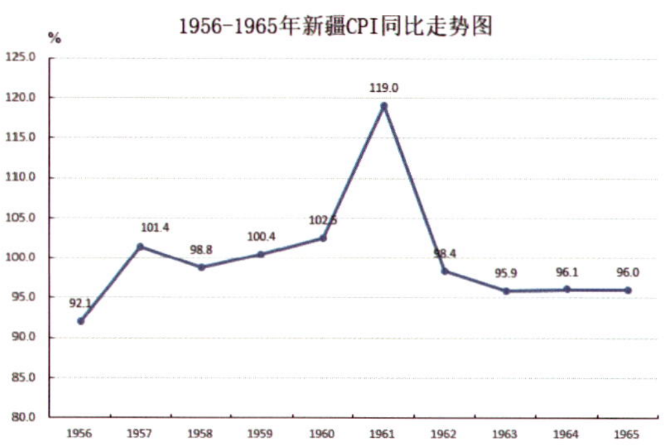

（三）1966-1977年，物价呈稳中有降走势

在这段时间，我国经历了“文化大革命”这一特殊的历史时期，为保持市场价格的基本稳定，1967年，国务院采取了冻结物价的措施，1971年起，国家陆续调整了少数特别不合理的工农业产品价格，但市场物价总水平没有大的变化。在自治区经济停滞不前的情况下，上述举措对维持市场物价稳定起到了重大作用。1977年与1965年相比，新疆CPI下降4.2%，平均每年下降0.4%。

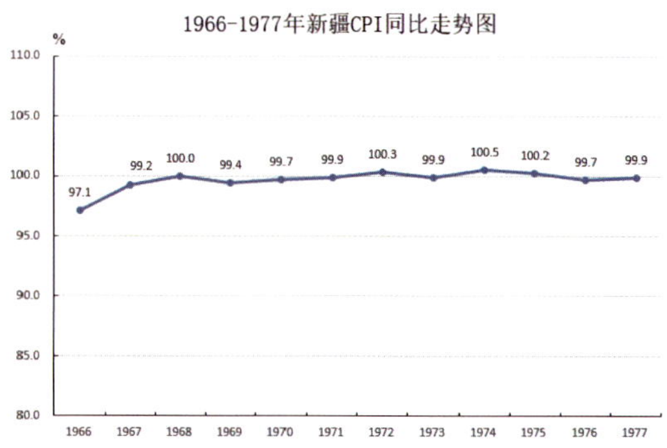

二、计划经济向市场经济转变阶段（1978-2002年）

这段时期，我国不断推进改革开放，逐步实现了从计划经济体制向社会主义市场经济体制的转变，走出了“计划经济为主，市场调节为辅—有计划的商品经济—国家调节市场、市场引导企业—确立和建设社会主义市场经济体制”的改革之路，价格改革也经历了“调放结合，以调为主—调放结合，以放为主—控中求改，相机调放—探索要素价格改革”的过程。在此阶段，新疆经历了四次价格波动。

（一）1978-1983年，物价呈窄幅波动走势

改革开放初期，“完善计划价格体制”的思路居主导地位，开始引入市场调节机制，改革的重点是调整不合理的价格结构，实行调放结合，以调为主。1979年，自治区首次对冻结了20多年的农副产品价格进行了重大调整，大幅度提高了粮、油、棉、猪、蛋等主要农副产品的收购价格，农副产品收购价格总指数同比上涨13.8%；同年11月，自治区将肉、禽、蛋、水产品等8种主要副食品的零售价格提高15%-42%，同时，为了保证大多数职工和城镇居民实际生活水平不致下降，采取了保持城镇粮、油销价不动，提高部分职工工资，给每个职工每月发放副食品价格补贴，以及加强市场管理，制止随意涨价等重大措施，有力地促进了农业生产的发展，改善了市场供应，防止了市场物价发生大的波动。1981年，物价涨幅开始缩小，到1982年CPI同比涨幅降至0.1%。1983年初，国家统一将棉纺品零售价格平均调高19.6%，将化纤织品零售价格平均降低19.4%，同时还调低了机械手表、闹钟、彩色电视机、胶卷等商品的零售价格，逐步放开小商品和部分高档消费品价格。在这期间，自治区为了搞活经济，还开展了议购议销业务并开放了城市农副产品市场，促进了工农生产的发展和城乡物资的交流。1983年与1977年相比，新疆CPI上涨13.5%，平均每年上涨2.1%；农副产品收购价格总指数上涨57.0%，平均每年上涨7.8%，不合理的价格结构得到调整，工农产品“剪刀差”明显缩小。

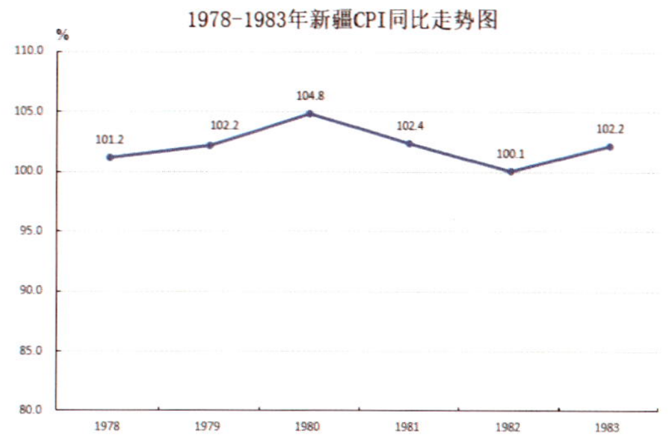

（二）1984-1991年，物价呈高位运行走势

在这段时间，价格改革的方式从“调放结合，以放为主”过渡到“控中求改，相机调放”。1984年10月，党的十二届三中全会做出了《中共中央关于经济体制改革的决定》，将经济体制改革的重点转向城市，价格体制改革的步伐加快，国家统一定价的范围进一步缩小；改革了农产品收购政策，取消了粮、棉、油等重要农副产品的统购派购制度，实行合同定购和议购议销，对肉、禽、蛋、鲜菜、水产品等副食品零售价格实行国家指导价和市场调节价，这些价格改革措施极大调动了农民的生产积极性，促进了农业经济发展；打破了旧的、传统的价格管理体制，初步形成国家定价、国家指导

价和市场调节价多种价格形式并存的新格局。但是，伴随着"价格闯关"也出现了一些经济过热现象，低水平重复建设，货币发行量过多，同时因供应短缺，居民对涨价预期增强，1988年下半年，曾出现了新中国成立以来少有的"抢购风"和"涨价潮"。面对CPI涨幅急剧扩大的状况，1988年9月，十三届三中全会提出"治理经济环境、整顿经济秩序、全面深化改革"的方针，实行了紧缩财政、紧缩信贷的"双紧"政策。新疆坚决贯彻中央"双紧"方针，扭转了物价总水平持续上涨过快的局面，1989年下半年，新疆CPI涨幅逐月回落。1990年，新疆加强宏观调控，粮、棉、油、肉全面增产，市场商品供应充足，肉禽商品价格平稳回落，物价涨幅初步得到控制。1991年，新疆调整了部分基础产品、农资和消费品价格。1991年与1983年相比，新疆CPI上涨92.6%，平均每年上涨8.5%。

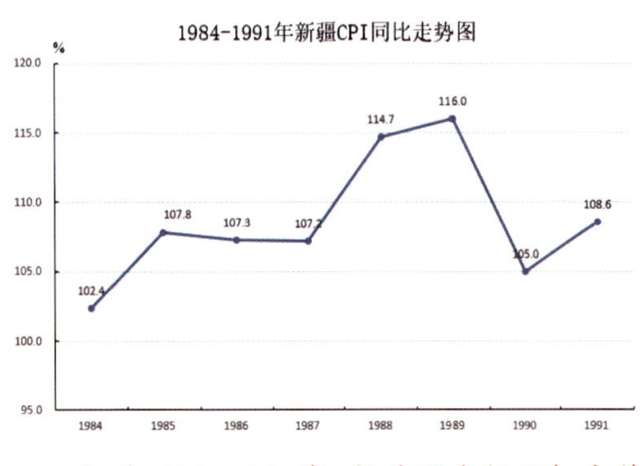

（三）1992-1997年，物价呈先扬后抑走势

1992年，在邓小平南行谈话和党的十四大精神指引下，我国改革开放和现代化建设进入了一个重要的发展时期。1992-1995年，自治区相继出台了一系列的价格改革措施，陆续下放了一大批价格管理权限，大部分商品实行市场定价，继续调整和理顺了一些重要商品的价格，实行了原油和成品油的价格并轨。这期间，国家相继出台实施了财政、金融、外汇、价格、工资等多项重大改革措施，一方面由于改革深化、新旧体制交替伴随着经济增长所引发的矛盾，以及固定资产投资规模的迅速扩大，对市场形成较大压力，另一方面由于市场发育的不完善性，多年积累下来的深层次矛盾没有得到解决，加之价格政策出台较集中，从而引起市场物价在1993、1994年出现强劲上涨，1994年，新疆CPI同比涨幅达到26.7%，为自治区1951年以来的最高峰值。经国家采取多项措施，加强宏观调控，1995年，CPI涨幅开始回落。1996年在经济平稳增长的前提下，自治区坚持适度从紧的财政和货币政策，积极稳妥地推进和巩固价格改革，在理顺和改善价格关系的同时严格控制新涨价因素，保持了新疆经济的适度增长，成功地抑制了通货膨胀，实现了经济的"软着陆"。1997年与1991年相比，新疆CPI上涨1.13倍，平均每年上涨13.5%。

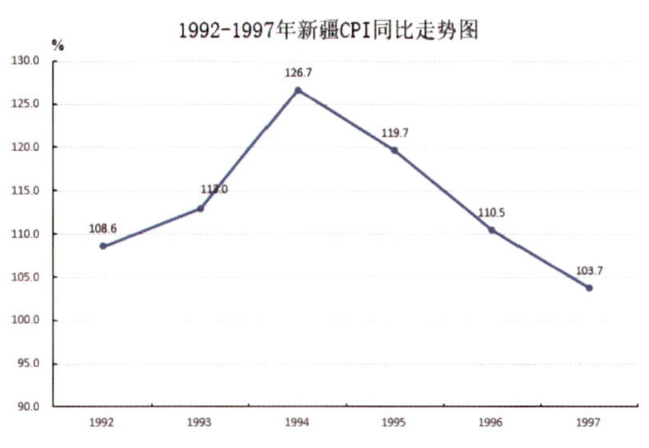

（四）1998-2002年，物价呈低位震荡走势

这段时期，社会主义市场经济体制最终确立并居主导地位，价格改革全面展开，我国开始探索要素价格改革。1998年，《中华人民共和国价格法》施行以后，国家对粮

食、药品和医疗服务等价格政策管理更加完善，加之亚洲金融危机影响，经济增速整体放缓，对CPI上涨的拉动作用减弱。1999年，新疆CPI同比下降2.6%，出现了改革开放以来的首次负增长。2000年和2002年，新疆的物价总水平均为负增长，在此期间，国家为防止出现通货紧缩趋势，实行积极的财政政策和稳健的货币政策，努力扩大内需，保持了国民经济的平稳发展。新疆积极实施西部大开发的战略，及时出台了一系列刺激消费、促进产业结构调整的价格政策；贯彻执行国家关于粮食收储企业顺价销售的原则和办法，出台了粮食、棉花、原油以及成品油的价格改革方案；调整了部分农产品收购指导价；总体上调整提高了服务性收费标准。2002年与1997年相比，新疆CPI上涨0.3%，平均每年上涨0.1%。

三、市场经济体制完善阶段（2003-2018年）

这一阶段，中国经济体制改革从完善社会主义市场经济体制进入到加快完善社会主义市场经济体制，中国特色社会主义进入了新时代。我国价格改革不断深化，取得了显著成效，围绕“凡是能由市场形成价格的都交给市场，政府不进行不当干预”的方向多点开花、纵深推进。在此阶段，新疆经历了两次价格波动。

（一）2003-2012年，物价呈震荡上行走势

2003年，党的十六届三中全会通过的《中共中央关于完善社会主义市场经济体制若干问题的决定》，进一步明确了价格改革的重点，强调进一步完善价格形成机制和价格调控体系，加强价格监管，更大程度地发挥市场在资源配置中的基础性作用。2006年，我国加大了资源价格改革的力度，逐步理顺国际油价与国内成品油价格的关系，上调了成品油、电力、天然气等生活用能源价格，物价总水平开始上升。2007年，食品价格普遍上涨，尤其是粮价回升以及猪、牛、羊肉价格一路上扬，推动了CPI高位运行，加之部分地区出现投资增速过快，产生经济过热现象，从而带动整个价格总水平上涨。为防止出现通货膨胀，针对2007年CPI的过快上涨，政府积极采取措施调控宏观经济，严控调价措施出台，重点调整经济结构和经济增长方式，使投资增速过猛势头回落。2008年，新疆CPI仍在高位运行，但到6月份之后涨幅出现回落，到2009年，CPI同比涨幅回落至0.7%。2010年，受国际大宗商品及食品价格上涨的影响，CPI同比上涨4.3%。2011年，面对物价上涨的严峻形势，中央和自治区及时采取了控制货币供应量、发展生产、保障供应、搞活流通、加强监管等一系列政策措施来管理和调控物价，特别是为了减轻由于食品价格上涨对低收入群体带来的生活压力，7月1日起，自治区采取了建立并启动社会救助和保障标准与物价上涨挂钩的联动机制、

增加储备肉的投放、建立便民蔬菜直销点等一系列措施，物价上涨得到有效控制，自9月份起涨幅逐月回落。2012年，新疆CPI同比上涨3.8%，通胀压力明显减弱。2012年与2002年相比，新疆CPI上涨38.5%，平均每年上涨3.3%。

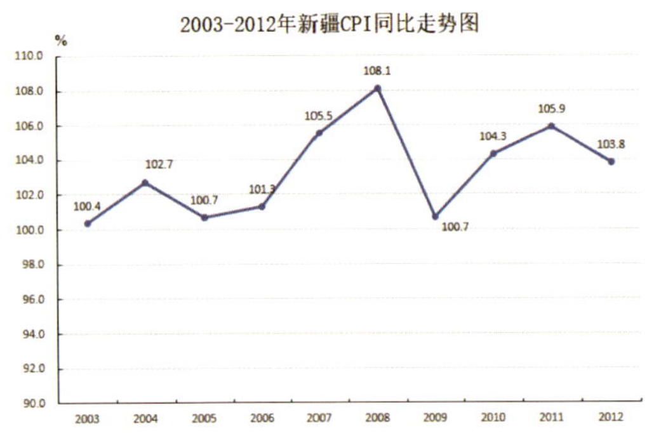

（二）2013-2018年，物价呈平稳运行走势

2013年11月，党的十八届三中全会通过了《关于全面深化改革若干重大问题的决定》，明确了价格改革的总体思路，强调要完善主要由市场决定价格的机制，使市场在资源配置中起决定性作用和更好发挥政府作用，健全价格监管体系，使价格灵活反映市场供求、价格行为规范有序。2014-2016年，由于经济发展下行压力增大，整体市场供需环境变化，受制于国内产能过剩和国际贸易需求不旺，推动物价上行的动力明显减弱，物价总水平趋于稳定。2017年，自治区城乡居民生活用电价格实施同网同价，居民电费支出明显减少；随着自治区城市公立医院综合改革和深化医药卫生体制改革政策的实施，医疗保健价格 同比大幅上涨，进而推动CPI同比上涨2.2%。2018年与2012年相比，新疆CPI上涨12.8%，平均每年上涨2.0%。

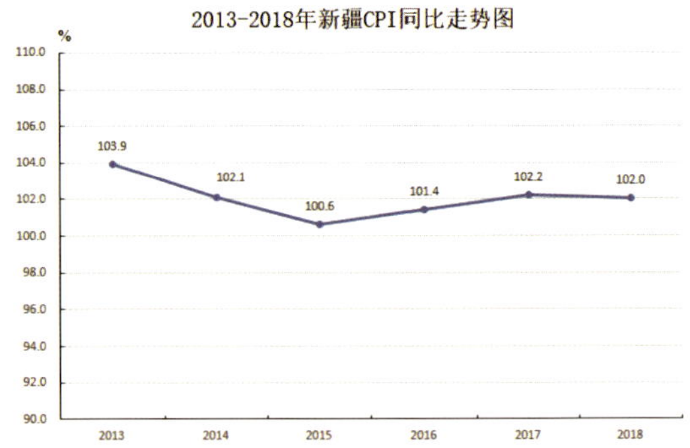

新中国成立以来，新疆在祖国的怀抱中走过了不平凡的70年，自治区党委、政府始终坚持贯彻落实中央的政策、方针，正确处理改革、发展、稳定之间的关系，秉承“一切为了人民”的宗旨，积极稳妥地推进价格改革。随着价格改革的不断深化，物价波动从最初的大起大落到小幅震荡调整，最后发展到现在的平稳运行，为新疆经济持续稳定增长创造了良好条件，为更好地满足人民对美好生活的向往注入了新的希望。习近平总书记说：“中国人民和中华民族在历史进程中积累的强大能量已经充分爆发出来了”，一代又一代新疆人民，不遗余力地为新疆的团结、稳定、平安、幸福努力着，相信未来的新疆一定会更加美丽！

作者：张翔
单位：国家统计局新疆调查总队

工业发展成绩辉煌　价格改革助推有力

——新中国成立70周年新疆发展成就之工业品价格改革篇

新中国成立以来，新疆和兄弟省区一样，在党中央的正确领导下，经济社会发展取得了巨大成就，特别是党的十八大以来，新疆经济欣欣向荣，人民安居乐业，社会安全稳定。工业发展在新疆经济发展中有着举足轻重的作用，成为新疆经济的支柱、国计民生的基础。工业品价格是反映工业经济发展的晴雨表，工业品价格改革则是新疆工业发展壮大的助推器。

一、新疆工业实现经济扩张式发展，综合实力显著提升

新中国成立前，新疆是以农牧业为主体的自然经济，现代工业一片空白，没有一座像样的工厂，工业品极度匮乏，不能生产一颗圆钉、一张机制纸。新中国成立后，新疆工业实现从无到有、从小到大，从落后产能向先进产能迈进，工业经济实力不断增强，生产规模不断扩大，技术水平不断提高。由最开始简单的农副产品加工业，发展到现在的38个工业大类行业及305个基本分类的工业结构体系。

（一）工业总量迅速扩张

新疆138种矿产资源中，有9种储量位居全国首位，63种位居全国前十，32种位居西北首位。根据第三次全国资源评价报告数据显示，新疆石油资源量300亿吨，占全国陆上石油资源量的1/4，现石油保有储量居全国第三，未动用的石油储量居全国之首；天然气资源量为10.8万亿立方米，占全国陆上天然气资源量的34%；新疆预测原煤储量2.19万亿吨，约占全国预测储量的43%。得天独厚的资源矿产，为新疆工业的发展提供了较为有利的条件，为国家能源战略的实施和新疆经济社会发展提供了丰富的资源保障。1986-1995年，新疆石油工业投资为413亿元，20世纪90年代以后，新疆工业化进程加快，对能源的需求不断上升，中央加大对新疆石油开发的支持力度，先后建立了新疆油田、吐哈油田、塔里木油田、塔河油田四大油田公司，形成石油从开采到提炼的产业链，新疆也初步建立了以石油开采、石油化工为主导，以纺织、轻工、建材、钢铁、电力为支柱，包含煤炭、食品、机械电子、有色金属等门类较为齐全，产品种类丰富的具有新疆特色的工业结构体系。2018年，

新疆规模以上工业企业完成增加值3564.05亿元，比上年增长4.1%，其中：轻工业完成增加值359.31亿元，增长0.6%；重工业完成增加值3204.74亿元，增长4.5%。新疆规模以上工业企业分属39个行业，共计2957家。

表1：主要年份新疆工业经济规模及PPI指数

年份	工业企业数（个）	工业总产值（亿元）	工业职工人数（人）	固定资产原值(亿元)	工业生产者价格指数(上年价格=100)
1949	363	0.98	1100		
1950	426	1.24	1850		
1952	771	2.20	18805		
1955	1435	4.06	32367		
1957	1396	4.75	47095		
1960	3274	20.17	300458		
1965	1993	13.77	174405		
1970	2276	18.10	224021		
1975	3046	21.41	302381		
1976	3238	24.08	316663		
1978	3731	33.91	471200	45.92	
1980	4063	40.71	494500	50.86	
1985	5468	86.78	576900	103.80	
1990	6745	219.92	732900	233.86	
1992	6713	317.22	759709	334.91	108.50
1995	8366	593.43	836000	809.27	117
2000	6268	1061.29	488000	1387.56	129.40
2007	1575	3471.51	537937	3592.91	106.30
2012	1959	7886.25	664797	8572.17	96.90
2018	2957	9974.43	672700	14232.34	111.20

（二）结构优化效益提升

新疆工业承载力高，丰富的能源资源为新型工业化发展提供有力保障。新疆与八个国家接壤，拥有17个国家一类口岸和12个二类口岸，东西接壤两个13亿人口的消费市场，工业化发展空间辽阔，丝绸之路经济带核心区战略定位为新型工业化发展带来巨大机遇，独特的地缘优势为新型工业化发展提供巨大市场。新疆工业以新型工业化为推动力，依托资源和科技，带动企业产业结构加速升级，由“制造”走向“智造”，由重“量”向重“质”转变。2018年，新疆规模以上工业战略性新兴产业企业397家，实现工业增加值154亿元，高新技术企业39家，实现工业增加值54.89亿元。

（三）工业区域特色明显

新疆地域广阔，区域间工业结构各具特色，差异化明显，工业行业集中度高，

14个地州市均有自己独特的工业体系。新疆工业结构资源型的特征决定了新疆的工业布局是以资源为导向，而新疆的工业布局也充分地利用了各地的资源优势。20世纪五六十年代，新疆在乌鲁木齐至奎屯一线的大规模的农业开发，提供了丰富的农业原料，使得乌鲁木齐地区发展轻纺工业，石河子迅速成长为新兴轻工业城市。克拉玛依石油工业的发展以及南疆石油开发，均依托当地丰富的石油资源。值得一提的是塔里木盆地的油气资源主要分布在南疆库尔勒至库车、拜城沿线地带，这一地带集中了塔里木油田99%以上的原油、天然气和石油化工产量，该地也是全疆长绒棉、瓜果、粮食的产地，塔里木油田的开发带动库尔勒工业快速发展，油田所在地区库尔勒有南疆铁路与内地相连，从而吸引了大批流动人口聚集，相关服务业也得到发展。

近年来，随着供给侧结构性改革的持续推进，工业结构的优化调整，新疆工业区域化优势进一步显现，非石油工业比重不断提高和扩张，其对经济的支撑作用进一步提升。

二、价格体系改革助推新疆工业发展壮大

在计划经济时代，工业品实行国家统一定价。改革开放后，实现了社会主义商品经济向社会主义市场经济的过渡，工业品价格由计划经济体制下的国家定价，逐渐放开到计划价格和市场调节双轨制价格，目前已形成完善的社会主义市场经济的价格机制。

伴随着改革开放的进程，工业品价格改革持续推进，工业品价格作为工业经济发展杠杆的作用不断发挥，其形成机制也不断完善和成熟。工业品价格改革推动了工业乃至国民经济的健康发展。工业生产者价格也由国家统一定价发展成为社会主义市场经济的价格体系，新疆工业经济发展呈现出“四步走”的轨迹。

(一)工业经济完成初创起步(1949年-1957年)

表2:1949—1957年新疆工业总产值

单位:万元(按1952年不变价格计算)

年份	全民所有制工业	集体所有制工业	合营工业企业	私营工业企业	个体手工业	总计
1949	176		5	395	7442	8018
1950	359	1	6	445	9416	10227
1951	1404	48	5	539	10503	12499
1952	5542	184	5	622	10881	17234
1953	9584	423	6	754	12490	23257
1954	12949	968	102	733	13208	27960
1955	18023	2074	236	718	13000	34051
1956	27280	4474	962	68	985	33769
1957	33702	8526	1328		984	44540

据统计，1949年，全疆工农业总产值有7.19亿元（按当年价格计算），其中，工业总产值为0.91亿元，仅占工农业总产值的12.64%。个体手工业产值占整个工业总产值的92.8%，占据主导地位，现代工业产值仅为0.02亿元，仅占工业总产值的2.98%。此时，新疆工业建设的首要目标是为了满足本地区人民的生产生活需要，提高人民群众的生活水平。新疆初步建立起了关系国计民生的工业部门，工业布局和结构也发生了深刻的变化，截止1957年，轻重工业所创造的产值分别为12.24亿元和6.24亿元，在新疆工业总产值的比重分别为66.25%、33.75%，其主要产品的自给率如：汽油、煤油、燃料油、润滑油等平均为42．8%，钢材为51．7%，水泥为56．9%，生铁为93．4%，棉纱、棉布平均为60%以上，食油、面粉、原盐、煤炭等已基本能满足新疆人民需要。

（二）新疆工业实现跨越发展（1958年-1977年）

1958年5月，新疆下发了《自治区第二个五年计划时期地方工业发展规划草案》，新疆工业发展翻开历史性的一页。"1958-1960年间，新疆开始了以重工业为主的大规模工业建设，完成投资9.82亿元。1960年，新疆实现工业总产值20.17亿元，比1957年增长4.24倍。其中，重工业产值达到13.23亿元，比1957年增长7.54倍。轻重工业产值的比例自1957年的1.7: 1逆转为1960年的1: 1.9。时至1977年，经过近三十年的建设，新疆工业化建设成就不凡，各级地方政府利用优势资源，建立起工业门类较为齐全的特色现代工业体系。

（三）价格改革助推新疆工业多元发展（1978年-2012年）

1978年以来，随着改革开放不断推进，新疆工业结构也呈现多元化发展趋势。1978年，新疆工业总产值是33.91亿元，2012年达到7886.25亿元，其中：国有工业713.43亿元，集体工业20.41亿元，其他经济类型工业已达到7152.41亿元。1986年，新疆同全国一样全部放开了小商品的价格，并放开了自行车、收录机、电冰箱、洗衣机、黑白电视机、中长纤维布和80支以上棉纱制品的价格。1987年对生产资料计划外部分的议价实行了最高限价。1988年，提高原油等重工业品的出厂价格；各地根据不同情况，放开名烟、名酒价格。

1990年，在全国范围内提高铁路、水运和公路的货物运价；另外，对近40年未动的邮政资费作了适当调整；较大幅度地提高煤炭、原油、有色金属和部分钢材的出厂价格和民用燃料的销售价格。

改革开放初期，双轨制价格应运而生。双轨制是中国经济向市场经济转型过程中所采取的一种特殊制度安排，是1979年至1993年间所实施的渐进式增量改革（体制外优先改革）战略的一个重要特征。双轨制的特点是同时存在体制内和体制外两种价格体制。工业生产资料价格双轨制是在1979年价格改革以来逐步发生与发展的。国务院于1981年批准对超过基数生产的原油、煤炭超产部分实行加价出售。1984年批准工业生产资料的超产部分可在加价20%以内出售。1988年对主要工业生产资料规定了最高限价。1989年对橡胶、炭黑等工业生产资料的双轨价格"并轨"，即把两种价格并为

一种价格，有的商品并入国家定价，有的商品并入市场调节价，市场在资源配置中的作用得到加强。但价格双轨制具有两重性，一方面，它是实现中国价格模式转换的一种可行的过渡形式，促进了主要工业生产资料生产的迅速发展。另一方面计划价格与市场价格之间高低悬殊的时候，某些人钻双轨制价格的空子，通过这种"评转议"或"议转平"，从中渔利。随着改革的不断深入，市场经济的建立和不断完善，价格双轨制在逐渐缩小，直至消失。

2000年后，国家有关部门加强对新疆石油开发的支持力度。2004年10月1日，西部大开发的标志性工程----“西气东输”正式投入使用，仅此一项工程，为新疆新增产值54亿元，当年，新疆已初步建立具有综合生产能力的原油加工和石油化工体系，可生产石化产品约200种，石油化工行业产值比重在全国位居第五，全行业50%产品销往全国各地，部分化工产品进入中亚市场。2012年，新疆规模以上工业企业中，石油和天然气开采业工业总产值达到1373.64亿元（当年价格），工业销售产值达到1375.42亿元（当年价），利润总额为584.56亿元。

石油、天然气及石化工业的快速发展，不仅满足了新疆经济发展对能源的需求，更有力带动了机械、交通运输、通信、建筑、电力、水利、农业、食品和纺织、化工、塑料、橡胶、医药等产业的发展，对新疆区域经济结构的形成和升级产生了重大影响。1992年，新疆纺织工业在“优势资源转换战略”中被确定为新疆未来重点发展的产业部门。新疆纺织工业经过一个时期的发展、转型，初步形成以棉纺工业为主，集毛纺、丝绸、针织、服装等产业为一体的较完整的纺织工业体系。新疆轻工业成为新疆除石油石化工业外，占比最大的地方工业系统。2012年，新疆轻工业拥有规模以上工业企业671家，完成工业总产值892.63亿元（当年价格），工业销售产值845.98亿元（当年价）。

1977-1990年间，新疆煤炭工业共完成基本建设投资6.18亿元。2004年，新疆煤炭产量位居全国第十位，煤炭已成为新疆的支柱型产业。2012年，新疆原煤产量达到13647万吨，煤炭开采和洗选业工业总产值234.74亿元（当年价格），利润总额达到31.99亿元。

这一时期，是新疆工业经济多元化发展的历史阶段，从党的十五大的“使市场在国家宏观调控下对资源配置起基础性作用”到十六大“在更大程度上发挥市场在资源配置里的基础性作用”，再到十七大“从制度上更好发挥市场在资源配置中的基础性作用”，市场在资源配置中的作用逐渐被人们所认识，价格改革有力助推了新疆工业发展。

（四）新疆工业稳步高质发展（2013年-2019年）

党的十八大以来，新疆坚持稳中求进工作总基调，以提高发展质量和效益为中心，以供给侧结构性改革为主线，以“三去一降一补”五大任务为抓手，以“破”“立”“降”为重点提质增效，从生产领域加强优质供给，减少无效供给。提高供给结构的适应性和灵活性，积极发展新产业、新业态、新模式。供给侧结构性改革进一步激发了市场活力，十八大报告指出“将更大程度更广范围发挥市场在资源配置中的基础性作用”，十八届三中全会又提出

"使市场在资源配置中起决定性作用和更好发挥政府作用"。

2018年，新疆全部工业实现增加值3743.85亿元，比上年增长3.9%。其中，规模以上工业增加值3564.05亿元，增长4.1%。在规模以上工业中，轻工业增加值359.31亿元，增长0.6%；重工业增加值3204.74亿元，增长4.5%。规模以上工业企业实现利润788.76亿元，比上年增长11.4%，产品销售率98.3%。新疆工业经济运行总体平稳，稳中有进，稳中向好，产业结构也取得了"质"和"量"的发展和进步。

新疆持续供给侧结构性改革的同时，紧紧抓住国家产业援疆和"一带一路"建设发展机遇，石油石化、机械制造等传统产业产品技术、能效环保水平不断提高。2018年，新疆规模以上工业企业中采矿业增加值为1120.21亿元，增长8.6%；电力、热力、燃气及水的生产和供应业增加值518.98亿元，增长15.7%。

三、价格改革促进了新疆工业产业链的延伸

随着新疆工业的不断发展，工业品价格改革促进了新疆工业经济产业链的延伸及产业结构的转型。

在建国初期，在新疆产业结构中，农业占据绝对优势。到了1965年，新疆第一产业比重为51.7%，改革开放后，第二产业后来居上，已占据了47%的比重。1980年后，新疆工业化进程的加快，带动了新疆地区的非农产业的较快发展。2007年，新疆工业增加值1405.11亿元，占全区GDP的比重为39.9%，第一产业的比重从1978年的35.8%下降为2007年的17.8%，新疆工业成为了国民经济的主导部门。到了2018年，新疆工业增加值已达3743.85亿元。

1979年至1990年价格改革过程中，由国家定价的部分显著缩小，指导价和市场调节价部分相应扩大。与此同时，经济结构发生了变化，第一产业基本维持原状，第二产业下降，第三产业上升。价格改革使市场机制和价值规律发挥着越来越重要的调节作用，从而为逐步实现社会主义市场经济的运行机制提供了有利条件；价格改革使价格逐步趋向合理，在一定程度上起到了调节生产、流通和消费，调节投资方向、资源配置和促进技术进步的作用。

工业经济的发展，推动了新疆产业布局的高度集中，包括白色产业(棉花、乳业等)、黑色产业(石油天然气、煤炭产业等)、红色产业(红花、胡萝卜等)、绿色产业(葡萄、香梨等)，这些特色产业大多是利用新疆的优势资源和区位优势发展起来的。例如，2017年，克拉玛依市原油产量达1131.02万吨，占新疆总产量的43.6%。2018年，阿克苏地区黑色产业工业产值已占据当地产值的72.5%。新疆持续深入推进供给侧结构性改革以来，坚持"增量崛起"与"存量变革"并举，培养壮大新兴产业与改革提升传统产业并重，加速产业结构、产品结构、区域结构等方面的优化调整，改革的效果也在不断延伸、扩展，带动新疆工业稳步良性增长。

四、石油工业价格是主导新疆工业品价格的主要因素

近年来，国际油价动荡，对新疆石油工业造成了较大程度的影响。石油价格对新疆工业品价格市场调节的灵敏度高，反映着新疆全区工业结构偏重的特点。原油作为行业链

的上游产品，其价格波动对化学原料及化学制品制造业等下游行业也产生巨大影响。

2017年新疆原油生产总量为2592万吨，其中调出量1157万吨。目前，新疆工业经济增长处于能耗较大阶段，对石油资源的依赖性较强，原油价格的波动较为敏感。新疆依托丰富的矿产资源，加快石油、天然气、煤炭、有色金属等优势资源的开发利用，除四大油气田外，独山子石油化工厂、乌鲁木齐石油化工总厂等一批大中型石油化工项目相继建成，初步形成克拉玛依、独山子、乌鲁木齐、库尔勒、库车等区域化明显、不同规模、各具特色的石油化工基地。

2018年，新疆重点监测的十大产业中，石油工业增加值1360.07亿元，比上年增长4.1%；有色工业334.88亿元，下降3.0%；电力工业443.44亿元，增长18.0%；化学工业382.58亿元，增长6.9%；钢铁工业81.22亿元，增长4.2%；建材工业153.00亿元，下降9.8%；煤炭工业184.96亿元，增长13.5%；纺织工业108.14亿元，增长14.5%；农副食品加工工业65.26亿元，下降15.4%；装备制造工业62.33亿元，增长2.4%。

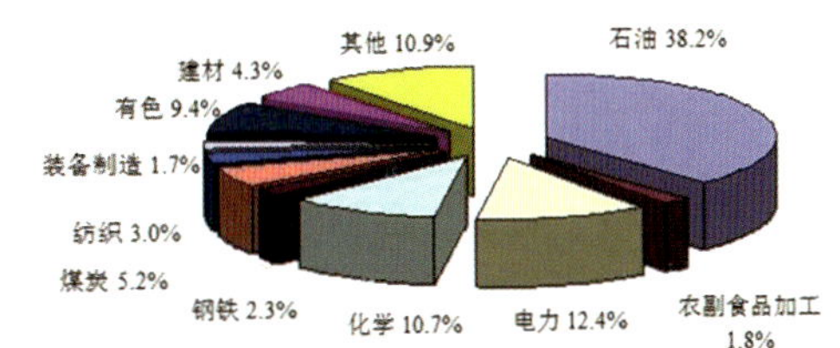

2018年新疆规模以上工业增加值中十大重点产业增加值比重

“一带一路”倡议的提出和扎实推进，对于新疆工业经济的发展具有极其重大和深远的战略意义，新疆工业经济得天独厚的区位优势正在被认识和发掘。

作者：路蕾

单位：国家统计局新疆调查总队

开拓进取砥砺前行 谱写产业发展新篇章

——新中国成立70周年新疆发展成就之棉花篇

棉花产业是新疆的重要支柱产业，是保障产业稳定发展和农民增收的重要途径，在新疆整个经济和社会发展中占有非常重要的地位。自新中国成立以来，国家产业政策的大力扶持，自治区党委、人民政府的正确领导，使新疆棉花生产能力又上了一个新台阶，棉花规模已从过去的“三足鼎立”演变为“二八现象”（内地棉花产量占全国棉花总产的二成，新疆占八成），棉花产业进一步发展壮大，巩固了全国最大优质棉生产基地地位。

一、新疆棉花产业发展的辉煌历程

表1:全国和新疆主要年份棉花生产量（万吨）

年份	全国产量	新疆产量	比重(%)	年份	全国产量	新疆产量	比重(%)
1949	44.5	0.5	1.1	2007	759.7	356.5	46.9
1950	69.3	0.6	0.9	2008	723.2	334.0	46.2
1960	106.6	3.5	3.3	2009	623.6	285.2	45.7
1970	227.9	6.5	2.9	2010	577.0	291.7	50.6
1980	270.7	7.9	2.9	2011	651.9	349.9	53.7
1990	450.8	46.9	10.4	2012	660.8	388.5	58.8
2000	441.7	145.6	33.0	2013	628.2	393.6	62.7
2001	532.4	145.8	27.4	2014	629.9	414.9	65.9
2002	491.6	147.7	30.0	2015	590.7	419.1	71.0
2003	486.0	160.0	32.9	2016	534.3	407.8	76.3
2004	632.4	178.3	28.2	2017	565.3	456.6	80.8
2005	571.4	187.4	32.8	2018	610.0	511.1	83.8
2006	753.3	290.6	38.6				

新疆棉花生长具有其自身独特的自然条件，棉花种植区域日照充足，光热资源丰富，昼夜温差大，空气湿度小，特别有利于棉花生产，且生产的棉花品级高，内在质量好，是世界最大的手摘细绒棉和中国唯一的长绒棉生产区域。新中国成立以来，特别是改革开放以后，新疆棉区的棉花生产一直呈近乎直线的增长态势。根据统计数据，2018年我区棉花种植面积2491.3千公顷，总产量511.1万吨，棉花种植面积占全国的比重由1949年的1.1%增加到2018年的74.4%，产量占比从全国的1.1%增加到83.8%。新疆已成为全国优质棉主产区，棉花总产、单产、种植面积、商品调拨量连续24年位居全国第一，已初步形成“世界棉花形势看中国、中国棉花市场看新疆”的格局。

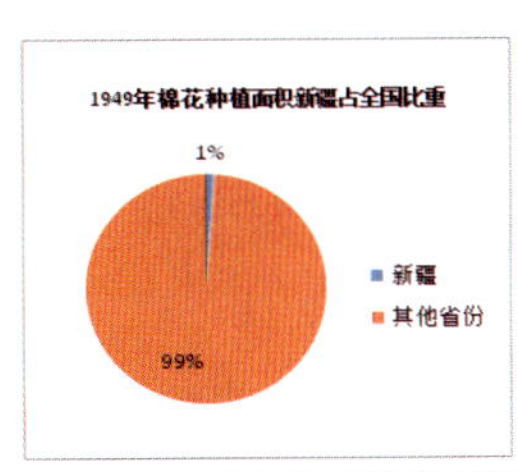

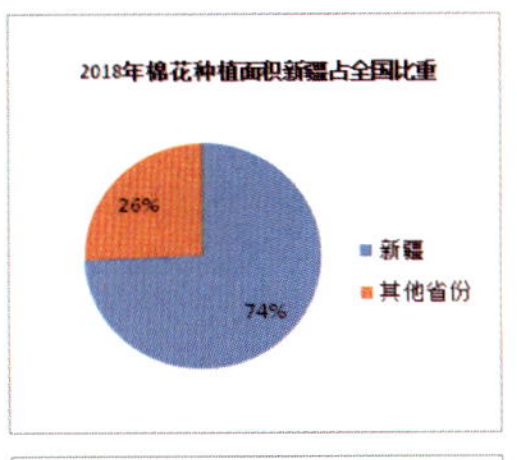

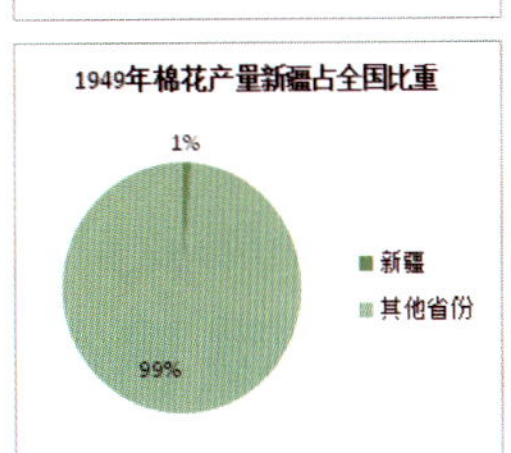

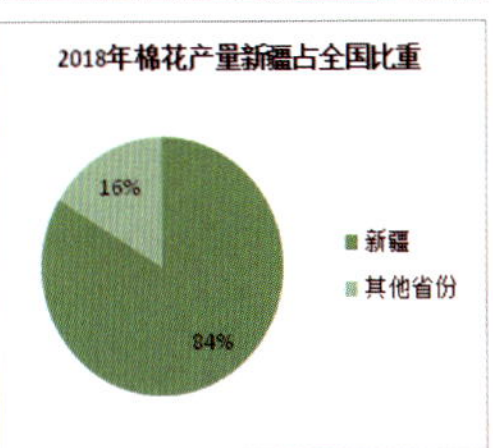

图1-4：1949、2018年新疆棉花播种面积、产量在全国占比（%）

（一）棉花产业萌芽时期

1949年-1980年，是新疆棉花少量生产阶段。新中国成立之后的30年中，新疆棉花种植面积长期保持在300万亩以下的较低水平，棉花单产不足30公斤/亩，总产不到10万吨，棉纱产量仅有3万吨。这一时期，新疆棉花生产始终以满足本地纺织工业用棉为主要目标，在全国棉花产业中未形成影响力。

（二）棉花产业初步发展

1981年-1990年，正值改革开放的前10年，在农村经济结构调整中，按照因地制宜原则合理安排新疆农业种植结构成为可能。地膜植棉新技术与棉花矮、密、早种植模式的研究与推广，使棉花在干旱区显著的丰产性与规模种植明显的比较效益逐渐被人们所认识。面对旺盛的社会需求，新疆棉花的种植面积由1980年的181.2千公顷增至1990年的435.2千公顷；棉花单产由1980年的29公斤/亩提高到了1990年的72公斤/亩。由于种植面积的不断扩大与单产水平的大幅度提高，1990年新疆棉花总产达到46.88万吨，比1980年增加4.92倍。新疆棉花经济及相关产业在80年代末期初步显示出强劲的发展势头，为90年代新疆棉花产业的超常规发展奠定了基础、增强了信心。

（三）棉花产业第一次腾飞

1991年-2000年这一阶段正值我国国民经济“八五”“九五”计划时期，也是新疆棉花产业全面快速发展阶段。国家区域经济结构调整的总体思路已经形成，棉纺织业向西迁移的方针得以确立，国家对棉花产业的发展战略与结构调整也作了具体安排，并在“九五”期间实施了包括“东锭西移”等措施的全国性棉纺织业结构调整。在自治区党委和政府的努力下，“八五”期间“新疆建成国家级优质商品棉生

产基地”的方案经反复论证被国家批准纳入国民经济“九五”计划。截至2000年,棉花面积与总产比1990年代初期分别增长了1.33倍和2.67倍,棉纺织加工能力10年增长了1.5倍。至此,新疆一跃成为我国最大的具有世界影响力的棉花主产区。20世纪90年代,尤其是“九五”时期,是新疆棉花产业发展的重要历史时期。

(四)棉花产业第二次腾飞

2001年-2014年,是新疆棉花产业步入市场化竞争发展的阶段。2001年以来,新疆棉花生产经营的外部环境发生了根本性变化。2001年7月31日《国务院进一步深化棉花流通体制改革的意见》(国发〔2001〕27号)明确提出:“新疆维吾尔自治区人民政府要按照这次棉花流通体制改革的精神,大力推进市场化改革,放开棉花购销与价格,积极发展产业化经营,努力扩大出口,采取有效措施与销区结成稳定的产销关系,促进全国统一开放、竞争有序的棉花市场的形成。”这表明,中央政府对新疆棉花一贯采取的相对灵活宽松的政策将要做相应的调整。中国正式加入WTO后,2002年起每年将有80万吨进口棉以1%的关税进入中国。在市场经济条件下新疆棉与进口棉争夺国内棉花市场的序幕正式拉开,新疆棉花产业在激烈的市场竞争中不断谋求发展。

(五)新疆棉花产业整合发展

2014年9月16日,按照市场决定价格、保障植棉者基本收益、统筹兼顾和保持政策平稳过渡原则,国家发改委联合财政部正式公布《新疆棉花目标价格改革试点工作实施方案》,标志棉花目标价格改革正式启动。国家发展改革委根据棉农种植成本与收益、市场供求等因素,确定了2014年新疆棉花目标价格为19800元/吨,2015年新疆棉花目标价格为19100元/吨,2016年新疆棉花目标价格为18600元/吨。为深入推进农业供给侧结构性改革,进一步深化棉花目标价格改革,打造新疆优质棉花生产基地,2017年3月16日,国家发展改革委和财政部下发了《关于深化棉花目标价格改革的通知》(发改价格〔2017〕516号),指出要完善目标价格形成机制,继续坚持生产成本加收益的定价原则;合理确定定价周期,棉花目标价格水平三年一定;调整优化补贴方法,补贴数量上限为基期(2012—2014年)全国棉花平均产量的85%,从而确定了2017—2019年新疆棉花目标价格水平为每吨18600元。目标价格改革的实施,让国内棉花供求市场达到新的均衡状态,一方面棉花市场价格回落,企业购棉成本降低,另一方面棉农收益得到保障,减轻国家财政支出,新疆棉花产业开始迈入稳步发展的新阶段。

二、新疆棉花产业所取得的辉煌成就

(一)优化农业产业结构

新中国成立以来,新疆种植业结构顺应市场需求不断调整,农业不断提质增效,农业产业结构调整实现了内部良性循环。按照“稳粮、优棉、促畜、强果、兴特色”发展方针,新疆农作物种植结构不断优化,棉花生产坚持“控制面积、降低成本、提质增效、保证能力”的原则,合理调控种植规模,推

广机械化种植，推动科技在田间管理中的运用，降低棉花生产成本，深化棉花配套改革，建设国家棉花生产保护区。2014年以来，我区次宜棉区和风险棉区退棉步伐不断加快，低产低质棉区生产规模逐步下降，棉花布局持续优化，质量和市场竞争力逐年提高，棉花供给未出现大起大落，生产基地得以稳定发展。

（二）棉花产业带动农民增收

改革开放以来，农村社会经济有了进一步的发展，特别是进入二十一世纪，国家逐步取消农业税，实行良种补贴、农机补贴等一系列的稳农、惠农补贴政策，极大地调动了广大农民的种植积极性，使农民收入持续快速增长。特别是2014年国家在新疆开展棉花目标价格补贴试点工作以来，2018年，新疆农村居民可支配收入结构进一步优化，经营净收入占可支配收入比重达55.3%，是农村居民最大的收入来源。据统计，2018年度新疆原棉年产值超过950亿元，占全区农业产值的43.1%左右，农民人均出售籽棉收入1754.47元，人均纯收入的23.2%左右来自植棉收入。棉花产业在促进新疆经济发展、城乡就业、农业增效、农民增收中发挥了重要作用。

（三）科学种植水平不断提高

"早、密、矮"种植栽培技术、精量播种技术、膜下肥水一体化灌溉技术、测土平衡施肥技术、病虫害综合防治技术已全面推广应用，智能化信息化技术逐步推广，棉花产业按照"提质、节本、增效"的发展思路，突出南北疆不同生产特点，以棉花质量调"优"、生产方式调"绿"、产业体系调"新"为方向，重点推进全产业链提质增效、南疆棉花集约化种植、机采棉推广，北疆机采棉降成本、智能化种植生产试点等，促进棉花生产由过度依赖资源消耗、主要满足量的需求向追求高质量、低成本、高效益转变。棉花科学种植水平的不断提高，为新疆创造出了一条节水、高产、高效的棉花种植道路，降低棉花种植的成本，提升了农户收益，为棉花的持续稳定生产打下了基础。

三、棉花产业供给侧结构性改革促发展

党的十九大报告提出，建设现代化经济体系，必须把发展经济的着力点放在实体经济上，把提高供给体系质量作为主攻方向，显著增强我国经济质量优势。2019年中央一号文件明确提出，围绕"巩固、增强、提升、畅通"深化农业供给侧结构性改革，恢复启动新疆优质棉生产基地建设。自2016年起，棉花主产区新疆积极推进棉花供给侧结构性改革，紧紧围绕"提质量、降成本、增效益"的目标，通过棉花品种改良、规模化生产和组织化经营，助农增收，促进棉花产业健康发展。经过三年的试点，棉花供给侧改革在紧密全产业利益联结机制、产业链融合式发展、机采棉生产加工技术改造升级、全程质量控制等方面取得了显著成效。自2019年起，全区各级农业农村部门将在南北疆棉花主产县复制、推广棉花供给侧试点工作三年来积累的经验、做法和发展模式，着力提升新疆棉花产业供给体系质量和效率。

棉花产业为新疆地区的重要经济产

业，在日益严酷的国际竞争形势下，要进一步深入开展棉花供给侧结构性改革，切实提高棉花加工的生产效率和产品质量，在产业结构、要素配置、区域建设等多方面推进改革，促进棉花生产由过度依赖资源消耗、主要满足量的需求向追求高质量、低成本、高效益转变，进一步推动产业结构调整，从而优化可持续的经济增长动力和合理的收入分配结构，最终实现新疆棉花产业的跨越式发展。

四、棉花产业前景无限

党的十九大报告指出，我国经济已由高速增长阶段转向高质量发展阶段，正处在转变发展方式、优化经济结构、转换增长动力的攻关期，建设现代化经济体系是跨越关口的迫切要求和我国发展的战略目标。必须坚持质量第一、效益优先，以供给侧结构性改革为主线，推动经济发展质量变革、效率变革、动力变革，提高全要素生产率。今天，在新疆有着悠久历史的棉花产业，正踏着新时代的发展节拍，迎来一场全新的变革，走进节本、提质、增效的新阶段。

2018年新疆棉花供给能力已达全国纺织用棉需求的63%左右，保障国家纺织用棉需求是确立新疆成为全国最大优质商品棉生产基地，并赢得国家对新疆棉花产业重点政策扶持的关键。随着农业供给侧结构性改革的深入推进，政策、措施的效力逐渐显现，棉花产业呈现出新的气象，棉花种植结构不断优化，产业衔接更加紧密。2019年中央一号文件明确提出恢复启动新疆优质棉生产基地建设，强化优势棉区的政策资金扶持力度，使低产、次宜、风险棉区逐步退出棉花种植。同时，全区逐步推行棉花主栽品种“一主两辅”的用种模式，棉花主产区因地制宜合理确定棉花主栽品种，使棉花生产与下游产业紧密对接，产业发展进入良性循环。在市场机制的作用下，棉农更加重视品种，加之全疆农业系统的调控和引导，棉花品种正在向“少、优、精”的方向转变。

在以供给侧结构性改革为主线，以质量和效益为目标的发展改革中，全区棉花产业的新阶段正在到来。新疆将在稳固现有改革成果的基础上，努力提升棉花品质，优化棉花产业体系，将新疆棉花产业发展为种植合理、结构优化、市场秩序更规范、服务体系配套、质量可与国际优质棉竞争的优质棉区。

作者：唐慧

单位：国家统计局新疆调查总队

春华秋实七十载 粮食生产结硕果

——新中国成立70周年新疆发展成就之粮食篇

新中国成立以来，在党的一系列农村政策的带动下，新疆维吾尔自治区粮食生产综合能力不断增强，质量和效益不断提高，经过七十年曲折发展，取得了令人瞩目的辉煌成就，不仅结束了新疆缺粮的历史，而且实现了粮食供给由基本自给到自给有余的历史性转变。2018年，新疆粮食总产量1504.23万吨，居西北五省之首，比1949年增长了12.7倍，已成为地区性重要粮食生产基地。

一、粮食发展历史回顾

1949年新中国成立以后，在党和国家一系列方针政策指引下，新疆粮食产量稳步增长，粮食综合生产能力不断跃上新台阶，不仅有效带动农民增收，而且为新疆经济社会发展作出了重要贡献。回顾70年的发展历史，大体可分为以下三个阶段。

(一)恢复与波动阶段(1949～1978年)

新中国成立之初，新疆农业生产水平十分落后，1949年新疆粮食总产量仅为110万吨，到1978年，新疆粮食总产量已达到375万吨，30年间粮食产量增长了2.4倍；新疆粮食单产从1949年的1107.42公斤/公顷增长到1605.79公斤/公顷，增长了45.0%；新疆粮食种植面积由1949年的993.3千公顷增加到1978年的2335.3千公顷，增长了1.4倍。这期间，新疆粮食种植面积的增加对粮食产量的提升起到了至关重要的作用。但由于新疆农业基础设施薄弱，农田水利设施尚未开始大规模兴建，粮食生产仍呈现“广种薄收、靠天吃饭”的局面。其中又可以分为恢复和波动两个阶段：

1. 恢复阶段(1949～1958年)

1949年，新中国刚刚成立，百业待兴，新疆各行各业处于三年恢复和“一五”计划期间，社会安定，农业生产稳步发展，没有发生重大的自然灾害。新疆粮食产量从1949年的110万吨增长到1958年的204万吨，十年间粮食产量翻了近一番。

2. 波动阶段(1959～1978年)

这期间，由于我国经历了“大跃进”“三年自然灾害”“文化大革命”等历史阶段，新

疆粮食生产也深受当时一系列政策的影响，产量增长比较缓慢，单产水平波动明显，新疆粮食综合生产水平艰难向前发展。

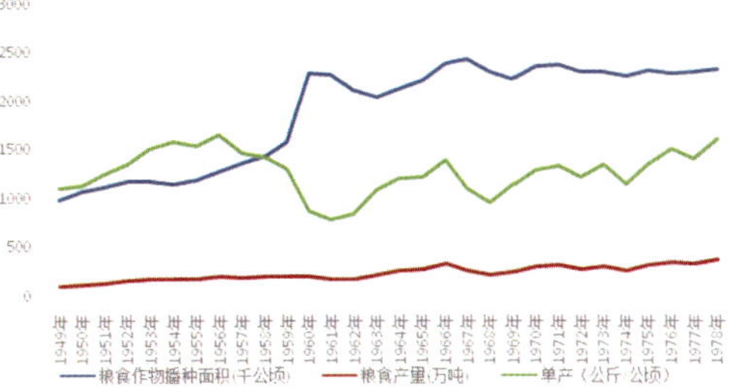

图1 1949-1978年新疆粮食生产情况趋势图

图2 1949-1978新疆粮食单产同比变化率

（二）恢复发展阶段（1979～1998年）

1. 快速发展阶段（1979～1988年）

1978年党的十一届三中全会拉开了农村改革的大幕，以家庭联产承包责任制为主要内容的农村改革极大地刺激了农民生产的积极性和主动性，解放了农村生产力，新疆粮食综合生产能力进入发展“快车道”。这十年新疆粮食总产量由393.5万吨增长到604.9万吨；粮食单产由1979年的1732.95公斤/公顷增长到1988年的3370.86公斤/公顷，十年间新疆粮食平均单产增长了近一倍；在粮食播种面积调减的情况下，新疆粮食单产的跨越式增长有效保证了新疆粮食综合生产能力的提升，特别是1986年，新疆粮食总产量达到547.70万吨，首次突破500万吨关口，迈上了粮食生产新台阶。

2. 稳定发展阶段（1989～1998年）

1989～1998年是改革开放的第二个10年。这十年新疆农业发展重点开始转向为不放松粮食生产的同时，大力发展经济作物生产。新疆粮食播种面积占农作物总播种面积的比例由1989年的62.7%降至1998年的48.4%。（表1）这一时期，以棉花为主导的经济作物异军突起，成为新疆种植业的主导产业。

这十年中新疆粮食总产量从620.1万吨增长到836.6万吨，年平均单产由3371.02公斤/公顷增长到5276.20公斤/公顷，粮食总产量和亩产的持续稳定增长不断创造新疆粮食总产量的历史记录，尤其是1996年，新疆粮食产量首次达到了800万吨，实现了新疆粮食生产自给有余的战略目标。

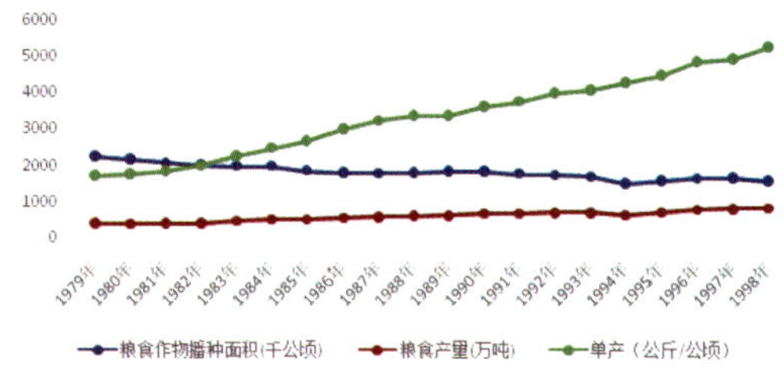

图3 1979-1998年新疆粮食生产情况趋势表

（三）优化发展阶段（1999～2018）

1. 调整优化阶段（1999～2008）

21世纪以来，新疆以市场为导向，以结构调整为重点，以增加农牧民收入为目标，在保证粮食安全、棉花稳定的基础上，不断调整优化粮食生产结构，促进粮食生产向优势区域集中，加强农业基础设施建设，大力推广良种种植，进一步夯实粮食综合生产能力基础，粮食单产逐年提高，由1999年的5193.67公斤/公顷提高至2008年的6368.93公斤/公顷。1999年至2004年，新

疆粮食总产量稳定在800万吨上下波动。根据2004年中央一号文件《关于促进农民增加收入若干政策的意见》，新疆维吾尔自治区当年便出台了粮食直补政策，极大地调动了农民的种粮积极性。2005年，新疆粮食产量跃升至876.60万吨，并在之后两年逐年增长。2006年1月1日废止的农业税条例，为新疆粮食生产注入新的活力。2008年，新疆粮食产量已达到1015.24万吨，粮食产量首次突破1000万吨，粮食综合生产能力进入新阶段。

2. 跨越发展阶段（2009～2018年）

新疆粮食产量在这一阶段有了跨越式的发展，由2009年的1292.27万吨增长到2018年的1504.23万吨，粮食种植面积由2009年的1964.9千公顷增长到2018年的2219.63千公顷，粮食单产稳定在6500公斤/公顷以上。特别是2017年自治区全面取消农民义务工和“五统一”，各项支农惠农政策不断实施为新疆粮食生产提供有力保障。经过这十年发展，新疆粮食综合生产能力实现了历史性的突破。

图4 1999–2018年新疆粮食生产情况趋势表

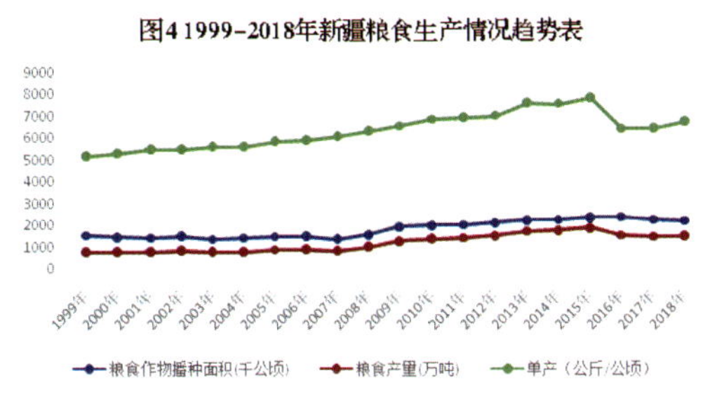

二、粮食生产取得了显著成就

（一）生产能力显著提高

建国七十年来，特别是改革开放以来，新疆粮食综合生产能力跨越式发展。1949年，新疆粮食产量为110万吨，2018年，新疆粮食总产量1504.23万吨，比1949年增长了12.7倍，实现了自给有余的战略目标。

（二）生产结构优化调整

新疆粮食生产能力跨越式发展的同时，也积极推进供给侧结构性改革，大力推广高产田，粮食单产水平不断提升，粮食生产效率不断提高，粮食生产向规模化、集约化发展。1949年，新疆粮食种植面积占农作物总播种面积的96.6%。随着新疆综合粮食生产能力的提升，新疆粮食播种面积所占比重逐年下降。由于单产水平还处于较低水平，到1978年改革开放时，新疆粮食播种面积仍占农作物播种面积的八成左右。随着粮食生产能力的不断提升，新疆粮食播种面积比重开始快速下降，在保证粮食产量的基础上，不断推进供给侧结构性改革，大力推广经济作物的种植，促进农民增产增收，到2017年，新疆粮食播种面积所占比重已降至39%。

三、新时代砥砺前行

新中国成立七十年来，特别是改革开放四十年以来，党和国家的一系列支农惠农政策不断实施为新疆粮食生产提供保障。特别是自2004年到2019年，中央连续16年发布中央一号文件，聚焦“三农问题”，制定粮食直补政策，惠及新疆各族农民群众。十八大以来，习近平总书记高度重视粮食安全问题，多次强调中国人的饭碗要牢牢端在自己手里。2017年，党中央在十九大报告中强调了“三农”工作的重要性，适时提出了乡村振新战略，为今后新疆粮食综合生产能力的提升指明了前进方向。今后，新疆将全面贯彻落实党的十九大精

表1 1949-2018年新疆粮食播种面积占耕地面积比重

年份	农作物总播种面积（千公顷）	粮食作物播种面积（千公顷）	粮食播种面积占比%	年份	农作物总播种面积（千公顷）	粮食作物播种面积（千公顷）	粮食播种面积占比%
1949年	1028	993.3	96.6	1985年	2847	1861.7	65.4
1950年	1151	1084	94.2	1986年	2850	1810.1	63.5
1951年	1248	1120	89.7	1987年	2920	1788.2	61.2
1952年	1429	1179.3	82.5	1988年	2940	1794.5	61.0
1953年	1397	1187.3	85.0	1989年	2935	1839.5	62.7
1954年	1398	1148.7	82.2	1990年	2980	1835.5	61.6
1955年	1482	1192	80.4	1991年	3036	1777.9	58.6
1956年	1646	1277.3	77.6	1992年	3068	1740.8	56.7
1957年	1715	1362	79.4	1993年	2993	1706.9	57.0
1958年	1803	1435.3	79.6	1994年	2994	1506.4	50.3
1959年	2039	1588	77.9	1995年	3050	1602.5	52.5
1960年	2857	2291.3	80.2	1996年	3081.2	1660.76	53.9
1961年	2763	2277.3	82.4	1997年	3191.5	1683.8	52.8
1962年	2542	2114.7	83.2	1998年	3278.55	1585.61	48.4
1963年	2513	2050.7	81.6	1999年	3379.89	1538.99	45.5
1964年	2649	2132.7	80.5	2000年	3391.55	1468.16	43.3
1965年	2789	2224.7	79.8	2001年	3404.12	1415.73	41.6
1966年	3015	2384.7	79.1	2002年	3478.33	1514.61	43.5
1967年	3060	2434	79.5	2003年	3535.02	1377.2	39.0
1968年	2885	2302.7	79.8	2004年	3592.26	1413.9	39.4
1969年	2786	2238	80.3	2005年	3731.16	1492.8	40.0
1970年	2956	2366	80.0	2006年	4176.59	1515.4	36.3
1971年	2994	2372.7	79.2	2007年	4202.63	1393.4	33.2
1972年	2925	2298	78.6	2008年	4486.67	1594.05	35.5
1973年	2934	2299.3	78.4	2009年	4663.81	1964.9	42.1
1974年	2877	2265.3	78.7	2010年	4758.63	2024.28	42.5
1975年	2913	2312.7	79.4	2011年	4983.47	2050.14	41.1
1976年	2909	2284	78.5	2012年	5123.9	2150.11	42.0
1977年	2973	2311.3	77.7	2013年	5212.26	2256.89	43.3
1978年	3025	2335.3	77.2	2014年	5517.63	2303.41	41.7
1979年	3018	2270.7	75.2	2015年	5757.25	2403.41	41.7
1980年	2994	2177.9	72.7	2016年	5867.52	2405.28	41.0
1981年	2979	2082.9	69.9	2017年	5886.96	2295.85	39.0
1982年	2996	2035.1	67.9	2018年		2219.63	
1983年	2905	1988.2	68.4				
1984年	2878	1993.2	69.3				

神，以习近平新时代中国特色社会主义思想为指导，紧紧围绕社会稳定和长治久安总目标，坚持“稳粮、调棉、优果、兴畜”的基本思路和“区内平衡、略有结余”的粮食工作方针，在转方式、补短板、防风险、抓改革、惠民生等一系列政策措施的推动下，切实推进新疆地区农业供给侧结构性改革，不断推动农业产业化、集约化、科技化发展，提高粮食综合生产能力，为新疆社会经济发展奠定坚实的物质基础。

作者：甘新枝

单位：国家统计局新疆调查总队

破茧蝶变成就斐然 畜牧业由大到强

——新中国成立70周年新疆发展成就之畜牧业篇

1949年9月和平解放后，在党中央的坚强领导下，新疆开启了社会主义建设的伟大征程。经过70年的艰苦创业和团结奋斗，通过深化体制改革、扩大生产投入、优化内部结构、健全社会服务等措施，新疆畜牧业生产取得了巨大成就，谱写了辉煌篇章。特别是党的十一届三中全会以来，畜牧业迈入发展快车道，为保障社会有效供给、提高人民生活水平，增加农牧民收入、助力脱贫攻坚发挥了重要作用。

一、持续发展，成就斐然

新中国成立70年以来，新疆畜牧业稳步发展，主要畜禽存栏大幅增长，生产规模不断扩大，经济效益持续提高，在农业和农村经济中的地位显著增强，始终是新疆农业生产中仅次于种植业的第二大产业，为推动农牧民增收、助力脱贫攻坚提供了重要支撑。

（一）主要畜禽生产规模不断扩大

2018年，新疆主要牲畜猪牛羊存栏4952.63万头（只），较1949年的908.52万头（只），增长了4.45倍，年均增长2.5%。其中生猪存栏从1949年的3.75万头增长到2018年的335.79万头，增长了88.54倍，年均增长6.7%；牛存栏从1949年的139.66万头，增长到2018年的457.15万头，增长了2.27倍，年均增长1.7%；作为新疆主要畜种的活羊，存栏量从1949年的765.11万头，增长到2018年的4159.68万头，增长了4.43倍，年均增长2.5%（见表1）。

表1 1949-2018年新疆畜牧业生产情况表

单位：万头（只）、%

年份 / 指标	2018年	1949年	年均增速
年末牲畜存栏	4952.63	908.52	2.5
#生猪	335.79	3.75	6.7
#牛	457.15	139.66	1.7
#羊	4159.68	765.11	2.5

（二）主要畜禽产品产量持续增长

2018年新疆猪牛羊禽肉类总产量为155.45万吨，较1949年的24.20万吨(由于没有同期指标，此处为所有肉类总产量)增长了5.42倍，年均增长2.7%。此外，禽蛋、

牛奶等传统“副食品”也获得快速发展，2018年全疆人均肉类占有量62.5公斤，高于全国平均水平1.2公斤；人均奶占有量78.4公斤，是同期全国人均奶类占有量的3.54倍。主要畜禽产品产量的迅速增长，丰富了城乡居民的“菜篮子”，满足了广大人民群众多样化的消费需求，改善了城乡居民膳食结构。

（三）畜牧业在农业经济中的地位显著提高

新疆作为我国传统五大牧区之一，畜牧业始终是农业经济的重要组成部分。经过多年发展，全疆主要畜产品产量大幅增长，经济效益稳步提高，畜牧业产值从1949年的0.83亿元（1952年不变价），增长到2018年的796.42亿元，增长了961.32倍。2018年，新疆畜牧业产值占农业总产值比重为21.9%，仅次于种植业，稳居第二位；农村居民人均畜牧业收入为852元，畜牧业收入占一产经营性收入的比重为15.6%，仅次于种植业，居第二位，成为推动农牧民增收的重要支撑点。

二、历经曲折，终创辉煌

新中国成立70年以来，新疆畜牧业历经改革变迁，生产方式实现了从逐水草而居到定居兴牧、从粗放型养殖到集约化管理、从传统畜牧到现代化建设的历史性转变，呈现出“蓄”势待发的昂扬态势。其主要发展历程大致可分为五个阶段：

（一）稳步发展阶段（1949-1965年）

新中国成立初期，为尽快恢复和发展生产，新疆通过建立并完善畜牧机构、连续召开牧区工作会议、逐步改善饲养管理、开展畜种改良，改善生产生活条件，促进了畜牧业生产的发展。在此期间，新疆畜牧业生产克服了“大跃进”和“三年自然灾害”的不利影响，牲畜存栏数从1949年的1038.22万头（只），持续上升到1965年的2697.53万头（只），实现了连续16年增产，年均增长6.1%；其中主要牲畜猪牛羊存栏数从1949年的908.52万头（只），发展到1965年的2516.30万头（只），年均增长6.6%（见图1）。

得益于正确的指导方针和重视绵羊品种改良、加强疫病防治等措施，作为新疆主要畜种的活羊在此期间获得了长足发展，存栏量从1949年的765.11万只增长到1965年的2192.31万只，增加了1427.20万只，年均增长6.8%，增速明显快于其他畜种。

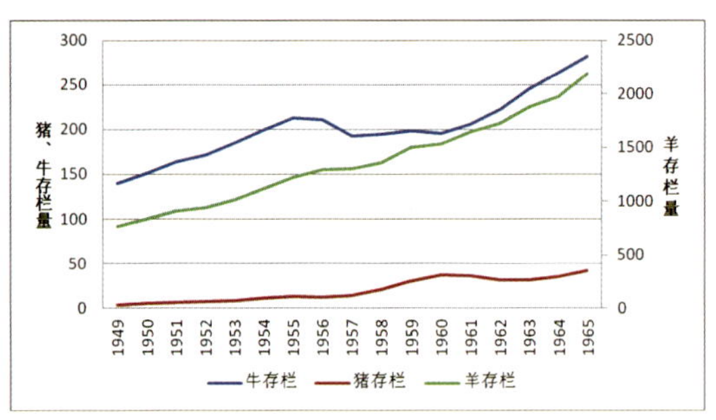

图1 1949-1965年新疆猪牛羊存栏量变动图

（二）曲折波动阶段（1966-1977年）

“十年文革”期间，由于推翻了过去执行的良好政策，挫伤了部分农牧民的生产积极性，新疆畜牧业生产受到严重干扰，生产规模不升反降，牲畜存栏数从1966年的2567.94万头（只）下降到1977年的2397.75万头（只）；其中主要牲畜猪牛羊存栏数从1966年的2386.09万头（只），下降到1977年的2176.11万头（只）（见图2）。作为主要畜种的活羊，经历了“逐步下降—部分恢复—

再次下降”的过程，存栏量从1967年的2113.61万只，下降到1969年的1876.53万只，在恢复到1973年的2016.34万只后，再次下降到1977年的1862.85万只。十年间不增反降，发展陷于停滞。

值得一提的是，由于1970年成立了“自治区养猪办公室”，并于1971年在奇台召开北疆地区养猪会议，掀起了养猪高潮，生猪存栏数从1970年的54.30万头增长到1972年的102.72万头，两年增长了89.2%，但随后生猪存栏量逐步下降，1975年回落至54.40万头，随着1975年再次召开的养殖会议上调整了养猪政策，生猪存栏开始恢复，1977年回升至92.04万头。

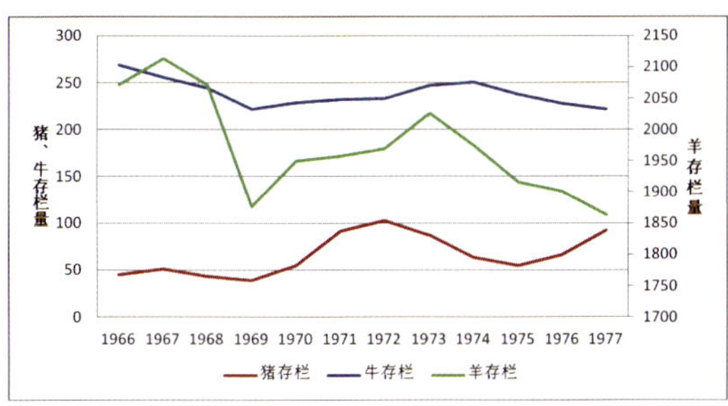

图2 1966-1977年新疆猪牛羊存栏量变动图

（三）恢复发展阶段（1978-2005年）

1978年以来，新疆逐步恢复和完善牧区、农区、半农半牧区的畜牧业生产方针。随着改革开放的逐步推进，新疆在畜牧业生产中逐步实现从集体所有制向折价归户、户有户养的家庭联产承包责任制，并配套实施畜牧业经营和价格体制改革，极大调动了广大农牧民饲养牲畜的积极性。

1986-1996年，针对畜牧业发展面临的问题，新疆提出坚持草原、农区和城郊畜牧业并举，实行以种代养、以养促种、种养结合、提高效益的总方针，并将畜牧业发展纳入国民经济发展纲要，在鼓励千家万户搞养殖的同时，初步形成了一批专业养殖企业和大型户，带动了畜牧业生产的快速发展，逐步从传统畜牧业转向现代畜牧业。

在此期间，新疆通过调整种植结构、改善畜牧业基础设施、建设畜产品加工业等举措，畜牧业生产获得长足发展。1978年-2005年，牲畜存栏数量从2476.98万头（只）增长到5333.60万头（只），年均增长2.9%；主要牲畜猪牛羊的存栏量从2253.18万头（只）增长到5098.04万头（只），年均增长3.1%（见图3）；主要畜种活羊的存栏量从1927.54万只增长到4355.50万只，年均增长3.1%。猪牛羊出栏及肉蛋奶产量也迅速增长，市场供给水平不断提升（见表2）。

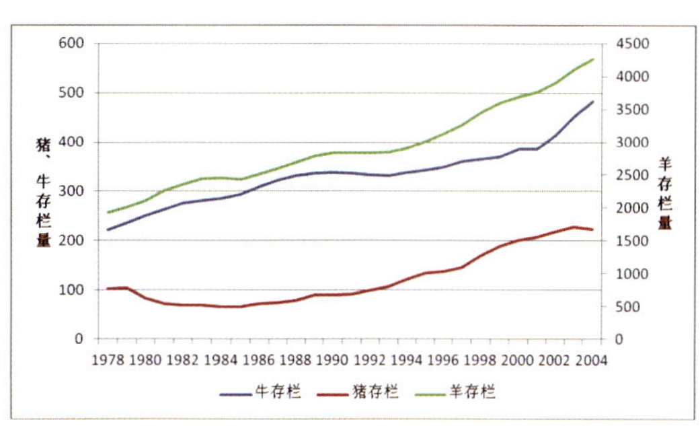

图3 1978-2004年新疆猪牛羊存栏量变动图

表2 1978-2005年新疆猪牛羊出栏及肉产量变动表

单位：万头、万只、万吨、%

指标＼年份	1978年	2005年	年均增速
猪牛羊出栏	452.26	3690.00	8.1
#羊出栏	382.76	3081.88	8.0
猪牛羊肉产量	9.65	120.29	9.8
#羊肉产量	5.32	59.89	9.4
牛奶产量	4.50	152.22	13.9
禽蛋产量	2.96	24.99	8.2

备注：禽蛋产量从1982年计算，此前无统计数据

（四）规模化发展阶段（2006-2015年）

随着西部大开发战略的不断推进和生态农业工程建设的战略的实施，新疆积极贯彻落实两次中央新疆工作座谈会议精神，先后出台《加快发展畜牧业若干问题的决定》和《关于加快现代畜牧业发展的意见》，并在2011新增1000万只肉羊综合能力建设的基础上，2013年进一步出台《关于加快肉羊肉牛产业发展的意见》，以“改造提升传统畜牧业、开拓创新现代畜牧业”为发展方向，鼓励、引导农牧民及国内外大型企业集团投入畜牧业生产发展，全力推动畜牧业生产方式由一家一户的单一化生产向规模化、产业化经营模式转变。

2006-2015年，新疆主要牲畜猪牛羊存栏量从4428.37万头（只）增长到4866.72万头（只），年均增长1.1%；主要畜种活羊存栏量从3921.50万只增长到4126.61万只，年均增长0.6%；猪牛羊出栏从3511.46万头（只）增长到4297.00万头（只），年均增长2.3%；猪牛羊肉产量从107.47万吨增长到132.89万吨，年均增长2.4%。

尽管增速有所放缓，但畜牧业生产的标准化、规模化水平却逐年提升。畜牧部门监测数据显示，仅2009-2013年，新疆就累计新建及改扩建畜禽标准化规模养殖场（小区）1784个，全疆备案的畜禽规模养殖场（小区）累计达到5294个，较2009年增加2494个，增长89.07%；全疆累计创建的国家级畜禽标准化规模养殖示范场达到103家。奶牛、肉牛肉羊、猪禽规模养殖比例分别达到27%、35%和65%，较2009年分别提高1.8个、7.5个和3个百分点。

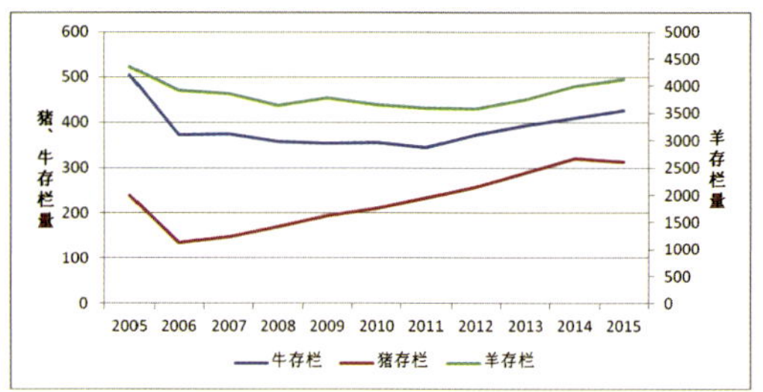

图4 2005-2015年新疆猪牛羊存栏量变动图

（五）高质量发展阶段（2016年至今）

面对日益严峻的人口环境资源矛盾，新疆各地紧紧围绕推进农业供给侧结构性改革总体要求，以生态文明建设和畜牧业绿色发展为重点，推动草原生态环境建设；以良种繁育体系建设和推广工作为根本，加快良种畜禽推广力度；以“四良一规范”综合配套措施为抓手，加快调整畜牧业发展结构；以标准化、规模化示范养殖场和自治区涉牧龙头企业为依托，推动行业转型升级，畜牧业生产逐步从数量型向质量效益型转变，供给侧结构性改革初见成效，畜牧业综合生产能力持续增强。

2016-2018年，新疆主要牲畜猪牛羊存栏量从4819.70万头（只）增长到4952.63万头（只），年均增长1.4%；面对日益严格的草畜平衡政策，主要畜种活羊存栏保持增长态势，存栏量从4058.60万只增长到4159.68万只，年均增长1.2%；猪牛羊出栏从4507.30万头（只）略降至4458.04万头（只）；猪牛羊肉产量从139.24万吨增长到132.45万吨。

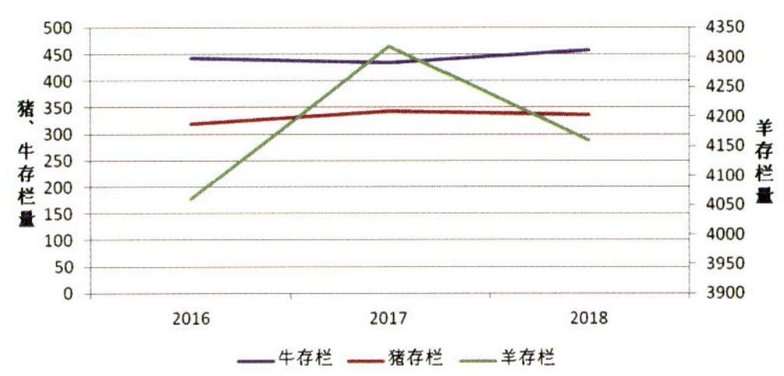

图5 2016年至今新疆猪牛羊存栏量变动图

三、成效显著，亮点纷呈

（一）养殖结构明显优化

新疆十分重视畜牧业内部产业结构调整，提出在巩固羊优势地位的基础上，大力发展养牛和猪禽养殖业。新疆活羊占牲畜存栏比重长期稳定在84%以上；生猪占牲畜存栏比重由1949年的0.4%提高到2018年的6.8%；家禽养殖业由弱变强，成为稳定市场肉蛋供给的重要组成部分。新疆羊肉产量在猪牛羊肉中所占比重由1960年有分类统计以来的68.4%下降到2018年的42.6.%，下降了25.8个百分点；牛肉产量占比由1960年的24.7%提高到2018年的30.1%，提高了5.4个百分点；猪肉产量占比从1960年的6.9%提高到2018年的27.3%，提高了20.4个百分点，基本满足了新疆本地区猪肉消费需求，由生猪大规模调入省份变为小规模调出省份。禽肉、禽蛋和牛奶增长速度高于其他畜产品增速，保证了城乡居民蛋奶供应，推动人民生活向提高品质、增加品种方向发展。

畜牧业内部结构也不断调整优化，新疆通过积极引进国内外优良品种，采取现代科学育种、繁育和推广技术，逐步建立起适应新疆实际的“原种场—扩繁场—商品生产场户”畜禽良种繁育体系，形成了区、地、县、乡四级良种推广体系。2015年，新疆牛、羊、猪禽的良种率分别达到66%、76%和92%以上。

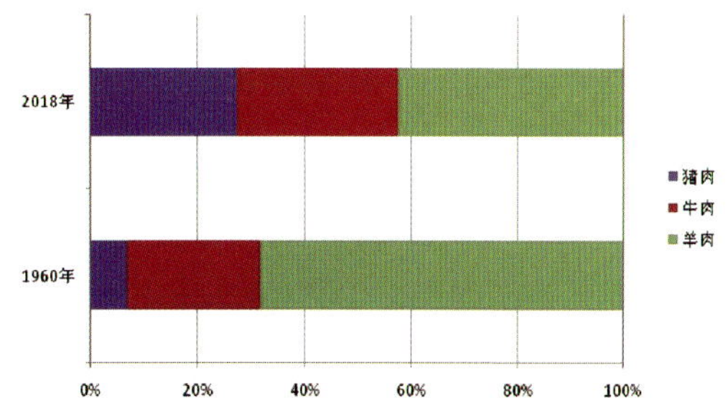

图6 1960-2018年新疆猪牛羊肉产量占比变动图

（二）生产方式明显转变

经过多年努力，当前新疆畜牧业生产规模化、标准化程度不断提升。针对草原畜牧业“逐水草而居”、靠天养畜的生产方式，新疆通过草地牧业综合示范、牧区开发示范、易灾牧区防灾减灾综合技术推广和世界粮食计划署援建项目等，改善草原牧区生产条件，为转变传统畜牧业生产奠定了良好的基础。并积极推动牧民定居工程，坚持将游牧民定居工程与新型城镇化建设、新农村建设和后续产业发展相结合，将游牧民定居工程后续产业培育发展与自治区党委政府发展现代畜牧业生产、满足消费市场旺盛需求的各项决策部署相结合，统筹各方面资金，按照“三通、四有、五配套”标准，，2011-2014年间累计完成牧民定居建设8.56万户，圆满完成第一阶段国家游牧民定居工程建设任务，2014年牧民定居率达到78.7%，较2010年提高了31个百分点，农牧民生产生活基础条件得到了切实改善。

面对城乡居民肉蛋奶消费需求的不断增长，新疆各地记集体推动适度规模化、专业化、集约化养殖，鼓励支持养殖大户和育肥专业户发展壮大，并在此基础上积极编制《新疆畜禽规模化标准化养殖场（小区）建设规范》和标准化养殖技术规范，进一步完善了畜禽规模养殖场（小区）建设标准体系，并开展畜禽标准化养殖小区备案登记。截至2017年底，新疆共有备案规模养殖场（小区）超过5000个，分别创新中国成立家和自治区级标准化养殖示范场127个和233个。

（三）疫病防控能力明显增强

新疆在动物疫病防治工作中，始终坚持预防为主，防检结合、全面控制和及时扑灭的方针，采取强制免疫与自主免疫相结合的原则，加大对交易、屠宰、运输检疫和动物性产品的检疫监督，防止重大疫情发生。随着市场经济的逐步发展和现代物流体系的进步，新疆与兄弟省区和周边国家的活畜及畜产品交易活动日渐频繁，给新疆动物疫病防治增加了难度，为此，新疆按照国务院文件要求，不断推进乡（镇场）畜牧兽医站建设，并于2001年起，在全疆陆续推广村级防疫员制度，增强了基层防疫控制能力，强化了对牲畜口蹄疫和禽流感强制免疫和计划免疫率；2002至2004年，启动32个边境县动物疫病免疫隔离带、疫情测报站和动物免疫标识佩戴工作，增强了动物疫病预防能力。至2005年，新疆已基本实现动物疫病可防可控。目前，全疆草食家畜疫病死亡率控制在1%以下，猪因病死亡率控制在4%以下，家禽因病死亡率控制在10%以下。2018年，新疆重大动物疫病免疫密度和抗体监测合格率分别达到95%和70%以上，畜产品质量安全水平进一步提升。

（四）产业基础明显夯实

新疆冬季草场不足是制约畜牧业生产的重要因素，为提高饲草料保障水平，新疆坚持立草为业、草畜平衡。加大种植业结构调整力度，充分发挥耕地地力保护补贴政策激励作用，积极引导北疆地区依托多年牧民定居建设基础，完善定居点草料地灌溉设施，提高饲草料产出率，南疆地区稳定“小麦+青贮玉米”耕种模式，利用好农副产品资源，缓解区域草料短缺矛盾。结合“粮改饲”试点和振兴奶业苜蓿发展行动，推进种养结合，引导规模养殖场户加大配套饲草料地建设和优质饲草料收储，人工种草面积近1300万亩，其中苜蓿留床面积稳定在500万亩以上；“粮改饲”进展顺利，全疆各类农作物播种面积中，粮经饲比例最高为25:51:24，全年饲草料年产量达200万吨，为新疆现代畜牧业生产发展提供了坚实的物质基础。

标准化养殖小区和畜产品加工企业为新疆畜牧业生产发展壮大提供了良好的生产基础。近年来，一批起点高、规模大、辐射带动能力强的畜产品加工龙头企业不断发展壮大，不仅加快了新疆畜产品产业化进程，也助推了新疆畜牧业生产由分散生产经营加速向集约化、规模化、产业化方向转变，形成以“农户+生产基地（养殖小区、合作社）+公司”的产业链，提高了新疆畜牧业生产的组织化程度。2017年新疆共有自治区级涉牧龙头企业88家(含国家级6家),170个有效期内无公害畜产品产地,并有37个畜产品获新疆著名商标,90个畜产品通过农业部无公害认证,吐鲁番斗鸡、阿勒泰羊、呼图壁奶牛、昭苏天马、木垒羊肉等13个畜产品获国家地理标志保护登记,在全国范围内擦亮了新疆绿色有机农产品的名片。

四、展望未来,前景可期

党的十八大以来,新疆主动适应经济社会发展新常态,稳步推进畜牧业供给侧结构性改革,继续把握好"改造提升传统畜牧业、开拓创新现代畜牧业"的方向,认真做好"提产能、强科技、防风险、增效益"工作,稳定牛羊生产,推进奶业振兴,优化猪禽布局;壮大新型经营主体,培育更多龙头企业,提升综合竞争能力;抓好畜禽污染防治,继续狠抓草畜平衡,保护新疆绿水青山,构建种养循环发展新格局,推动新疆畜牧业由粗放高耗型向节约高效型转变,一个发展后劲十足、种群结构合理、一二三产业融合、生态环境良好的畜牧业发展新格局正在逐步形成。

作者:孙洪亮、张贝

单位:国家统计局新疆调查总队

击鼓催征再出发 倾情迈进新时代

——新中国成立70周年新疆发展成就之农民工篇

在人类历史长河中，70年弹指一挥间。新中国成立以来的70年是改变中华民族前途命运的70年，是沿着民族复兴之路奋勇前行的70年。新疆各级党委政府始终坚决贯彻党中央的决策，关心农民生产生活，把促进农村富余劳动力转移就业作为增加农牧民收入、改善农牧民生活的重要举措，大力实施惠民就业政策，统筹实施城乡大就业。

中国自古是一个农业大国，人们的生活收入来源主要靠种植农业，新生的中华人民共和国，农村经济体制改革成功后出现大量过剩劳动力，这部分人员开始规模化地向城市涌入，成为早期农民工的雏形。改革开放之后，我国从基本国情出发，在工业化、城镇化快速发展过程中涌现出了大批的农民工，他们在社会主义现代化建设中充分发挥重要作用，促进他们自身不断发展和生活水平不断提高。

70年来，农民工群体先后经历4次浪潮，每次浪潮都推动着这一群体迈上一个新台阶，农民工群体的发展历程，具有鲜明中国特色，拥有不同于国际农业劳动力转移的两个同步规律，即：工业化与城镇化同步，进城就业与进城落户同步，新疆农民工的发展也随着四次浪潮发展壮大。

一、改革开放激发农民工初现雏形

1980年后，以东南沿海为主的地区迅速崛起一批乡镇企业，就地吸纳农民工，形成新中国成立以来农村劳动力转移的第一波高潮。党的十一届三中全会后，我国农村改革率先起步，家庭联产承包责任制拉开了改革开放的序幕，极大地解放和发展了农村生产力，农村劳动力出现大量剩余。在这一背景下，1984年的中央一号文件指出，鼓励集体和农民本着自愿互利的原则，将资金集中起来，联合兴办各种企业。乡镇企业快速发展起来，吸纳了大量农村富余劳动力，“农民工”这一称谓也随之而生。

第一代农民工主要是60后、70后群体，一部分主要依托亲缘、地缘关系，以自发方式外出，由于文化程度普遍不高，往往从事苦、脏、险、累的体力活，主要集中在工厂和建筑行业；挣钱回家是他们打工的主要目的。这一时期新疆的工业还比较落后，农民工在周边的乡镇、县市打零工、做小生意偶有发生，也有一些人走出新疆从事纱巾和布匹等日用品的运销活动。

二、政策保障带动农民工快速发展

20世纪90年代，随着社会主义市场经济的发展，快速推进工业化的东部沿海地区和大城市对劳动力的需求日益旺盛，一大批农村富余劳动力进城务工经商,国家一些初步保障农民工社会权益的政策制度也开始逐渐形成。1992年，中共十四大提出深化社会财富分配制度和社会保障制度改革，推进待业、医疗等社会保障制度建设，农民工的就业权益得到了一定保障。1997年，国务院办公厅转发劳动部等部门《关于进一步做好组织民工有序流动工作意见的通知》，将民工管理工作纳入常态化、制度化发展轨道，强化民工输出职业技能和职业道德培训建设。这是国家针对农民工群体而发布的首个关于农民工社会权益保障内容的正式文件，也是农民工社会权益保障政策的初步形成。1999年，国家计委六部门发布《关于印发<中介服务收费管理办法>的通知》，规范中介市场，有效保障了进城农民工求职权益。

20世纪80年代末90年代初，在市场经济条件下成长起来了第二代农民工，他们有的在城市长大，有的虽生于乡村，但大多受过初、高中等教育，他们的生活方式已从“生存型”向“生活型”转变，不再把挣钱作为外出务工的唯一目的，更渴望提升素质，不甘于做“打工仔”，希望成为“管理者”。学习了技术和管理能力后，他们融城意识强烈，开始注重精神文化生活，在职业选择和发展取向上，已从苦脏累工种向体面工种转变,从关注工资待遇向更多关注自身发展、创业前途转变。这个时期，新疆的农民工陆续走出家门，除了贩卖纱巾、布匹之外，一些人开始从事烤羊肉串、葡萄干、哈密瓜、杏干等的经营或贩运。在北京形成的两个“新疆村”是这一时代的典型代表。

三、城市发展推进农民工多元转型

进入新世纪，我国加入世界贸易组织后，工业化、城镇化加速发展，农民工的数量不断增加、素质不断提升，形成了农村富余劳动力跨省转移的农民工发展的第三个阶段。2000年，中央在制定“十五”规划时提出，要加强劳动力市场建设和就业人员

职业培训，规范中介机构市场行为，完善职工失业保险制度建设，促进劳动者积极就业。这对于促进农民工在城镇就业起到了很好的效果，切实保障了农民工社会权益。2004年的中央一号文件，首次将农民工表述为“产业工人的重要组成部分”，这越发表明国家对于这个新群体的高度重视，农民工的历史地位从此得到充分肯定，农民工社会权益保障政策也基本形成。2006年国务院颁发《关于解决农民工问题的若干意见》，系统提出关于农民工工资、公共服务、权益保障机制等方面的政策服务措施。2010年1月，中央一号文件首次使用了“新生代农民工”的提法，要求采取有针对性的措施，着力解决新生代农民工问题。

进入新时代，农民工这个群体正在从工业化、城镇化发展中的劳动大军成长为现代产业工人的主体，20世纪80、90年代出生的新生代农民工大量投身新业态之中，新疆外出农民工一些仍以经营贩运为生，一些积攒了钱的人转向餐饮业经营，“民工潮”之后出现“创业潮”，一批曾在沿海发达地区和大中城市务工经商的农民工，带着技术、项目、资金和营销渠道返乡创业，在脱贫攻坚中发挥着重要作用，也丰富着新型城镇化的实践，随着新疆经济的发展，外出农民工一些仍以经营贩运为生，一些积攒了钱的人转向餐饮业经营。据农民工监测调查显示，我区的农民工总量由2008年43.6万人到2011年达到49.6万人，增加6万人，农民工的人数不断增多。

四、乡村振兴创造农民工崭新机遇

党的十八大以来，农民工发展进入新阶段。2012年，中央印发一号文件，要求下大力气培育新型职业农民，对返乡创业的农民工提供资金支持；2014年国务院印发的《关于进一步做好为农民工服务工作的意见》部署，到2020年，大部分中国农民工将拥有专业技能和居住证；到2035年，大部分农民工将毕业于职业技术院校，成为知识型、技能型、创新型的劳动者；到2050年，农民工群体全面实现“四融”：自己融入企业、家庭融入社区、子女融入学校、群体融入社会。党的十九大确定了决胜全面建成小康社会、开启全面建设社会主义现代化国家新征程的“三步走”战略目标，对新时代推进中国特色社会主义伟大事业作出了全面部署，明确提出了建立健全城乡融合发展体制机制、促进农民工多渠道就业创业，加快农业转移人口市民化等任务。这对新时代农民工工作提出了新的更高要求。

2017我区全面取消农村义务工，为农村富余劳动力外出务工创造了宽松的就业环境，统筹实施城乡大就业，就业扶持政策从城镇就业向农村就业延伸、从城镇劳动者向农村劳动者延伸，形成统筹城乡的就业政策体系和工作体系；2018年起，新疆大力实施南疆四地州深度贫困地区就业扶贫三年规划（2018—2020年），截至2018年11月30日，全区农村富余劳动力转移就业279.6万人次。自治区政府先后出台了《新疆维吾尔自治区全面治理拖欠农民工工资问题实施意见的通知》等政策措施，通过完善9项制度，落实3个责任，建立2个机制，即建立支付监控机制、联合惩戒机制，为农民工权益的维护提供保障。

新阶段下随着政府大力扶持农业和农副产品加工业、民族特色手工业纺织服装业等行业的发展，推动大力发展劳动密集型企业促进就业、发展“扶贫车间”“卫星工厂”吸纳就业、发展小微创业带动就业等措施，农村经济的发展情况越来越好，就业机会增多，以80后、90后为代表的新生代农民工大量投身新业态，不少农民工都由城市转战农村，选择就近务工或者搞起了农村创业，一方面随着时代的发展，赚钱不再是农民工外出务工的唯一目的，在获取经济收入的同时，农民工开始注重家庭成员的团聚、子女的教育以及家庭生活水平的改善、提高；另一方面也能为自己的家乡建设出一份力，还可以从中发现商机，发家致富。据农民工监测调查，我区的农民工总量由2008年43.6万人到2018年达到126.7万人，增加83.1万人，我区本地农民工由2008年12.5万人增加到2018年47.5万人，所占比重由2008年的28.6%到2018年的37.4%，比重增加了8.8个百分点；外出农民工由2008年31.1万人增加到2018年79.2万人，新疆农民工的规模不断发展壮大。

随着我国经济发展质量变革、效率变革、动力变革的速度不断加快，传统产业转型升级和新型城镇化稳步推进，为农民工改变生活带来了新契机以及提升自身的新动力。农民工的发展不断向进城有工作、上岗有技能、劳动有合同、收入有增长、参保有办法、子女有教育、住宿有改善、维权有渠道、生活有文化、发展有途径的美好目标迈进，日益增长的美好生活需要将在祖国蓬勃发展中不断得到满足。

作者：孙卓

单位：国家统计局新疆调查总队

精准扶贫闯新路 脱贫攻坚在路上

——新中国成立70周年新疆发展成就之扶贫开发篇

新中国成立七十年来，新疆扶贫攻坚重心经历了从生产开发式扶贫到综合性扶贫，从区域性扶贫到瞄准贫困县、贫困村到当前的到户到人的精准扶贫；从解决普遍性贫困、解决温饱问题入手到促进农村综合发展和全面小康。七十年的实践体现了党中央、国务院始终坚持致力于发展生产、改善条件、消除贫困，着力解决贫困地区和贫困农牧民最关心、最直接、最现实的利益问题，取得了历史性的成就，更是人类减贫史上的奇迹。

一、改革开放前农民收入水平呈先扬后滞态势

(一)经济恢复及农业合作化时期(1949—1957年)，新疆农村经济发展开局良好

新中国成立后，党中央和政府即着手恢复和发展农业生产，并于1950年开始进行减租反霸斗争，紧接着又在全疆农村完成了土地改革，从生产关系上彻底摧毁了几千年来的封建土地所有制，解放了农村生产力。党和政府发出了“生产发家、劳动致富”的号召，鼓励农民在自愿的原则下，组织互助组，用变工互助，互相调剂办法，解决当时严重存在的种子、农具、耕畜、土地、劳动力不足的困难；并在1953年开始通过引导农民发展农业合作化等措施促进了农业的社会主义建设，农村经济得以发展，农民的生活状况发生改观。从历史数据来看，1957年，新疆农民家庭全年人均纯收入为125.1元。

(二)人民公社时期(1958—1979年)，全疆农村经济发展出现迟缓态势

1958年，新疆农村实现了人民公社化。这一时期，国家增大对农业建设的投资，大规模兴修水利，开荒造田。从1958年到1978年的二十年间，中国经历了自然灾害、政治运动等，农民生产积极性受到挫伤，农作物大面积减产，农村经济发展缓慢，农民收入增长停滞不前，1978年新疆农民家庭全年人均纯收入为119.2元，较1957年降低了5.9元。

二、改革开放后减贫成效显著

进入改革开放时期，全区上下结合实际，认真贯彻党中央决策，充分调动农牧民发展生产的积极性，农村经济形势发生了根本变化，走上了全面、稳定、持续发展的道路，从根本上解决了全区农村贫困群

体的温饱问题。

（一）贫困人口总量明显减少，贫困发生率显著下降

经过多年的不懈努力，全区贫困范围不断缩小，贫困人口逐年减少，贫困程度进一步缓解，扶贫开发取得显著成效。据国家农村贫困监测调查，截止到2018年底，新疆农村贫困人口由改革开放初期的532万累计减少到64万，有468万贫困人口摆脱了贫困，贫困人口总量明显减少；全区贫困发生率由2011年的32.9%下降至5.7%，缩小27.2个百分点，贫困发生率下降显著。

（二）农村贫困地区居民收入大幅增长，各项收入快速增加

改革开放以来，新疆各级党委、政府引导改革生产经营体制，鼓励农牧民开展多种经营模式，不断调整农村产业结构，大力推进农牧区经济迅速发展，农业综合生产能力大幅提高，农牧民收入快速增长。1978年，新疆全区农村居民人均可支配收入为119元，到2018年新疆全区农村居民人均可支配收入为11975元，较1978年水平增长100.6倍。其中，2002年-2011年间，全区农村贫困地区的人均可支配收入从1255元增加到4245元，累计增加2990元。党的十八大召开以来，全区贫困地区农村居民人均可支配收入由2012年的5090元提高到2018年的10907元，仅6年的时间累计增加5817元，较1978年全区平均水平增长91.7倍。其中，2014年-2018年，全区农村贫困地区人均工资性收入由1944元提高到2987元，人均经营净收入由3589元提高到5369元，人均财产净收入由53元提高到91元，人均转移净收入由1049元提高到2461元。

三、贫困地区农村居民生活水平及质量明显提升

改革开放以来，随着收入的增长，全区贫困居民生产、生活质量得到不断提升，全区贫困居民从解决温饱问题向奔小康的目标迈进。1980年-2018年，全区农村居民人均生活消费支出由151元提高至9421元，增长62.4倍。其中，2018年，全区贫困地区农村居民人均生活消费支出为7056元。

（一）居民生活水平明显提升

1. 吃穿消费占比大幅降低

改革开放前，由于收入不足和物资相对匮乏的原因，大部分贫困居民最急需解决的就是温饱问题。从监测数据来看，全区农村居民食品和衣着两者消费支出占生活消费总支出的比重由1980年的74.0%下降至2018年的38.5%。其中，2018年全区贫困地区居民食品和衣着消费支出占生活消费总支出总额的比重为41.6%。

2. 耐用消费品拥有量“从无到有”

1978年之前，贫困地区居民家中基本上没有电器、通信及交通工具，到2018年，全区农村贫困地区家庭中低档耐用消费品基本普及，新型耐用消费需求旺盛。一是交通类耐用品，2018年，全区贫困地区每百户居民拥有汽车数量达到近11辆，摩托车每百户拥有量近61辆；二是洗衣机、电冰箱和计算机普及度相对不高的新式家电，2018年，全区贫困地区每百户

居民拥有洗衣机近90台、电冰箱近90台、电脑3台；三是移动电话拥有量，2018年，全区贫困地区每百户居民拥有移动电话181部。

（二）居民生活质量进一步提升

1.基础设施建设成效明显。改革开放以来，全区贫困地区的交通、卫生、文化、教育等各项事业不断发展，贫困地区人民的文化生活、健康水平和全社会文明程度不断提高，新疆农村贫困地区基础设施和公共服务状况各项指标都已接近或超过全区农村平均水平。2018年，新疆贫困地区农村通公路、通电话、所在自然村接收有线电视信号及所在自然村进村主干道路硬化的农户比重均已达到100%的全面覆盖。所在自然村能便利乘坐公共汽车的农户比重占78.4%；所在自然村垃圾能集中处理的农户比重占74.7%；另外，所在自然村通宽带、有卫生站、上幼儿园及小学便利的农户比重均达到96%以上，分别为98.6%、96.1%、97.4%、97.2%。

2.居住环境持续改善。1978年前，贫困地区居民人均住房面积为10平方米左右，到2018年，全区贫困地区居民人均住房面积达25平方米、户均115.2平方米。同时，实现了让贫困居民从居住在简陋且不安全的土坯房搬至了安全保暖的砖瓦砖木以及砖混材料的富民安居房，住房材料主要以砖混材料以及砖瓦砖木为主，比重分别为47.5%、36.9%；钢筋混凝土材料比重为15.2%，竹草土坯房比重为0%。新疆贫困地区农村居民中，独用厕所的农户比重占98.7%，饮水无困难的农户比重占97.3%，使用管道供水的农户比重为89.8%，使用经过净化处理自来水的农户比重为88.3%。

四、多项政策保驾护航，逐步实现“三保障”

（一）医疗保障方面

因病致贫、因病返贫，是困难群众脱贫路上的“绊脚石”。截止到2018年末，全区不断推出多项医疗保障政策，切实减轻贫困人员医疗费用负担，防止因病致贫、因病返贫。首先，2018年末，全区共有医疗卫生机构15484个，其中，乡镇卫生院924个，拥有床位2.87万张，乡镇卫生院卫生技术人员2.16万人。第二，全区贫困人口参加城乡居民基本医疗保险参保率近100%，对贫困户缴纳医疗保险费用会根据贫困程度有相应的减免政策，2018年起，按照每年人均缴纳186元保费的额度，每年安排3亿元财政专项资金，为22个深度贫困县的深度贫困人口参保补充医疗保险，统筹医疗保险、大病保险、医疗救助、补充保险，贫困人口报销比例达95%；第三，取消贫困人员基本医疗保险单次住院封顶线，并采取先诊疗后付费以及一站式结算的便利医疗政策，对建档立卡贫困人口、低保对象、特困人员均实现了基本医保倾斜政策。

（二）教育保障方面

我区率先对贫困地区中小学生实施“两免一补”政策，即对城乡义务教育学生免除学杂费、免费提供教科书，对家庭经济困难寄宿生补助生活费，2018年全区基本实现12年免费教育，南疆率先实现从幼儿教育到高中毕业15年免费教育，使全区农村所有贫困中小学生都能接受免费义务教育，且97%以上的农户上幼儿园、小学都很便利。另外，全面实施新疆农村义务教育学生营养改善计划，让农村学生享受到免费提供的营养餐，极大地改善了农村学生普遍存在的营养不良的问题。

（三）居住保障方面

解决贫困群众的住房问题是脱贫攻坚工作的关键之一，而改善贫困群众住房问题主要抓手是异地扶贫搬迁。全区上下不断完善搬迁安置点水、电、路、气、网等配套基础设施建设，加快建设教育、卫生、文化、体育以及商业网点等公共服务设施，全面解决好搬迁对象生产生活的“硬件”问题。同时，因户因人制定脱贫措施，帮助搬迁群众发展稳定有效的脱贫产业，开展就业技能培训、劳务输出，全力解决好搬迁群众的土地和住房分配、迁出区生态修复和宅基地土地复垦、户籍转移、子女入学、社会保障等后续保障工作。

新疆的扶贫开发事业，始终离不开国家发展的大背景。到2020年，实现打赢脱贫攻坚战，只有全面贯彻落实新发展理念，才能走出一条民族地区脱贫致富的新路子。新疆将认真贯彻党中央关于打赢脱贫攻坚战的决策部署，进一步增强“四个意识”，明确目标任务，注重精准发力，深化扶贫协作，坚决扛起脱贫攻坚的政治责任，万众一心。到2020年，稳定实现贫困人口不愁吃、不愁穿、义务教育、基本医疗和住房安全有保障。贫困地区农民人均可支配收入增长幅度高于全疆、全国平均水平，基本公共服务主要领域指标接近全国平均水平，顺利夺取脱贫攻坚战全面胜利。

作者：王鹏

单位：国家统计局新疆调查总队

劳动就业有保障 民生答卷暖人心

——新中国成立70周年新疆发展成就之就业篇

新中国成立七十年，新疆经济社会各项事业蓬勃发展，民生不断改善，尤其是党的十八大以来，新疆实施就业优先战略和积极就业政策，就业人口稳步增长，失业率维持较低水平，就业结构不断优化，女性就业人口、“4050”人员、高校毕业生、残障人口及建档立卡贫困户等重点人群就业状况逐步改善，就业市场健康发展，就业工作成果颇丰。

一、就业发展概况

就业是最大的民生。改革开放以来，新疆认真贯彻落实党中央、国务院有关决策部署，将就业工作作为重中之重来抓，实施积极稳健的就业政策和就业优先战略，细致谋划，综合施策，就业工作成绩显著。

党的十八大以来，以习近平同志为核心的党中央坚持以人民为中心的发展思想，提出了实施就业优先战略和更加积极的就业政策。政府稳定就业的政策内容更加充实，政策工具也更加丰富，各部门实施就业政策时的协调性也得到进一步改善。不断推出新的、更高质量的实施就业优先战略和更加积极的就业政策，并把实现就业更加充分作为全面建成小康社会的重要目标，进一步明确了“劳动者自主就业、市场调节就业、政府促进就业和鼓励创业”的新时期就业方针。根据经济发展新常态下的就业形势和特点，进一步丰富发展了就业优先战略，我国就业规模持续扩大、就业结构更加优化、创业带动就业效应进一步发挥、公共就业服务不断加强，有力推动了全体人民共建共享发展。

近年来，在国家新的就业优先战略和积极就业政策推动下，新疆紧紧围绕“社会稳定和长治久安“总目标，不断强化政策扶持、创新工作方式、拓宽就业渠道、加强保障引导，开创就业工作新局面。促进经济发展，调整产业结构，创造更多就业岗位；减税降费，增加补贴，鼓励自主创业、企业吸纳就业、开发公益性岗位安置就业；强化事前事中事后就业服务，加大职业技能培训，不断提升劳动者素质。自治区党委、政府和有关部门相继推出一系列鼓励创业促进就业的针对性政策措施，推动就业市场健康快速发展。相继下发《新疆维吾尔自治区实施<中华人民共和国就业促进法>办法》《关于进一步促进就业创业工作的意见》(新党发[2015]3号)、《关于进一步做好新形势下就业创业工作的实施意见》(新政发[2016]85号)、《关于进一步加强公益性岗位开发使用和管理的通知》(新人社函[2013]98号)、《关于推进就业和社会保障服务向农村延伸有关问题的通知》(新人社发[2016]95号)、《关于做好普通高等学校毕业生就业创业工作的通知》(新人社办发[2015]99号)等重要文件,精心谋划,重点部署,鼓励支持就业困难人员、农村转移劳动力、建档立卡贫困户、高等学校毕业生等重点就业群体创业就业,促进就业市场健康有序发展。

二、就业各项指标分析

(一)年度城镇登记失业率保持稳定

近年来,新疆城镇登记失业率一直保持在3%左右,与西部其他4省区比较,数据长期稳定且属于较低水平。城镇登记失业人员长期在12万人上下浮动,占劳动年龄人口比重在1%左右,同样属于较低水平。

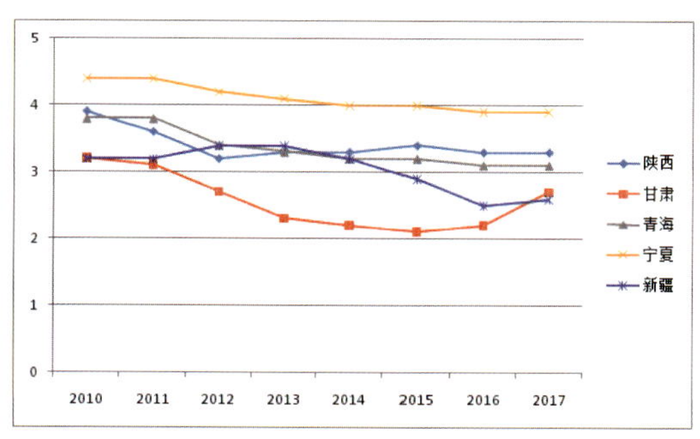

图一 2010—2017年西部五省区城镇登记失业率示意图

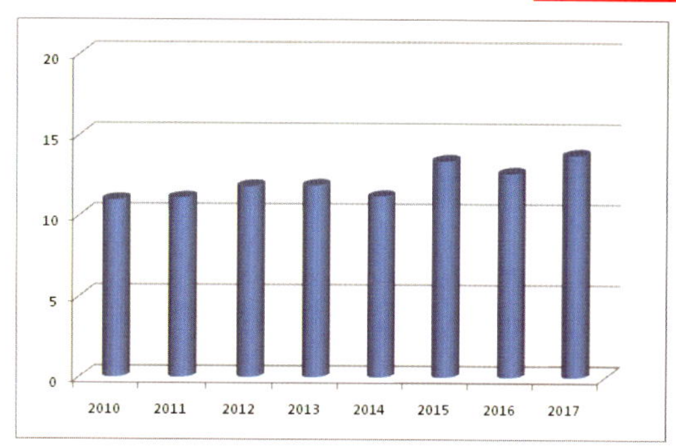

图二 2010—2017年新疆城镇登记失业人数示意图

(二)就业结构不断优化

改革开放以来,按三次产业分的从业人员由506.35万人增长到1307.56万人,增长1.6倍,其中,第一产业增长50.8%,第二产业增长1.5倍,第三产业增长6.6倍。从三次产业从业人员占比看,第一产业占比由70.01%下降至40.88%,降低29.13个百分点;第二产业占比基本维持在15%左右;第三产业占比由15.15%增长至44.70%,提高29.55个百分点。近年来,新疆产业结构和就业结构不断优化,第三产业快速发展,2017年占比首次超过第一产业。

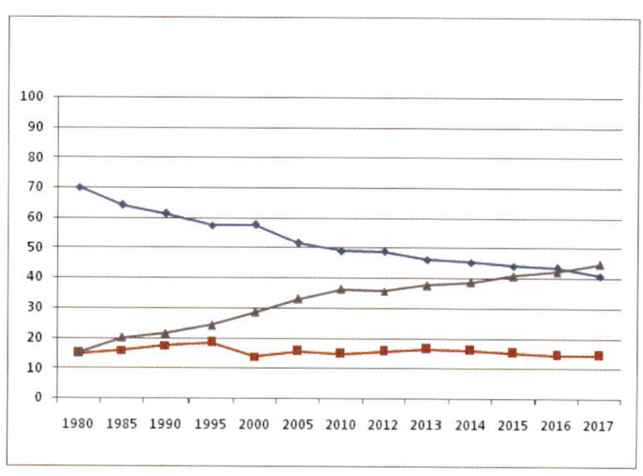

图三 1980-2017年按三次产业分从业人员占比示意图

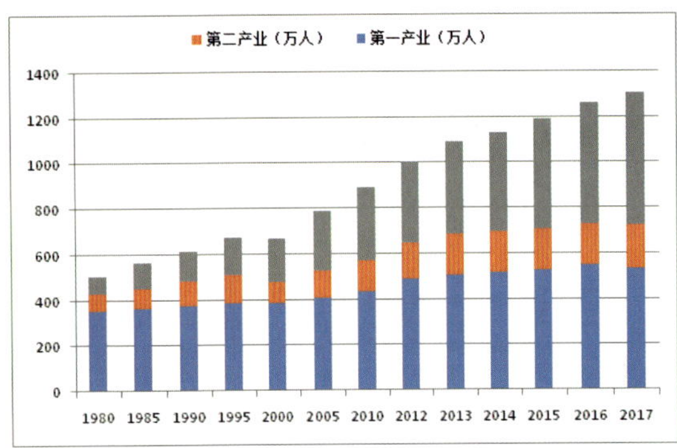

图四 1980-2017年按三次产业分从业人员数量示意图

三、就业前景展望

七十年来，新疆的就业工作取得巨大进步，成绩喜人，但就业结构性矛盾突出、经济发展带动就业效果不明显、基层公共就业服务有待加强等诸多问题依然存在，必须引起高度重视并采取有效措施予以解决。

（一）加大就业创业政策资金扶持力度

对于提供较多就业岗位贡献突出的企业，加大资金扶持和政策补贴力度，在减税降费和贴息贷款等方面应予以倾斜；设立创业基金等，鼓励支持高校毕业生、下岗失业人员等群体就业创业，形成“大众创业、万众创新”的良好局面。

（二）不断提升公共就业服务能力水平

拓展职业指导服务功能，加大对贫困人口精准帮扶和职业技能培训，建立重点群体就业信息库，着力打造“互联网+公共就业服务”，构建一体化公共就业服务平台。

（三）促进产业转型助推就业发展

围绕发展全区域旅游、构建旅游发展空间新格局，促进旅游发展与扩大就业联动，以旅游带动就业、就地就近就业为工作重点，实现通过旅游业带动就业。

（四）提升就业技能，引导青年正确择业理念

提高劳动者技能是稳增长、调结构的重要途径。根据各行业需求，为青年提供各类实用性、针对性强的技能培训，以此来满足就业市场多元化的需要。同时，要加大宣传力度，营造劳动光荣的社会风尚和精益求精的敬业精神，合理引导青年正确的择业理念。

党的十九大报告指出，“就业是最大的民生。要坚持就业优先战略和积极就业政策，实现更高质量和更充分就业。”在以习近平同志为核心的党中央坚强领导下，自治区党委、政府必将带领全区广大干部群众，紧紧围绕“社会稳定和长治久安“总目标，不忘初心，牢记使命，继续书写新疆就业发展的新篇章！

注：“4050”人员是指处于劳动年龄阶段中女性40岁以上、男性50岁以上的，本人就业愿望迫切，但因自身就业条件较差、技能单一等原因，难以在劳动力市场上竞争就业的劳动者。

资料来源：《2018年新疆统计年鉴》《2018年中国劳动力统计年鉴》

作者：张昊

单位：国家统计新疆调查总队

从无到有新起步 改革开放迎发展

——新中国成立70周年新疆发展成就之服务业篇

服务业是国民经济的重要组成部分，服务业的发展水平是衡量现代社会经济发达程度的重要标志。加快发展服务业，提高服务业在三次产业结构中的比重、尽快使服务业成为国民经济的主导产业，是推进经济结构调整、加快转变经济增长方式的必由之路，是适应对外开放新形势、实现综合国力整体提升的有效途径。

新中国成立以来，特别是改革开放后，自治区各级各部门认真贯彻落实党中央、国务院和自治区党委、政府关于加快服务业发展的一系列重要政策措施，始终把发展服务业作为加快经济结构调整、促进经济发展的战略重点，积极推进和提升服务业的水平和层次，为服务业的发展创造了良好的市场环境，服务业呈现出良好的发展态势，已形成以交通运输业、仓储业、批零贸易业、住宿餐饮业、金融业、房地产业等为支柱，旅游休闲、租赁和商务、软件和信息技术服务、社会服务业等新兴行业竞相发展的新格局，在国民经济中的地位和作用日益显著，已成为自治区经济发展中增长最快，吸纳劳动力最多，对经济发展贡献度逐步增大的新产业。

1949年新中国成立时，新疆经济是以农牧业为主体的自然经济，生产力水平低下，生产方式极其落后，人民生活贫困不堪；1949年新疆工农业总产值仅有41761万元，人均产值不足百元，其中农业产值占80.8%，而且农业生产方式十分落后，当时的新疆几乎没有服务业。新中国成立以后，在中国共产党和中央政府的领导和关心下，在全国各族人民的大力帮助和支援下，新疆各族人民艰苦奋斗，锐意进取，建设美好家园，1955年10月1日，新疆维吾尔自治区成立。1955年，三次产业占新疆生产总值的比重为54.43∶26.08∶19.49，是典型的以传统农牧业为主体的产业格局，服务业发展缓慢。

1978年12月，党的十一届三中全会召开，标志着我国进入改革开放和社会主义现代化建设新的历史时期，。党的十一届

三中全会以后，党和政府从国家发展战略和各族人民根本利益出发，高度重视新疆的发展和建设，把促进新疆经济发展摆在更加突出的位置，从此，新疆进入了经济社会快速发展时期。新疆服务业同国民经济的其他行业一样，从无到有、从小到大，不断发展壮大，发展步伐明显加快，对经济社会发展的支撑和拉动作用日益突出。规模以下服务业作为服务业的重要组成部分，全面发挥投资少、见效快、无污染，能环保、涉及行业范围广等特点，为社会各行各业提供全方位的服务，在自治区经济发展中发挥着重要的作用。

一、规模不断扩大，竞争实力进一步增强

新中国成立七十年来，我国服务业快速发展，新产业新业态新商业模式不断涌现，服务业规模持续扩大，实力不断增强，转型升级加快，新兴服务业蓬勃兴起，实现了跨越式发展，服务业已成为整个国民经济的重要支撑产业。自治区规模以下服务业，积极利用各项优惠政策，不断加大投资力度，使自治区规模以下服务业企业规模进一步扩大，竞争实力进一步提升，已成为自治区创业创新的主力军。2018年底，全疆规模以下服务业企业总数为49649家，比上年同期增长11.3%；企业资产总计为2201.3亿元，比上年同期增长16.1%；在10个行业门类中，交通运输、仓储和邮政业资产总计为586.8亿元，增长34.7%；租赁和商务服务业，科学研究和技术服务业资产总计分别为580.3亿元和534.0亿元，分别增长0.45%和20.4%。

2018年自治区规模以下服务业企业资产总计增长情况

行业门类	2018年单位数（个）	2017年单位数（个）	增长速度（%）	2018年自资产总计（万元）	2017年自资产总计（万元）	增长速度（%）
总　计	49649	44603	11.32	22013209.4	18956348.3	16.13
交通运输、仓储和邮政业	5870	5561	5.6	5867802.8	4355619.0	34.70
信息传输、软件和信息技术服务业	4445	3578	24.2	977477.2	745626.3	31.10
房地产业	3742	3579	4.6	1425038.8	1431231.5	-0.43
租赁和商务服务业	17212	15764	9.2	5802856.4	5777124.1	0.45
科学研究和技术服务业	6826	6076	12.3	5340230.7	4436781.1	20.36
水利、环境和公共设施管理业	929	839	10.7	954319.6	850321.6	12.23
居民服务、修理和其他服务业	3449	3242	6.4	715592.3	538013.1	33.01
教育	2073	1790	15.84	305919.8	204618.9	49.51
卫生和社会工作	1153	958	20.4	291318.3	241932.9	20.41
文化、体育和娱乐业	3950	3216	22.8	332653.8	375079.9	-11.31

二、营业收入稳步增长，经营状况良好

党中央、国务院高度重视服务业发展，推出了一系列改革举措来培育和促进服务业发展，逐步取消和降低了服务业市场准入门槛，探索并推进金融、电信、交通、租赁和商务、房地产等行业市场化改革，不断放

开服务业各领域价格管制，服务供给得到有效改善，服务业发展基础有了保障。为进一步加快服务业发展，2007年3月国务院下发了“关于加快发展服务业的若干意见《国发〔2007〕7号》”的文件，2008年3月又下发了“国务院办公厅关于加快发展服务业若干政策措施的实施意见《国办发〔2008〕11号》”的文件；”新疆维吾尔自治区党委、政府也先后出台相关的政策、制度，大力支持和引导服务业的发展。自治区服务业在各级政府扶优扶强政策的支持下，积极应对宏观经济环境发生的变化，加快企业经济结构调整，转变经济增长方式，不断适应经济发展需求，进一步提高服务质量，实现了企业收入的稳步增长，企业营业状况得到进一步好转。2018年底，自治区规模以下服务业营业收入合计为419.0亿元，比上年同期增长8.1%；在10个行业门类中，科学研究和技术服务业营业收入合计为99.4亿元，增长37.6%，信息传输、软件和信息技术服务业营业收入合计为41.7亿元，增长6.2%。

2018年自治区规模以下服务业企业营业收入增长情况

行业门类	2018年营业收入(万元)	2017年营业收入(万元)	增长速度(%)
总计	4190554.5	3875890.5	8.1
交通运输、仓储和邮政业	641951.5	645897.3	-0.6
信息传输、软件和信息技术服务业	417991.3	393584.3	6.2
房地产业	294620.0	321957.2	-8.5
租赁和商务服务业	1097258.9	1173550.0	-6.5
科学研究和技术服务业	993627.5	722103.9	37.6
水利、环境和公共设施管理业	96136.3	103027.0	-6.7
居民服务、修理和其他服务业	223041.6	191800.1	16.3
教育	135742.2	107550.0	26.2
卫生和社会工作	121036.6	102582.9	18
文化、体育和娱乐业	169148.5	113838.0	48.6

三、服务业转型升级加快，内部行业结构持续优化

随着自治区国民经济的健康发展和产业布局的不断调整，规模以下服务业内部结构也得到调整和优化。规模以下服务业行业中，传统的交通运输、批零贸易、住宿餐饮业在保持稳定发展的同时，信息传输、软件和卫星传输服务业、金融保险业、房地产业、科学研究和技术服务业、教育、卫生和社会工作、居民服务业等行业保持了较快的增长，新兴服务行业发展迅猛。2018年底自治区49649家规模以下服务业企业中，租赁和商务服务业企业为17212家，占总数的34.7%；交通运输、仓储和邮政业企业数为5870家，占总数的11.8%。

2018年全疆规模以下服务业分行业门类企业数占总数的比例

行业门类	2018年单位数（个）	行业门类企业个数占企业总数比例(%)
总　计	49649	
交通运输、仓储和邮政业	5870	11.8
信息传输、软件和信息技术服务业	4445	9.0
房地产业	3742	7.5
租赁和商务服务业	17212	34.7
科学研究和技术服务业	6826	13.7
水利、环境和公共设施管理业	929	1.9
居民服务、修理和其他服务业	3449	6.9
教育	2073	4.2
卫生和社会工作	1153	2.3
文化、体育和娱乐业	3950	8.0

四、拓宽就业渠道，增加就业岗位，薪酬得到提高

就业是民生之本，经济增长是扩大就业的根本源泉。规模以下服务业以适应性强、经营方式灵活、投资少、见效快等行业特点，在拓宽就业渠道、增加就业岗位、提高城乡居民收入水平、保持社会稳定方面发挥着十分重要的作用。2018年底自治区规模以下服务业企业从业人员为35.6万人，比上年同期增长2.6%；10个行业门类中，租赁和商务服务业从业人员平均人数合计为10.7万人，增长1.4%；科学研究和技术服务业为6.1万人，增长2.4%。

2018年底自治区规模以下服务业企业应付职工薪酬合计为145.1亿元，比上年同期增长6.0%；10个行业门类中，租赁和商务服务业应付职工薪酬合计为46.3亿元，增长0.91%，科学研究和技术服务业为33.5亿元，增长5.1%。

2018年全疆规模以下服务业企业从业人员平均人数增长情况

行业门类	2018年从业人员平均人数(人)	2017年从业人员平均人数(人)	增长速度(%)
总　计	356430	347440	2.6
交通运输、仓储和邮政业	40688	43604	-6.7
信息传输、软件和信息技术服务业	23771	20707	14.8
房地产业	50214	52856	-5.0
租赁和商务服务业	107061	105556	1.4
科学研究和技术服务业	61424	59981	2.4
水利、环境和公共设施管理业	5459	6602	-17.3
居民服务、修理和其他服务业	19677	18533	6.2
教育	16243	13743	18.2
卫生和社会工作	14590	12361	18.0
文化、体育和娱乐业	17305	13496	28.2

2018年全疆规模以下服务业企业职工薪酬情况

行业门类	2018年薪酬(万元)	2017年薪酬(万元)	增长速度(%)
总　计	1451297.6	1368608.8	6.0
交通运输、仓储和邮政业	163079.9	155111.3	5.1
信息传输、软件和信息技术服务业	86793.2	71462.2	21.5
房地产业	138761.1	150153.0	-7.6
租赁和商务服务业	463463.9	459264.7	0.9
科学研究和技术服务业	335536.1	319191.0	5.1
水利、环境和公共设施管理业	27089.0	25161.6	7.7
居民服务、修理和其他服务业	69597.0	56989.7	22.1
教育	57548.2	43071.7	33.6
卫生和社会工作	49529.3	41570.7	19.1
文化、体育和娱乐业	59900.0	46632.9	28.5

服务业的发展对促进经济发展，增加就业岗位、缓解就业压力，改善人民生活

水平具有重要的推动作用，未来有着广阔的发展前景。加快发展服务业是当前和今后保持自治区经济协调、健康、稳定发展的重要措施。新中国成立以来，特别是改革开放以来，在党中央、国务院领导下，自治区党委、政府积极推动产业结构的战略性调整，统筹推进稳增长、促改革、调结构、惠民生、防风险各项工作，着力解决发展不平衡不充分的问题，大力推动自治区经济高质量发展，贯彻新发展理念，以“一带一路”的历史机遇为契机，在实现新时代党的治疆方略，特别是社会稳定和长治久安总目标，实现“两个一百年”奋斗目标的征途上，服务业必将实现更大的发展。

作者：雪莱提·努尔

单位：国家统计局新疆调查总队

以人民为中心创建文明城市 群众获得感幸福感安全感显著增强

——新中国成立70周年新疆发展成就之文明城市创建篇

社会主义精神文明建设，是关系社会主义兴衰成败的大事。习近平总书记高度重视精神文明建设，深刻指出："人民有信仰，民族有希望，国家有力量。实现中华民族伟大复兴的中国梦，物质财富要极大丰富，精神财富也要极大丰富。我们要继续锲而不舍、一以贯之抓好社会主义精神文明建设，为全国各族人民不断前进提供坚强的思想保证、强大的精神力量、丰润的道德滋养。"党的十九大报告提出，从二〇三五年到21世纪中叶，在基本实现现代化的基础上，再奋斗十五年，把我国建成富强民主文明和谐美丽的社会主义现代化强国。

创建文明城市是精神文明建设的重要抓手。文明城市是一个城市综合实力、形象魅力、发展活力、治理能力的集中体现，是综合评价城市整体文明水平的最高荣誉称号。新中国成立70年来，特别是改革开放以来，在党中央和新疆维吾尔自治区党委的领导下，新疆各级党委政府坚持人民城市人民建、建好城市为人民的工作导向，坚持以人民为中心的发展思想，发展为了人民，发展依靠人民，发展成果由人民共享，持续开展文明城市创建工作，努力建设崇德向善、文化厚重、和谐宜居、人民满意的文明城市，城市化水平不断提高，综合经济实力显著增强，城乡环境面貌、社会公共秩序、公共服务水平、居民生活品质显著改善，为建设团结和谐、繁荣富裕、文明进步、安居乐业的社会主义新疆提供了强大的精神动力。

一、坚持创城为了人民，建设和谐宜居城市

新疆维吾尔自治区党委政府高度重视城市工作，以造福人民为根本，把以人民为中心的发展思想贯穿于城市化进程、贯穿于创城全过程，提高市民素质和城市文明程度，努力建设和谐宜居的现代文明城市。

1949年全疆城镇总人口65.02万人，城镇化率15.0%。改革开放以来，新疆城市建设奋进赶超，城镇化进程在国家对少数民族地区经济社会发展大力支持下，沐浴着改革开放的春风而成长，借助工业化发

展、西部大开发和全国援疆之力，伴随着丝绸之路的兴起而壮大，城镇化水平不断提高，城镇功能显著增强。2018年，新疆有4个地级市、13个市辖区、24个县级市、62个县、6个自治县、872个乡镇，城镇常住人口达1266.01万人，常住人口城镇化率达50.91%，形成了以首府乌鲁木齐为龙头，以区域中心城市为依托，以县城和镇为载体，兵地互动发展具有新疆特色的城镇体系，座座城市犹如颗颗明珠镶嵌在新疆160多万平方公里的美丽画卷上。伴随着城镇化进程的加快，各级党政顺应人民群众对美好生活的需求和期盼，大力加强城市建设事业，高举民族团结的伟大旗帜，大力开展以爱国主义和民族团结为主线的思想教育活动，持续加强公民道德建设，开展“五讲四美三热爱”“三优一学”“讲文明树新风”、践行社会主义核心价值观等各种群众性思想道德实践活动，并组织开展各种形式的群众性精神文明创建活动，城市社会经济发生了翻天覆地的变化，取得举世瞩目的成就。

20世纪80年代以来，创建文明城市的活动逐渐兴起，自治区开展了“三优一学”文明城市（县、镇）、城市建设“天山杯”、园林城市（县城）、卫生城市、双拥模范城、优秀旅游城市、科技工作先进市（县）、民族团结进步模范城市及文明城市、文明村镇、文明行业、文明单位等竞赛评选活动，乌鲁木齐市、昌吉市、库尔勒市、石河子市等荣获多项国家级、自治区级荣誉。其中，文明城市创建从1993年开始，至2004年，自治区文明委每两年组织开展一届自治区文明城市（区、县）评选。从2005年起，自治区文明委每三年组织开展一次自治区文明城市（区、县、县城）、精神文明建设先进城市（县）评选活动。早期参加文明城市创建的市（区、县）探索积累了创建经验，带动了全疆其他市（区、县）的创建工作。通过开展评比创建活动，建成了一批和谐宜居城市，城市规划建设管理水平不断提高，城市基础设施承载能力显著增强，城市综合服务功能日趋完善，城市人居环境、生态环境和投资发展环境得到大幅改善。

1996年10月，党的十四届六中全会通过的《关于加强社会主义精神文明建设若干重要问题的决议》指出：“要以提高市民素质和城市文明程度为目标，开展创建文明城市活动。每个单位都要围绕实现优美环境、优良秩序、优质服务，推动城市的精神文明建设。各省、自治区、直辖市要制定规划，到2010年建成一批具有示范作用的文明城市和文明城区。”由此“创建文明城市”这一具有历史性的词汇，第一次在中央文件上呈现出来。新疆文明城市创建进入新的历史阶段。目前，新疆已有库尔勒市、克拉玛依市、石河子市、乌鲁木齐市、昌吉市5个全国文明城市，新疆全国文明城市数量位列西北第一；哈密市、吐鲁番市2个地级市，伊宁市、博乐市、阜康市、阿克苏市、喀什市、阿拉尔市、沙湾县、布尔津县、若羌县、泽普县10个县市入选2018—2020年创建周期全国文明城市提名城市；伊宁市等35个县（市、区）自治区文明城市（城区、县）。

二、坚持创城依靠人民，提高城市文明程度

中央文明委印发的《关于深化群众性精神文明创建活动的指导意见》指出：“群

众性精神文明创建活动是人民群众群策群力、共建共享、改造社会、建设美好生活的创举，是提升国民素质和社会文明程度的有效途径，是把社会主义精神文明建设的任务要求落实到城乡基层的重要载体和有力抓手。”创建文明城市是人民群众的事业，只有紧紧依靠群众，才能将文明城市建设这项系统工程的各项工作落到实处。在创建文明城市工作中，新疆各级党政紧紧依靠人民，充分调动人民群众创建文明城市的积极性、主动性和创造性，努力发挥人民群众的主体作用，做到共建共享，使人民群众真正成为文明城市的创建者、见证者和享有者。

动员人民群众积极投身创建工作。加强创建文明城市宣传，制定创建文明城市宣传工作方案，印发开展文明城市倡议书、致市民的一封信，开设广播、电视、网络专题专栏，设立户外宣传栏，发送微信、手机短信等，全方位、全覆盖宣传文明城市创建的目的意义和应知应会知识，凝聚共识凝聚力量，激发广大市民对城市更加美丽、生活更加美好的真切愿望，形成创建文明城市人人有责、人人尽责的浓厚氛围。贯彻党的群众路线，建立健全群众参与、监督、评价机制，公布创建工作规划、重要举措、热线电话等，开通市长邮箱和城管、环保、交通、消费等服务热线，畅通市民反映意见建议渠道，实行24小时值班，及时掌握社情民意，认真处理群众反映问题；在测评工作中以调查问卷的形式征求群众的意见，以群众满意为衡量创建工作成效的最高标准。

文明是城市之魂，城市的主体是人。各级党政部门坚持以公民道德建设为基础，以培育和弘扬社会主义核心价值观为根本，通过教育引导、舆论宣传、文化熏陶、实践养成、制度保障等，努力提高人民群众的整体素质。加强全媒体和公益广告宣传、专家解读、举办形式多样的文化活动，健全各行各业规章制度，完善市民公约、村规民约、学生守则等行为准则，组织开展形式多样的纪念庆典活动传播主流价值，开展文明户和文明家庭创建、志愿服务和道德讲堂活动，实施文明交通、文明餐桌、文明旅游、文明上网“四大文明行动”，组织开展最美人物推荐、身边好人评议、道德模范评选等活动，用榜样引领风尚，把公民思想道德和社会主义核心价值观贯穿于社会生活方方面面，融入市民生活，吸引群众广泛参与，使社会主义核心价值观成为人们的精神追求和自觉行动，转化为“文明在心中、在口中、在手上、在脚下”的具体行为，形成了崇德向善、见贤思齐的社会新风尚。截至2019年6月，新疆先后20人评为“全国道德模范”，249人荣登“中国好人榜”，176人被评为“自治区级道德模范”，1925人被评为“最美新疆人”。

民族团结是各族人民的生命线，也是城市文明的重要内容。新疆各级党政部门大力加强民族团结进步教育，深入推进“去极端化”，深入开展双拥共建、“民族团结一家亲”结对认亲和联谊活动、民族团结大院（小区）创建活动和评选表彰民族团结进步先进单位和个人活动，推动建立各民族相互嵌入式的社会结构和社区环境，巩固军政军民团结，形成了天山南北各民族共居共学共事共乐、交往交流交融，像石榴籽那样紧紧抱在一起的团结和谐局面。

文明如水，浸润心田。通过群众性文明创建活动，凝聚了社会正能量，促进了公民文明素质和社会文明程度的提升，激发了市民广泛参与的热情。参与创建、投身创建成为人民群众普遍的自觉行动，推动了城市的精彩蝶变。

三、坚持创城惠及人民，提升群众生活水平

民生连着民心，民生凝聚人心。在创建文明城市过程中，新疆各级党政紧紧围绕促进人民福祉来进行，坚持民生优先、群众第一，注重为民利民惠民，把解决民生问题、改善人民生活作为创城的出发点和落脚点，持续开展民生建设年活动，推进惠民工程，坚持就业惠民、教育惠民、医疗惠民、社保惠民、扶贫惠民、安居惠民、暖心惠民、兴边惠民、安全惠民，办好利民惠民实事好事，努力让城乡各族人民过上幼有所育、学有所教、劳有所得、病有所医、老有所养、住有所居、弱有所扶的幸福美好生活。一大批涉及各族群众切身利益的民生难题得到解决，人民群众生活质量和水平显著提升，增强了人民群众的获得感、幸福感、安全感，激发了创建文明城市的活力。

突出文化传承和丝路特色、边疆特色，科学规划城市发展蓝图，推进新型城镇化行动计划，一茬接着一茬干，一张蓝图绘到底，优化城镇发展格局，完善城市功能，增强城市的综合竞争力和影响力，努力打造布局合理、功能明确、兵地融合、结构优化、生态良好、设施完善、发展协调的特色宜居城市，增强了人民群众对城市的归属感。天山南北的绿洲城镇彰显了各城市的独特魅力，成为丝绸之路经济带上的明珠，充分展示了“新疆是个好地方”的壮美形象。首府乌鲁木齐瞄准“建成现代化国际城市”，丝绸之路经济带核心区，努力打造西部中心城市、面向中西亚的现代化商贸中心、多民族和谐宜居城市、天山绿洲生态园林城市和区域重要的综合交通枢纽；军民携手70年在荒原之上托起“戈壁明珠”，将石河子建成西部军垦名城和生态名城，荣膺“联合国改善人居环境最佳范例奖”“中国人居环境奖”“全国双拥模范城”“全国文明城市”等殊荣，爱国主义和革命传统教育基地成为石河子一张靓丽的红色名片。喀什市、吐鲁番市、伊宁市、特克斯县、库车县等城市（县城）被列入国家历史文化名城。

坚持以人为本，切实解决好城市基础设施建设、文化教育、医疗卫生、住房就业、社会保障等与群众利益密切相关的问题，健全公共服务体系，提升城市综合承载能力，创造了良好的经济社会发展环境，各族群众在创建活动中得到实实在在的实惠，收获着越来越多的幸福。持续推进党的建设新的伟大工程，大力加强党风政风、社风家风建设，推进简政放权、放管结合、优化服务，营造了廉洁高效的政务环境；加强法治宣传教育，开展群众性法治文化活动，推进基层民主政治建设，营造了公平正义的法治环境；加强社会信用体系建设，开展诚信宣传教育和专项治理，提升文明优质服务水平，营造了诚信守法的市场环境；优先发展教育事业，推进义务均衡发展和15年义务教育，开展科学普及和民族团结进步创建活动，大力发展文化事业，建设现代公共文化服务体系，提高市民文明素质，营造了健康向上

的人文环境；加强对未成年人的引导教育，广泛开展道德实践活动，营造了促进青少年健康成长的社会文化环境；大力发展城市经济，加强城市基础设施建设和城市污染防治，推进城镇保障性安居工程和棚户区、老城区、背街小巷改造提升，推动城市绿色低碳发展，完善医疗卫生服务体系，开展国家智慧城市试点工作，营造了和谐宜居的生活环境。2018年新疆城镇居民人均可支配收入32764元，中等收入群体持续扩大，城镇新增就业47.58万人，就业困难人员实现就业5.24万人；聚焦总目标，完善公共安全保障，加强社会治安综合治理，坚决打击“三股势力”，开展扫黑除恶等专项斗争，开展“访民情惠民生聚民心”驻村（社区）工作，加强安全生产和食品药品安全监管，营造了安全稳定的社会环境；坚持生态保护第一，转变城市发展方式，加强城市绿化和环境管理与质量控制，推进“树上山、水进城、煤变气、地变绿、天变蓝、城变美”等城市工程建设，倡导绿色、低碳、循环、可持续的生产生活方式，提升了城市美化亮化净化水平，营造了有利于可持续发展的生态环境。收入持续增加了，办事方便快捷了，交通便利多样了，城市卫生干净了，夜景亮点多了，休闲场所增加了，治安环境提升了，生活的环境越来越好了，惠民政策越来越多了，人们的心里越来越温暖。

坚持统筹城乡共建、融合发展，逐步健全全民覆盖、普惠共享、城乡一体的基本公共服务体系，推动城乡一体化发展，推进农业农村现代化。全疆各地紧紧围绕社会稳定和长治久安总目标，坚持硬件、软件一起抓，以乡镇为龙头、以村为基础、以户为抓手，广泛开展星级文明户、文明村镇等创建活动，为农牧民群众解难题办实事，促进产业兴旺、生态宜居、乡风文明、治理有效、生活富裕，建设美丽新农村，让农牧民群众过上幸福美好的生活。大力发展农村经济，动员各方面资源与精准扶贫、精准脱贫有效对接，坚持扶志扶智相结合，持续推进扶贫开发，广泛开展科学知识、实用技术、职业技能和“双语”培训，综合运用产业扶贫、就业扶贫、科技扶贫、教育扶贫等多种方式，落实一系列政策保障措施，坚决打赢脱贫攻坚战，增强农牧民脱贫致富的能力。电子商务站、“卫星工厂”、创业园、畜牧养殖基地等项目的实施，使农牧民在家门口实现就业梦想，并带动农牧民脱贫致富。大力培育和践行社会主义核心价值观，弘扬时代新风尚，广泛开展科技、文化、法律、卫生等下乡活动，以及“百日广场文化活动”、民间文化艺术交流传播活动等农牧民群众喜闻乐见、文明健康的文体活动，实施广播电视村村通工程，东风工程、西新工程、“万村千乡文化产品惠民行动”、农家书屋、连环画（口袋书）进村入户工程等文化惠民项目，大力发展特色文化产业，不断丰富农牧民群众的精神文化生活。建立健全农村基础设施投入长效机制，以村庄建设规划为引领，积极整合各类资金，持续实施“安居富民”和“定居兴牧”工程，强化“水、电、路、气、渠、网”等农村基础设施建设，建设完善村委会阵地、幼儿园、卫生室、村民文化活动室、便民服务中心，逐渐缩小了乡村与城市的差距。大力开展乡村清洁工程，加强农村环境综合整治，深入推进农村庭院“三区分离”和改水、改灶、改厕、改圈及生活垃圾处理，乡村面貌日新月异。目前，新疆已有67个全国文明村镇、696个自治区文明村镇和多个中国历史文化名村名镇、中国最美村镇。

四、坚持聚焦总目标，构建创城常态化机制

社会稳定和长治久安是新疆工作的总目标。创建文明城市贯彻党中央治疆方略，坚持以总目标为统领，建立完善创建文明城市工作机制，持续深化文明城市创建工作，保持常态长效，巩固创建成果，提升创建水平。

建立完善组织领导体制。各级党政领导高度重视，把创建文明城市目标纳入经济社会发展总体规划，纳入年度重点工作，坚持以创建全国文明城市为引领，建立主要领导挂帅的组织领导机构和专项工作组，充分发挥文明委成员单位的作用，制定创建工作规划、重要举措、工作制度和保障机制，明确工作分工，细化责任落实，形成创建合力，构建了党政齐抓、多方配合、上下联动、群众参与的工作格局，确保创建工作扎实有序推进。乌鲁木齐建立健全创城领导体制和运行机制，把精神文明建设和创建全国文明城市工作经费列入财政专项预算，多渠道筹集资金，切实加大投入力度，近年来共投入文明城市创建和城市基础设施建设资金高达2000多亿元。

注重创建长效常态。坚持"安民、便民、助民、乐民、化民"，谋长远之策、行固本之举，制定创建文明城市（城区）、文明村镇、文明单位、文明学校管理办法和测评体系，明确创建标准和创建周期以及申报、命名、奖励规定，加强动态管理，促进创建工作常态化。在非评选年，自治区文明办随机抽检，对创建工作滑坡的约谈、限期整改直至撤销文明城市称号。2018年版《全国文明城市测评体系》提出，对获得文明城市的城市（区），年度测评成绩低于80分、70分、60分，将分别作出通报批评、停止资格1年、取消荣誉称号等惩戒方法，第三年还要依据测评成绩进行排位再确定是否继续保留全国文明城市（区）资格，保持常态工作力度，发挥测评"指挥棒"作用，引导推动各地重在建设、注重实效、久久为功，常态化把"两个文明"建设任务落细落实，不断提升城市规划建设治理水平，促进城市生产发展、生活宜居、生态良好，着力打造优美环境、优良秩序、优质服务的现代文明城市。

严格落实负面清单。将创建文明城市工作与社会稳定和长治久安总目标、与各职能部门业务工作、与各族群众的生产生活结合融入。把社会稳定等作为创建评选的重要标准，把发生社会影响大的暴力恐怖案件和影响民族团结的案（事）件等作为"一票否决条件"纳入创建测评体系，把"五位一体"总体布局的要求体现到创建工作的各个方面和全过程。

新中国成立70年来，新疆创建文明城市工作在天山南北蓬勃开展，极大地改善了人民群众的物质生活和精神生活，为新疆社会稳定和长治久安提供了精神动力、道德支持和强大正能量，有力地推动了城市经济建设、政治建设、文化建设、社会建设、生态文明建设和党的建设，鼓舞和激励全疆各族干部群众奋进新时代，为实现中华民族伟大复兴的中国梦团结奋斗。

作者：何林

单位：国家统计局新疆调查总队

奋斗新时代 追梦新征程

——新中国成立70周年乌鲁木齐发展成就综述

1949年10月1日，中华人民共和国成立，是中国历史上一件惊天动地的大事，标志着中国从此结束了一百多年来被侵略、被奴役的屈辱历史，真正的成为了一个独立自主的国家。70年来，全市各族人民在党的正确领导下，发挥自身优势，在拼搏中发展，在历练中成长。经过70年的大改革、大发展，乌鲁木齐市经济、民生均取得了惊天的巨变。

工业发展谱华章

新中国成立之初，乌鲁木齐工业基础十分薄弱，数得过来的几家工业企业、工场手工业、手工作坊机械化程度低，动力不敷使用，整体工业生产水平与效率低下。历经三十年社会主义建设，乌鲁木齐工业体系从无到有，从小到大，到二十世纪八十年代，乌鲁木齐已拥有钢铁、煤炭、电力、化工、纺织、机械、电子、石油化工、建材、医药、造纸、印刷、缝纫、皮革、有色金属冶炼、采盐、食品等工业部门，工业行业逐渐增加。伴随着改革开放的春风，和国家西部大开发战略的推进，乌鲁木齐迎来前所未有的发展机遇，工业经济结构不断优化，门类逐渐齐全，工业产业竞争力有了明显的提升。随着中央对新疆支持力度的加大，尤其是中央新疆工作座谈会召开后，乌鲁木齐市积极创新工业发展模式，进一步加快工业结构调整，推动传统产业转型升级，在追求工业经济高质量发展过程中亮点纷呈。

一、工业经济总量大幅提升

1952年乌鲁木齐市全市工业增加值仅有1135万元，1978年全市工业增加值达到3.02亿元。改革开放之后，工业经济得到快速发展，2010年全市工业增加值迈入500亿元的行列，此后每年的工业增加值一直保持在500亿元之上，到2018年达到736.96亿元，工业经济总量得到大幅度提升。

二、工业经济体系逐步完善

新中国成立初期，乌鲁木齐的工业门类单一，经过70年的发展，随着工业化进程加快，乌鲁木齐工业门类逐渐齐全，目前工业生产已经涵盖34个大类行业，形成

了门类比较齐全的现代工业体系，乌鲁木齐市依托煤炭、石油、天然气和风能等优势自然资源的开发利用，基本形成了以石油石化、冶金钢铁为主导的支柱产业，以煤电煤化工、氯碱化工、电力生产为主的优势产业，以清洁能源、生物医药、新材料为主的新兴产业以及以基础建材、轻工食品、机电设备为主的传统产业的工业经济体系。

三、工业产业结构不断优化

在提高工业整体技术水平和推动产业结构优化的进程中，六大高耗能行业和采矿业比重逐步下降，装备制造业和高技术制造业在工业中的比重不断提高，新能源、新材料、生物制药、节能环保、信息技术等战略新兴产业的发展也为乌鲁木齐市工业经济注入新活力。2018年，乌鲁木齐市战略性新兴产业实现增加值84.26亿元，增长7.8%；高新技术产业实现增加值75.28亿元，增长7.9%；高技术制造业实现增加值22.06亿元，增长7.5%；装备制造业实现增加值30.51亿元，增长6.6%，均高于全市规模以上工业平均水平。

收入实现新跨越

一、城镇居民收入实现快速增长

新中国成立七十年来，乌鲁木齐市经济社会发展充满活力，就业机会不断增多，增收渠道日益多样化，城乡居民收入快速增长。1992年人均收入跨过2000元（2217元）；2006年跨过了10000元（10423）大关；2013年迈过20000元（24095元）大关；2015年迈入30000元（31604元）大关。2018年乌鲁木齐市城镇居民人均可支配收入为40101元，比1981年的578元增长了68倍，年均增长12.1%（见图1）。

图1 1981-2018年乌鲁木齐市城镇居民人均可支配收入变化

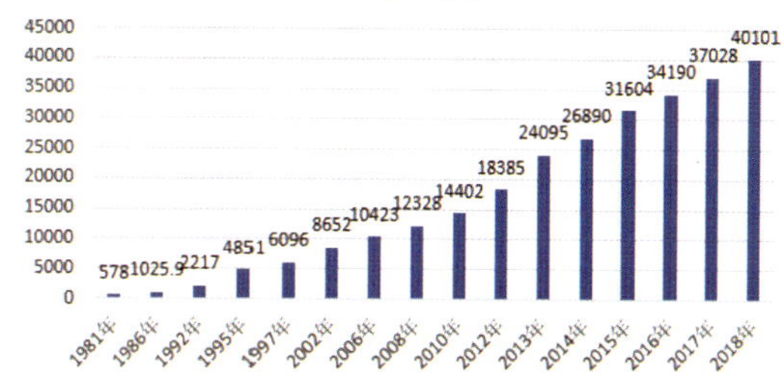

二、收入来源更加多元，城镇居民收入结构持续优化

新中国成立七十年来，城镇居民的就业渠道不断拓宽，就业方式日趋多样，居民家庭收入呈现多元化的发展格局。居民工资性收入占可支配收入的比重逐渐下降，经营净收入和财产净收入比重逐年增长。2018年乌鲁木齐市城镇居民人均工资性收入为24765元，占人均可支配收入的61.8%，比1986年的91.3%，下降了29.50个百分点。转移净收入为9882元，占人均可支配收入的24.6%，比1986年的46.8%，下降了22.20个百分点。财产净收入为2774元，同比增长9.4%，占可支配收入的6.9%，财产净收入占可支配收入比重比1986年提高6.60的百分点（见表1）。

表1：1986-2018年乌鲁木齐市城镇居民收入结构变化表（单位：元、%）

项目＼名称	1986年收入绝对值	1986年各项收入占比	2018年收入绝对值	2018年各项收入占比
可支配收入	1026	100	40101	100
工资性收入	937	91.3	24765	61.8
经营净收入	39	3.8	2680	6.7
财产净收入	3	0.3	2774	6.9
转移净收入	47	4.6	9882	24.6

注：1986年收入数据已转换为可支配收入口径。

（一）就业空间的不断拓展使工资性收

入快速增长

新中国成立七十年来，在增加城镇居民收入、改善民生等一系列政策的带动下，党政机关和企事业单位先后多次普调工资，拉动了工资性收入的大幅增长。就业空间的多元化，为乌鲁木齐市城镇居民增收提供了广阔的空间。2018年乌鲁木齐市城镇居民人均工资性收入为24765元，是1986年的26.4倍，年均增长10.8%。

（二）市场经济体制的建立与完善推动城镇居民经营净收入稳步增长

随着社会主义市场经济体制的建立和逐步完善，乌鲁木齐市经济发展更具活力，为增加城镇居民的经营净收入发挥了积极的作用。乌鲁木齐市城镇居民人均经营净收入由1986年的39元增长到2018年的2680元，年均增长14.1%。2018年，乌鲁木齐市城镇居民人均经营净收入占可支配收入比重为6.7%。

（三）金融市场的健康发展拉动城镇居民财产净收入快速增长

社会经济的发展对城镇居民投资理财观念产生了很大影响，许多富裕起来的家庭，用富余的财产或资金进行财产性投资的现象越来越多，随着投资渠道的扩展，乌鲁木齐市城镇居民在住房、股票、基金、保险和收藏等方面的投资项目不断涌现，直接促成城镇居民财产性收入的逐年增加，真正体现了“藏富于民”的理念，助推了居民生活“幸福指数”的提升。2018年，乌鲁木齐市城镇居民人均财产净收入为2774元，占可支配收入的6.9%，比1986年财产净收入增长923.7倍，年均增长23.8%。可以说，财产净收入在居民可支配收入的比重呈现逐渐上升的趋势。

（四）民生保障体系的逐渐完善使城镇居民转移净收入稳定增长

民生保障体系逐步完善，社会保险覆盖面不断扩大，城乡居民基本养老保险制度实现全覆盖，城乡居民基础养老金、城乡低保和医保财政补助标准持续提高，养老服务体系初步形成等工作有效开展，对增加群众收入，提高生活水平和社会稳定发挥了积极作用。国家自2005年以来连续14年调整企业离退休人员养老金标准，拉动城镇居民转移净收入保持稳定增长。2018年乌鲁木齐市城镇居民人均转移净收入为9882元，比1986年转移净收入增长210.2倍，年均增长18.2%（见表2）。

表2:1986-2018年乌鲁木齐市城镇居民收入年均增速表（单位：元、%）

项目 \ 名称	1986年绝对值	2018年绝对值	年均增速
可支配收入	1026	40101	12.1
工资性收入	937	24765	10.8
经营净收入	39	2680	14.1
财产净收入	3	2774	23.8
转移净收入	47	9882	18.2

消费结构迎升级

一、城镇居民消费水平快速提高

新中国成立七十年来，乌鲁木齐城镇居民消费支出保持较快增长，消费水平大幅提升。2018年乌鲁木齐城镇居民人均消费性支出达34017元，是1981年的87.9倍，与1981年相比年均增长为12.9%。

二、城镇居民家庭消费结构进一步转变

消费结构逐步由传统的温饱型消费模式逐步升级为生活质量型消费模式，食品、衣着等基本生活消费在居民家庭支出中的

增长速度逐年减缓，居住、文教娱乐、交通通信等发展型、享受型消费增长速度逐年上升。

（一）食品消费从解决温饱到健康

新中国成立七十年来，居民生活不但能吃饱，还可以吃好，居民的食品消费结构日益优化，追求健康食品成为时尚。2018年，乌鲁木齐城镇居民人均食品支出8604元，比1986年增长19.2倍，年均增长9.8%；食品消费占家庭消费性支出的比重由1986年的49.0%下降到2018年的25.3%。

（二）衣着消费方式从陈旧单一到个性时尚

人们的穿着越来越丰富，色彩也从单一的蓝色灰色变得五颜六色，追求个性与时尚，服装消费逐步向时尚化、多样化、品牌化、高档化的方向发展，充分展示出鲜明的个性，彰显出生活质量的变化。据调查资料显示，2018年乌鲁木齐城镇居民人均衣着支出2413元，比1986年增长13.80倍，年均增长8.8%。

（三）居住状况从窘迫拥挤到宽敞明亮

随着生活水平的日益提高，城镇居民住房从以前的平房变成现在的小高层、复式住宅，人们的居住都向着“更宽敞、更舒适、更环保”发展，处处折射出人们住房条件的极大改善。根据国家统计局乌鲁木齐调查队历史数据显示，1978年城市居民人均居住面积仅有3.3平方米；1980年为4.1平方米；1985年为5.26平方米；1986年为6.6平方米；1990年为7.3平方米；1994年7.8平方米。到了2006年城市居民人均居住面积增加至24.69平方米，2017年增加至32.36平方米。乌鲁木齐市城镇居民人均居住消费支出从1986年的16.34元，发展到2006年的618.69元，到了2017年跃升至5732.13元。从以上这组数据中可以清晰地看到，乌鲁木齐市城镇居民人均居住面积不断增加，居民生活水平稳步提高，居住消费支出稳步上涨，城镇居民居住水平不断提升。

（四）交通状况从出行单一到舒适快捷

新中国成立七十年来，乌鲁木齐市城市道路交通设施得到了极大的改善，人们平时上班、出行的工具更是多种多样，特别是开通的BRT快速公交和地铁，不仅大大方便了市民出行，也为城市增添了一道亮丽的风景。随着购买能力的增强和道路条件的改善，越来越多的家庭开始将目光转向私家车消费。据调查资料显示，1986年底乌鲁木齐市每百户城市居民家庭拥有自行车119辆，而到2018年底每百户家庭拥有家用汽车36辆；居民人均交通通信支出为5212元，比1986年增长247.2倍，年均增长18.8%，交通与通信支出在居民家庭消费总支出中所占比重达15.3%，比1986年上升了12.9个百分点。

（五）生活用品消费从实用型到享受型

1986年，乌鲁木齐市每百户城镇居民家庭仅拥有彩色电视机43台、黑白电视机59台、洗衣机70台、收音机80架、录音机36架、照相机15架。在经历90年代由住宅消费所带动的耐用消费品消费高峰后，乌鲁木齐市居民耐用消费品开始进入更新换代期，消费需求由“普及型”向“娱乐性”和“享受型”转变，据调查资料显示，2018年底，乌鲁木齐市平均每百户城市居民家庭拥有彩色电视机103台、电冰箱103台、洗衣机99

台、空调24台、计算机75台、移动电话228部;居民人均家庭生活用品及服务支出达到2119元,相当于1986年的26.50倍,年均增速10.8%。

山乡巨变换新颜

一、农村经营体制发生重大变化

新中国成立以来,乌鲁木齐农村以生产队为核算单位,实行集体经营,生产活动由生产队安排,生产的粮食也是由生产队统一支配,农民在生产上没有自主权。1982年,农村实行联产承包责任制,土地划分到户,使得农民充分行使自己的生产管理权和农产品支配权,积极性和主动性得到了充分调动。土地的利用也不再局限于只种植农作物或一些常见的经济作物,土地的利用率大大提高。

二、农村生产条件得到改善

(一)农村基础设施不断完善

近年来乌鲁木齐加大支农力度以及抓住建设社会主义新农村的机遇,农村基础设施建设不断加强,农业现代化水平稳步提高。到2018年农业机械总动力达到38.5万千瓦,比1978年的5.9万千瓦增长6.5倍,大中型拖拉机3632台,比1978年增长5.5倍,通汽车的行政村175个,占全部行政村的100%,自来水受益村达到174个,占全部行政村99.43%,100%的村通电话,均比改革开放前有显著改善。水、电、气、邮、路、互联网的村村通,使城乡之间的差距越来越小。

(二)农业种植结构不断优化

新中国成立七十年来,乌鲁木齐市高度重视农业和农村经济发展,围绕城郊特点,大力推进设施农业、生态农业、精品农业,农业产出不断增长,整体质量不断提高。2000年以前,乌鲁木齐市农民种植的农作物,北郊安宁渠几个乡主要种蔬菜、小麦、玉米,南郊主要种植土豆、大小麦、豆类和油料作物,达坂城主要种植大豆、小麦、油料作物等,米东区主要种植水稻、小麦、玉米。2000年开始,作为首府主要的副食品基地,在北郊安宁渠几个乡和米东区古牧地镇,大力发展蔬菜种植,在南郊板房沟乡、永丰乡也开始试种各种蔬菜品种,并取得很好的效果。从此以后南郊农民种植蔬菜的面积逐年增加,由种植蔬菜带来的收入也大幅增长。

三、农民生活水平大幅提高

(一)收入水平大幅增加

新中国成立七十年来,乌鲁木齐市农业依靠政策支持,农民生产积极性得到极大地调动,特别是2004年至2018年,中央连续发出15个“一号文件”,一系列支农、惠农政策出台,使农民收入水平大幅提高,农村居民人均可支配收入从1990年的894元增加到2018年的19623元,增长了21.9倍。

(二)家庭耐用生活消费品升级换代加快

改革开放前农村居民耐用品消费始终是低水平的。如今农村居民家里由“老三件”(自行车、黑白电视机、收录音机)迅速向“新六件”(彩电、洗衣机、电冰箱、微波炉、电脑、空调)和小洋楼、摩托车、移动电话、小轿车等转化。2017年乌鲁木齐农村居民每百户拥有的热水器、洗衣机、电冰箱、彩电、抽油烟机及摩托车分别达到了38台、110台、112台、120台和33台。由以上数据可以看出,乌鲁木齐农村居民的生活已经从“基本生存型”向“享受发展性”

转变。

(三)农村社会保障制度不断完善

近年乌鲁木齐市各级政府增加多项扶持资金,拨付专项资金实现村村都有宽敞、规范的卫生室,不断加强乡村医疗的管理,基本实现了新型农村医疗保险农村户籍人口的全覆盖,农村养老保险、新型农村合作医疗、最低生活保障、社会救助等社会保障制度等方面已形成了一套比较完善的保障体系。自2015年1月1日,乌鲁木齐新型农村社会养老保险和城镇居民社会养老保险统一合并为城乡居民基本养老保险后,115/月的基础养老金由2017年调整至180元/月,2018年继续上调至220元/月。此外,2019年《乌鲁木齐市城乡居民基本养老保险办法》出台,建立了统一的城乡居民基本养老保险制度,该办法主要面向农村和城镇低收入人群,是一项起到托底保障作用的制度安排。

构筑立体交通网

一、对外交通,立体网络成型

(一)铁路架构,促进发展

铁路是国民经济大动脉和国家重要基础设施,随着1962年底兰新铁路铺轨到乌鲁木齐,结束了新疆没有铁路的历史,铁路发展从无到有,从单线到复线,从“一”字形到“人”字形再到不断扩展的“网状”铁路布局,从“内燃时代”“普速时代”向“电气化时代”和“高铁时代”的跨越,形成了东西贯通、南北延伸,连接内地、辐射欧亚的综合交通运输网络。

(二)公路发达,辐射周边

新中国成立以来,乌鲁木齐公路建设成绩斐然,从新疆只有几条简易公路到1985年西北地区第一条一级公路乌昌公路建成通车,使新疆实现一级公路“零突破”;1998年第一条高速公路吐乌大高等级公路建成通车;2000年随着乌奎高速公路的建成通车,拉开了高速公路建设的新篇章;2015年公路总里程2846公里,其中,高速公路192公里;2017年按路面等级分,有铺装路面1072公里,比上年增加0.6%,等级公路里程2735公里,占公路总里程的93.0%。一个以乌鲁木齐为中心,以周边地区为节点,以边境口岸为前沿,向周边国家辐射的多层次、全方位的国际道路运输网络已现雏形。

(三)拓展航线,全面覆盖

乌鲁木齐航空建设飞速发展,80年代初乌鲁木齐国际机场已成为全国四大国际机场之一;2000年乌鲁木齐国际机场开通国际国内航线58条,拥有民航飞机36架;2006年年旅客吞吐量突破五百万人次,跨入我国中型机场行列,共开辟航线116条;2014年共有44家国内外航空公司进入新疆航空运输市场,开通国际国内航线184条;2017年完成旅客吞吐量2150.1万人次,同比增长6.44%,并与17个国家、24个国际(地区)城市、73个国内城市通航,以乌鲁木齐区域性枢纽机场为核心的“疆内成网,东西成扇,东联西出”的空中航线网络格局已然形成。

二、市民出行,多样快捷便利

新中国成立70年以来,乌鲁木齐交通环境明显改善,随着火车提速扩能、公路设施完善、航空运力增强、公交体系覆盖、出租招手即停、私车数量递增等因素的影响,居民出行方式也发生了从低级到高级的

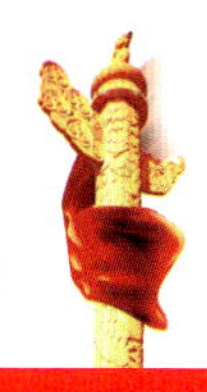

"进化",已由过去相对单一的市内出行"挤公交",长途外出"挤火车"逐步发展为"公交先行、出租补充、私车挺进、火车提速、飞机快行、走路健身"的多元化出行结构,2019年6月28日乌鲁木齐地铁一号线更是全面开通。据调查资料显示,2017年末乌鲁木齐各种机动车保有量105.50万辆,比上年增长11.8%;营运公共汽车数量4412辆;从1976年乌鲁木齐最早出现的十几辆带车篷三轮摩托出租车,到2017年首府出租车1.30万辆,

三、路网建设,编织畅行蓝图

交通路网建设是城市基础设施发展变迁的缩影,新中国成立以来,从最早的木质西大桥到第一座具有立交功能的人民路立交桥,再到如今分布全乌鲁木齐市的60座立交桥、2300多公里城市道路、80多公里快速路。目前,乌鲁木齐已经逐步形成了以快速路、主干道为路网骨架,次干道、支路为路网基础,内外衔接紧密、主次衔接有序的高效道路交通系统。

城市建设谱新章

一、城市面貌焕然一新

根据乌鲁木齐统计年鉴的数据显示,乌鲁木齐建成区面积从1985年的49.0平方公里发展至2017年的438.1平方公里;年末实有道路长度从1978年的170公里发展至2017年的2304公里。1995年乌鲁木齐房地产开发投资总额为11亿元,到了2017年时房地产开发投资总额达到429亿元,是1995年的39倍;乌鲁木齐房地产公司从1995年的150多家,发展至2017年的441家;人均公园绿地面积从1990的4.2平方米发展至2017年的12.2平方米。

二、困难家庭实现"忧居"到"宜居"

一直以来,乌鲁木齐市委、市政府以构建"社会主义平安和谐首府"和建设"宜居城市"为目标,贯穿"城市修补、生态修复"的规划理念,把棚户区改造作为民生工程、环境工程和维稳工程,将棚户区改造提升与城市人文内涵相结合,棚改建设与老城肌理相结合,因地制宜,突出地域、现代、宜居特色,通过"穿靴戴帽换服装"的方式,加大推进棚户区改造力度,自2010年始,乌鲁木齐在全疆范围内率先推进棚户区改造进程,据调查资料显示,2010年—2017年首府已完成近12万户棚户区改造工作,2017年截至目前已完成棚户区改造任务52708户。近年来,乌鲁木齐棚户区改造工作在促进经济发展、实现功能提升、塑造城市形象、改善人居环境、盘活存量土地、挖掘开发潜力、惠顾弱势群体、维护社会稳定、建设和谐社会、打造宜居宜业之城等方面发挥了巨大作用。

新中国成立七十年来,中国经济社会活力爆发的最根本源泉是来自于被承认并唤醒了的人的能动性和创造力。七十年努力拼搏,七十年沧桑巨变,新中国的建立,使中国经济蓬勃发展;新中国的建立,使人民生活安居乐业,展望未来,我们有理由相信,乌鲁木齐市的明天会更好,我们的生活会越来越富足!

作者:汪磊

单位:国家统计局乌鲁木齐调查队

荒漠变绿洲 “数”说新生活

——新中国成立70周年克拉玛依发展成就综述

克拉玛依市地处准噶尔盆地西北缘，下辖克拉玛依、独山子、白碱滩(高新区)、乌尔禾四个行政区，总面积7733平方公里，有汉、维吾尔、哈萨克等46个民族，人口44.9万人(不含辖区兵团人口)，少数民族占19.3%。

克拉玛依是一座具有浓郁移民文化的现代工业城市。1952年解放军19军57师全师8000名官兵整建制转业到石油战线，组建了有名的石油师，1956年该师部分成建制队伍来到克拉玛依，随着油田的开发建设和城市的发展壮大，退伍转业军人、大中专学生被陆续招入相关企事业单位，内地来克拉玛依务工、经商人员进一步聚集，来自祖国“五湖四海”的人相聚在这里，同时也把中华优秀的传统文化凝聚、展现在克拉玛依，在“没有草、没有水，连鸟儿也不飞”的戈壁荒滩上,历经六十多年的艰苦创业，建成了一座以石油开采为主的现代工业城市。

一、经济发展显辉煌

克拉玛依市石油特色鲜明。其中独山子作为我国石油工业的发祥地之一，1909年打出第一口工业油井；1955年10月29日，克拉玛依一号井喷出工业油流，宣告了新中国第一个大油田的诞生，也标志着克拉玛依这座城市的诞生，因此，克拉玛依也被誉为中国石油工业的西圣地、新中国石油工业的摇篮，孕育了“共和国石油长子”。作为国家重要的石油石化基地，克拉玛依已具备超过1300万吨当量的油气生产能力、1600万吨的炼油能力，石油工业增加值占GDP的70%以上，是新疆重点建设的新型工业化城市；另外，随着时代的发展，克拉玛依建成了我国西北第一家全国“数字化城市管理试点地区”，被列为我国下一代互联网首批示范城市，已经实现信息化；全市农村常住人口只有乌尔禾镇和小拐乡的2400余人，已经实现城市化。

2002年克拉玛依油田原油产量首次突破1000万吨，成为中国西部地区第一个千万吨级大油田，并连续16年保持在千万吨以上。60多年来，克拉玛依累计为国家输送原油3亿多吨、天然气700多亿立方米，缴纳税费2000多亿元。

2018年，克拉玛依市实现地区生产总值898.1亿元，增长6.7%；实现工业增加值701.5亿元，增长5.2%；实现一般公共预算收入100.5亿元，增长14.6%；全年完成固定资产投资322.6亿元，增长28.4%；实现社会消费品零售总额70.7亿元，增长6.5%；居民消费价格指数上涨1.3%；城镇居民人均可支配收入41850元，增长7.3%；农牧民人均纯收入24600元，增长8.5%。

二、居民生活谱新篇

1958年7月，经国务院批准成立克拉玛依市，经过几十年的发展变化，尤其是进入20世纪90年代，克拉玛依市城镇居民切实享受到了改革开放以后带来的丰硕成果，居民收入水平节节攀高，物质生活日益丰富，耐用消费品升级换代步伐加快，居民居住条件明显改善，私家车拥有量逐年增加，精神生活更加充实，文体活动更加丰富多彩，人民生活正在向全面小康大踏步迈进。

(一)居民收入跨上新台阶

据克拉玛依市统计资料记载，1964年克拉玛依市城镇居民人均生活费收入为381.7元，1985年突破千元达到1222.9元。进入90年代，克拉玛依市城镇居民人均生活费收入达到2000元以上，1990年城镇居民人均生活费收入2140.8元，2018年人均可支配收入上升到41850元，平均每年增加1470.7元，年均增长幅度达11.2%.

2001年克拉玛依市城镇居民可支配收入人均达到10388.4元，首次年收入突破万元大关。2002年-2018年的16年间，克拉玛依市城镇居民收入呈现直线上升态势，逐年攀高，2018年城镇居民人均可支配收入突破4万元大关，居全疆之首。居民收入年年增长、节节攀高。

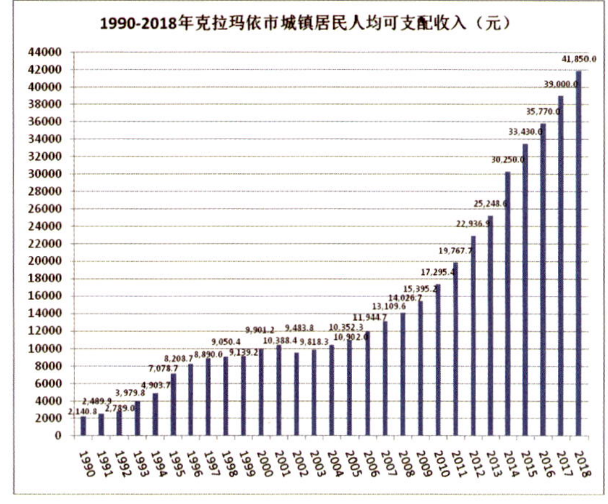

(二)居民消费展现新观念

20世纪90年代以来，随着人们收入和生活水平的提高，克拉玛依市居民消费观念发生很大变化。逐步形成量入为出、节约时间、注重消费效益、注重从消费中获得更多的精神满足等新型消费观念。

1990年-2018年的28年间，克拉玛依市城镇居民消费在收入快速增长的带动下持续攀升。2018年克拉玛依市城镇居民人均消费33420.74元，比1990年人均消费1635.2元增长19.44倍，年均增长率为11.4%。

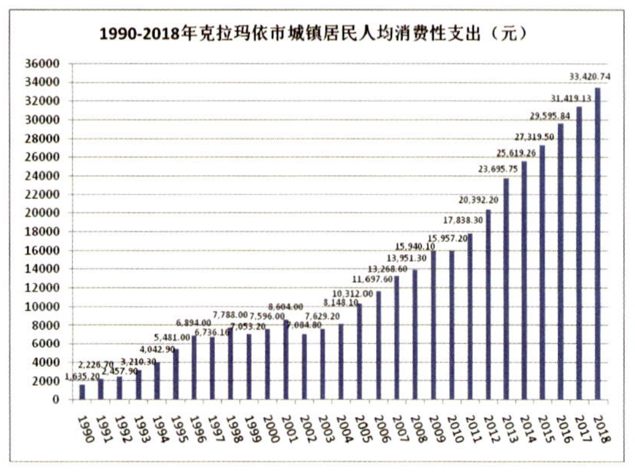

1. 消费升级，生活水平上新台阶

(1)食品消费从重“量”到重“质”。一是主副食结构的变化。居民收入水平大幅度提高，直接带来了消费水平和消费结构的重大变化。主食消费如粮食消费比重下降，副食及其他食品消费比重上升，人们对奶制品、干鲜瓜果、肉禽蛋、海产品等营养价值高的食物需求增加。二是食品支出占消费性支出中的比重下降，1990年克拉玛依市城镇居民人均食品消费815.88元，占全部消费性支出的49.9%；2018年人均食品消费9076.98元，占消费性支出的比重为27.2%；克拉玛依市城镇居民生活从小康走向富裕。三是居民就餐从家庭走向饭店，更多的居民从烦琐的柴米油盐中解脱出来，在外就餐，享受美食美味，享受餐饮环境与服务的消费剧增。

（2）衣着消费从追求实用到追求时尚。1990年克拉玛依市城镇居民年人均衣着消费332.04元，2018年人均衣着消费增至3039.34元。随着互联网、电子商务的迅速发展，人们购买服装的另一渠道悄然兴起。消费者可以在淘宝网、天猫商城、唯品会、京东商城等购物网站上，实现足不出户，购遍天下。购物方便、快捷、可选择性大、价格低等各种优势带给人们购物便利，在一定程度上进一步促进了居民对包括服装在内的各类消费支出。

（3）耐用消费品更新换代加快。随着城镇居民生活水平的不断提高，克拉玛依市居民家庭耐用消费品更新换代速度加快。20世纪90年代的彩电、冰箱、洗衣机“旧三大件”，已跨越到新世纪的摄像机、家用汽车、家用电脑“新三大件”替代。居民家庭传统的彩电、冰箱、洗衣机早已普及，并且液晶电视、电脑、智能冰箱和洗衣机成为更新的主流消费品。2018年，克拉玛依市居民百户家庭拥有彩色电视机103台、电冰箱105台、洗衣机98台、家用电脑72台。根据调查数据显示，克拉玛依市城镇家庭耐用品拥有量增加明显且更新换代速度加快，居民消费观念逐步由实用型向享受型转变。

（4）汽车进入百姓家，通讯消费日新月异。2018年克拉玛依市每百户家庭汽车拥有量为55辆，标志着克拉玛依市已有超过半数的居民家庭选择家用汽车作为出行工具。家庭汽车的拥有，不但给居民的出行、旅游、购物带来更多便捷，同时也促进了居民消费链的延长。另外，顺应时代的发展，通讯消费也成为居民家庭消费的热点。通信工具更是发生了翻天覆地的变化，手机更新换代以及网络的飞速发展，城镇居民生活在小家庭便可了解大世界，科技的发展带给居民前所未有的获得感。2018年克拉玛依市每百户城镇居民家庭手机拥有量达206部。

（5）居民住房小屋换大房。90年代的克拉玛依城镇居民大多数居住50-60平方米的小屋子，而今伴随经济社会的快速发展，居民住房需求迅速增加，绝大部分居民都住上了宽敞明亮，面积也都在100平方米左右的大房子，住上独门独院小别墅的居民也大有人在。2018年克拉玛依市城镇居民人均住房建筑面积40.5平方米。富裕起来的市民在小屋换大房的同时，更加讲究装潢档次，追求居住环境的舒适、优美、方便和安全，由此也促进了住房装饰、美化居室的支出日益增长。据调查资料显示，2018年克拉玛依市城镇居民用于居住及家庭设备用品及服务支出人均消费达9750.15元，占消费性支出的29.2%。

三、城市面貌展新颜

60年前，克拉玛依“没有草，没有水，连鸟儿也不飞”，60年后，楼宇林立，绿树成荫，流水潺潺，克拉玛依的城市建设日新月异。

（一）固定资产投资稳步增长

据克拉玛依市统计资料记载，1958年全市固定资产投资总额为仅为2.1亿元，到1978投资总额达到4.6亿元，翻了一番。1993年克拉玛依市投资达到60.1亿元，突飞猛进。“十二五”期间，克拉玛依市实施打造“世界石油城”发展战略，全市全社会固定资产投资累计完成1579.4亿元，比“十一五”时期增加491.1亿元，增长45.1%。尤其是2013年-2015年，全社会固定资产投资规模年均超过300亿元，2013年达到422.5亿元，突破400亿元，达历史最高点。随着城市投资的加大，一批惠及民生、改善提升城市环境和功能的大项目相继开工建设，科博馆、体育馆、图书馆、文化馆、黑油山老年社区、云计算产业园、汉博文化创意园、西域花鸟鱼石市场、国际汽车城、国际家居建材城、绿色康城居住区、城南新居住区等大项目的建成投用，不但强有力地改变着城市面貌，同时也极大地提高了城市功能和城市品质。

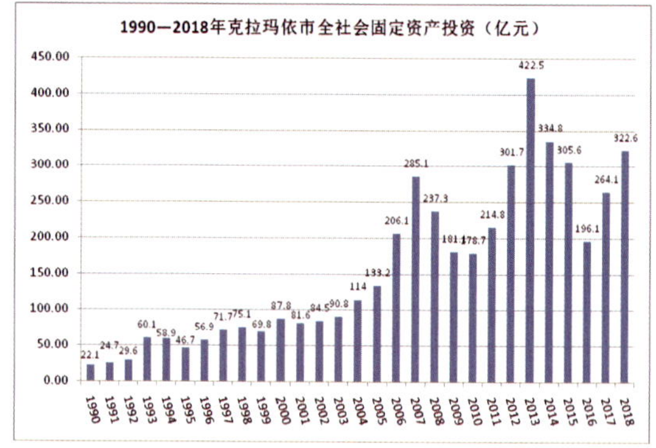

（二）生态环境质量持续优化

克拉玛依地处荒漠戈壁，为了生存和发展，克拉玛依几代人为水付出了艰苦卓绝的努力。20世纪50年代，克拉玛依人靠骆驼从中拐拉水来解决油田生产和居民生活用水；60年代，克拉玛依市开发了百口泉地下水源，建成了一条75公里长的百—克水渠；70年代，修建了白杨河水库和白-克明渠、调节水库、黄羊泉水库。90年代后期，实施了引水工程，从此有了克拉玛依河。如今清澈的河水穿城而过，在解决了当地生产生活用水的同时，也极大地改善

了克拉玛依市的生态环境，使克拉玛依市真正变成人们安居乐业的戈壁明珠。

2018年，克拉玛依市从严从实推进中央环保督察反馈意见整改，圆满完成了全年整改目标任务。艾里克湖水环境质量稳定达到V类标准，独山子挥发性有机物治理和历史遗留污油泥处置完成年度治理任务。全面实施河（湖）长制，全市23条（个）河流、湖泊、水库均设置河（湖）长，实现了动态监管全覆盖。顺利通过国家生态环境部集中式饮用水水源地专项行动检查。全年环境空气质量优良率达92.4%，同比提高5%，位居全疆第三位。自治区生态环境保护和污染防治专项考核成绩排名第一。全市饮用水水源地水质达标率100%，土壤质量达到清洁（安全）级，人民群众享受到越来越多的蓝天白云、绿水青山。

勤劳勇敢的克拉玛依人，始终坚持发扬克拉玛依精神，全面推进稳定发展各项事业，社会大局持续和谐稳定、经济平稳健康发展、城市功能和生态环境显著提升、人民幸福感和获得感明显增强，先后获得全国文明城市、国家卫生城市、国家环保模范城市、中国人居环境范例奖等荣誉称号，连续6年入选“中国最安全城市”排行榜，彰显了克拉玛依独特魅力和良好形象。

克拉玛依市60多年的发展史就是一部为祖国奉献能源的创业史，战天斗地、改天换地的奋斗史，各族儿女同甘共苦的团结史，充分印证了习近平总书记曾在克拉玛依调研时给予的评价，“一首《克拉玛依之歌》，实际上就是石油战线的奋斗史，在石油战线弘扬的大庆精神、铁人精神，实际上包括克拉玛依精神、玉门精神。这种精神的弘扬，至今仍然需要，而且永不过时”。

我们坚信，在以习近平同志为核心的党中央坚强领导下，在自治区党委和人民政府的关心关怀及全疆各族人民的大力支持下，克拉玛依市人民明天的生活更美好！

作者：张伟、刘江涛

单位：国家统计局克拉玛依调查队

蓬勃发展 硕果累累 火洲展新姿

——新中国成立70周年吐鲁番发展成就综述

吐鲁番地区成立于1975年，2015年4月经国务院批复同意撤销吐鲁番地区，设立地级吐鲁番市，下辖高昌区、鄯善县和托克逊县，总面积69759.31平方公里，2018年末人口总数633416。吐鲁番自古便是沟通天山南北和我国内地的交通要塞，是古丝绸之路上的政治、经济、文化、商贸要塞，蕴藏有丰富的矿产和煤炭资源；自然生态资源富集，戈壁与绿洲相伴，雪山与湖泊相映，冰川与火洲为邻，极端的自然条件，造就了“极热、极干、极低、极甜”的独特风貌。新中国成立70年来，吐鲁番紧抓改革开放大好机遇，充分利用区位和资源优势，全面融入丝绸之路经济带核心区建设，使城乡居民生活和社会事业发生了翻天覆地的变化。

一、连通天山南北，为经济发展注入新活力

吐鲁番地处南北疆交通要道，过去有兰新铁路、312国道贯穿全境。改革开放以来，吐鲁番紧抓地缘优势，大力发展交通运输行业，兰新高铁和吐鲁番交河机场先后开通运营，形成了“公路、铁路、航空”为一体的立体交通运输体系，这不仅改变了本地老百姓的出行方式，也为旅游经济发展注入新活力，吸引了来自全国各地的客商到吐鲁番投资经商。吐鲁番民航目前运营14条航线，通航城市达到20个。其中疆内通航点9个，疆外通航点11个。旅客吞吐量从2016年全年5.50万人次，增长到2018年全年19.30万人次，增长幅度达到250.9%，并每年以30%以上的速度在增长。以往从吐鲁番到乌鲁木齐乘坐大巴需要将近三个小时，铁路动车开通后只需要50多分钟。目前，乌鲁木齐往返吐鲁番间动车列车每日已达18.5对，平均每30分钟就有一趟动车始发、抵达或途经，吐鲁番与首府动车已基本实现“公交化”，两地“同城效应”越发明显。周边城市来吐鲁番“一日游”的游客明显增加，为旅游文化相关产业的发展提供了巨大动能。

二、工业经济在探索中稳步增长，产业结构不断优化

吐鲁番是一个天然的聚宝盆，蕴藏着

丰富的自然资源，煤炭、石油、原盐等矿产资源富集。在改革开放中，吐鲁番地方党委、政府制定了一系列加快工业发展的方针、政策，充分发挥资源优势，从无到有，从小到大，主要行业有煤炭、化工、电力、有色金属、石油、盐业、食品、粮油加工、饲料、机械、建材、冶炼、塑料、造纸、纺织、皮革、酿造、橡胶等，逐步形成了以采矿业为基础、化工业为主导、食品饮料加工业为骨干的多层次工业体系，地方工业进入了全面发展时期。整个80年代，吐鲁番工业发展主要是依靠量的积累来实现快速发展，战线拉得过长，摊子铺得过大，一些潜在矛盾被快速发展所掩盖。1990年以后，受市场经济影响，盐业市场受到冲击，加之铁路运输紧张，地方工业发展速度大幅回落。地方党委、政府及时调整工业发展战略，提出"优化结构、提高效益、增强后劲、争取速度"的战略决策，经过产品结构、产业结构、组织结构的调整阶段，基本形成了依托资源进行深加工的工业产业体系，成为经济发展的主要动力。2018年，吐鲁番市生产总值310.59亿元，首次突破300亿元大关，比1978年增长210倍。分产业看：第一产业增加值49.54亿元；第二产业增加值157.06亿元；第三产业增加值103.99亿元。第一、第二、第三次产业增加值比重为16.0:50.5:33.5。全年完成工业增加值126.13亿元，其中，137家规模以上工业企业实现增加值123.32亿元。

三、持续推进供给侧结构性改革，着力培养产业新动能

吐鲁番紧抓国家"一带一路"倡议机遇，扎实推进乌吐区域经济一体化，努力融入丝绸之路经济带核心区建设。通过深入推进供给侧结构性改革，不断调整产业结构，逐步改造升级传统产业，着力培养产业新动能。一方面，持续推进"三去一降一补"，淘汰化解钢铁、煤炭等落后过剩产能，升级改造化工、钢铁、建材等传统产业，积极推进企业兼并重组，发展的内生动力不断增强；另一方面，推动发展纺织服装等劳动密集型产业，大力发展农副产品冷链物流，加快打造"新疆硅基新材料产业基地"，积极推进数字经济、"互联网+"等新产业新业态快速发展。

四、深入实施乡村振兴战略，优化农业产业结构

吐鲁番牢牢把握乡村振兴战略要求，认真落实党中央一系列惠农、富农政策，充分调动了各族群众的生产积极性，2018年实现农林牧渔业总产值79.34亿元，比1985年增长了39倍；林业产值0.96亿元，比1985年增长了31倍；畜牧业产值10.90亿元，比1985年增长了51倍。

吐鲁番是著名的"瓜果之乡"，近年来按照"强葡萄、精瓜菜、优畜牧"的思路，积极推进以葡萄为主的特色林果业发展。2018年完成葡萄架式改造4.18万亩，建成葡萄标准化生产示范基地7.00万亩，葡萄果品质量不断提高，全市鲜食葡萄等特色林果产品销售取得新突破，累计销售鲜食葡萄36.32万吨，实现销售收入17.68亿元，创造历年来鲜食葡萄销售数量最多、平均单价最高的纪录。葡萄年总产量达99.60万吨，比1975年的2.40万吨增长了40.5倍。吐鲁番特色葡萄产业净收入有了很大提高，2018年城乡居民经营净收入均呈现出稳步增长的趋势，整体来看，无论是城镇还是农村，一产、三产经营净收入均

有可观提升。

继续实施退耕增效战略，稳步扩大特色作物种植面积。2018年粮食种植面积7.35万亩，比2002年38.76万亩减少81.0%；蔬菜种植面积8.97万亩，比2002年4.68万亩增加91.7%；瓜类种植面积26.59万亩，比2002年8.40万亩增加2倍；葡萄种植面积56.74万亩，比1975年的4.41万亩扩大了11.8倍。特色瓜果蔬菜种植面积进一步优化，不仅丰富了城乡居民的"菜篮子"，满足了广大人民群众多样化的消费需求，也促使农民收入大幅提高。

70年来，吐鲁番市不断优化畜牧产业结构，畜产品品质明显改善，产品市场竞争力进一步增强。多年的实践证明，发展畜牧业是一个资源广、投资少、见效快、收益高、发展空间大的富民产业。2018年牲畜存栏头数90.27万头（只），比1979年54.31万头（只）增长66.2%。2018年全年肉类总产量1.83万吨，是1979年0.17万吨的9.5倍。其中，2018年的牛羊猪肉产量1.70万吨，比1979年的牛羊猪产量0.17万吨增长9.1倍。2018年奶类产量0.26万吨，比1979年的0.02万吨增长13.3倍。

五、居民收入稳步增长，增收渠道不断拓宽

吐鲁番各级党委政府始终把提高和改善人民生活水平作为经济社会发展的出发点，深入贯彻落实中央各项惠民、惠农政策，城镇、农村居民可支配收入稳步增长。2018年，吐鲁番市城镇居民人均可支配收入33177.00元，比2004年增长3.5倍，农村居民人均可支配收入13477.00元，比1978年增长103.0倍。

吐鲁番主要年份城镇、农村居民人均可支配收入

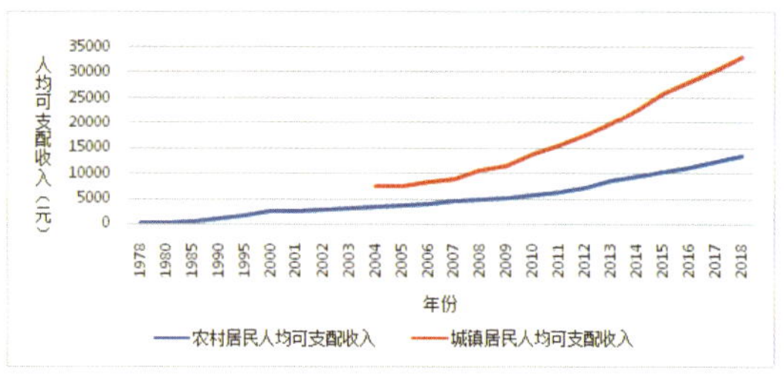

工资性收入是城镇居民可支配收入的主要来源。2018年，城镇居民人均工资性收入23578.00元，占总收入比重为71.1%。

2018年吐鲁番城镇居民可支配收入比重

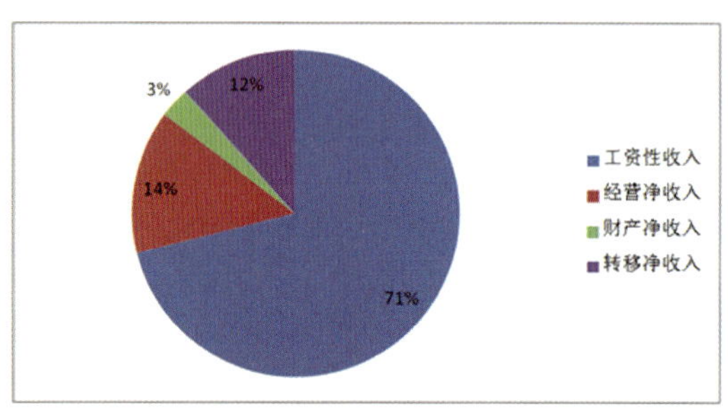

经营净收入是农村居民可支配收入的重要支撑。2018年，农村居民人均经营性收入7362.00元，占农村居民人均可支配收入的54.6%；工资性收入3986.00元，占农村居民人均可支配收入的30.0%。农村居民工资性收入大幅增加：一方面，是各级党委政府扎实推进就业扶贫，促进农村劳动力多渠道就业；另一方面，农民打零工日工资增长明显，农民工工资带动农村工资性收入增长。

2018年吐鲁番农村居民可支配收入比重

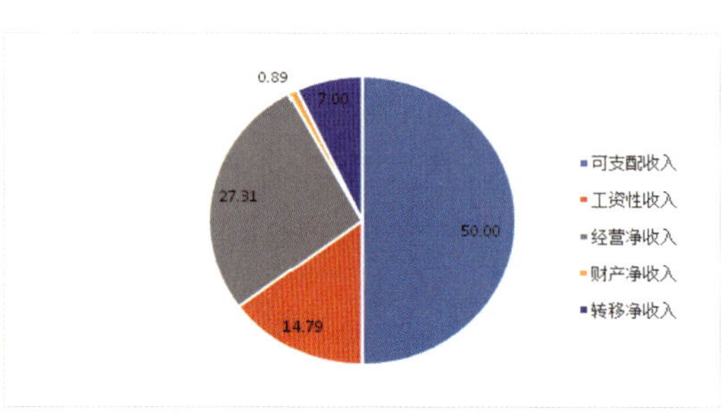

六、消费水平大幅提升，生活品质不断改善

随着居民收入稳步增长，城乡居民消费水平大幅提升。2018年城镇居民人均消费支出21376.00元，比2008年增加了13932.33元，增长1.9倍，年平均增速18.7%；2018年农村居民人均消费支出12046.00元，比2008年增加了9581.85元，增长3.9倍，年平均增速38.9%。

恩格尔系数稳步下降，人民生活品质不断改善。2018年城镇居民人均食品消费支出3848.00元，恩格尔系数从2008年的37.0%下降为18.0%；2018年农村居民人均食品消费支出2891.00元，恩格尔系数从2008年的42.6%下降为24.0%。

交通通信支出大幅上涨，居民出行通信更加方便快捷。2018年城镇居民人均交通通信消费支出3000.00元，占总消费支出的14.0%。比2008年增长了2175.27元，增长2.9倍，年平均增速28.5%；2018年农村居民人均交通通信消费支出1556.00元，占总消费支出的12.9%。比2008年增长了1322.20元，增长5.7倍，年平均增速56.6%。

教育文化娱乐投入显著增加，精神生活更加丰富多彩。2018年城镇居民人均教育文化娱乐消费支出2592.00元，占总消费支出的12.1%。比2008年增长了1828.50元，增长2.4倍，年平均增速23.9%；2018年农村居民人均教育文化娱乐消费支出1043.00元，占总消费支出的8.7%。比2008年增长了759.32元，增长2.7倍，年平均增速26.8%。

人均医疗保健消费快速增长，保健意识不断增强。2018年城镇居民人均医疗保健消费支出2927.00元，占总消费支出的13.7%。比2008年增长了2207.2元，增长3.1倍，年平均增速30.7%；2018年农村居民人均医疗保健消费支出2049.00元，占总消费支出的17.0%。比2008年增长了1880.18元，增长11.2倍，年平均增速111.4%。

七、价格政策稳定物价成效显著，物价在波动中趋于平稳

1978年改革开放以来，吐鲁番国民经济持续较快发展，经济在快速发展的同时也伴随着剧烈的物价波动。其中，吐鲁番居民消费价格指数曾经历了3次明显地上涨，依次是1988年、1994年、2008年，国家及时进行宏观调控，采取有效措施，在较短时期内平抑了市场物价，保持了价格总水平基本平稳的运行态势。

1979-2018年吐鲁番市居民消费价格指数

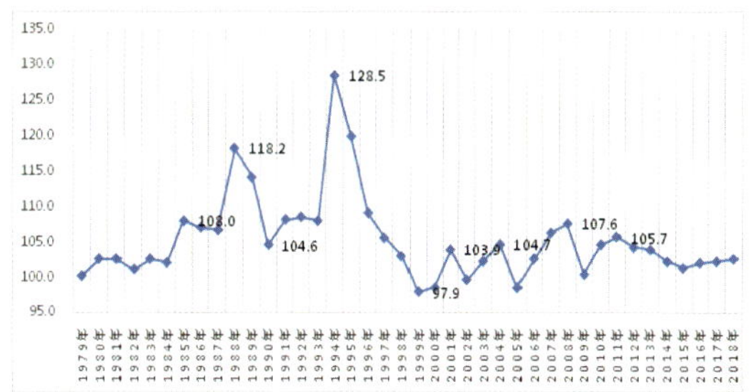

党的十八大以来，吐鲁番价格主管部门多次放开多项商品和服务价格，持续简政放权，建立健全制度，积极推进重点领域价格改革，出台了一系列稳定市场价格措施。2013年，引入农副产品直销店，经营范围有粮、油、肉、菜、蛋等群众基本生活必需的农副产品，通过产销对接，降低农副产品生产经营成本，进而降低农副产品终端价格，让利于民。同年，出台《吐鲁番地区价格调节基金使用管理暂行办法》，运用经济手段调节价格，保持市场价格总水平的基本稳定。近年来，吐鲁番市

CPI运行平稳，价格政策对于稳定物价取得了显著成效。

2012-2018年吐鲁番市居民消费价格指数

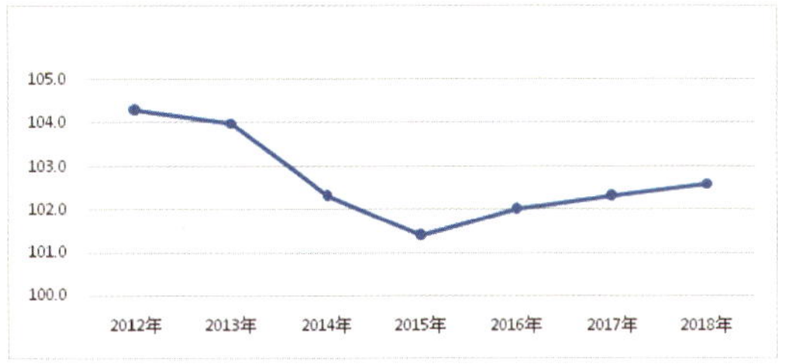

八、积极探索全域旅游发展新途径，提升旅游综合经济效益

吐鲁番有深厚的历史文化底蕴，丰富的历史、自然景观以及大量特色传统民俗。截至2018年，吐鲁番已开发旅游景区（点）27处，其中国家5A级景区1处，4A级景区5处，3A级景区5处，2A级景区3处；有世界文化遗产3处，国家级文物保护单位13处，中国历史文化名镇1处，中国历史文化名村1处，自治区级风景名胜区1处。

吐鲁番依托丰富的旅游资源、独特的气候条件和地理优势，大力促进全域旅游发展。一方面，大力发展特色旅游项目。吐鲁番自1990开始举办“葡萄节”，通过形式多样的活动，提高旅游地区知名度，推动地方经济发展；托克逊县通过“杏花节”打造“新疆第一春”品牌；高昌区利用城市周边设施农业大棚的花卉、盆景、草莓蔬菜采摘等活动吸引游客；鄯善县不断丰富旅游产品，先后举办了彩玉奇石展、沙漠徒步赛、沙漠寻宝、沙漠汽车越野赛、叼羊大赛、斗鸡比赛等特色活动。另一方面，将传统旅游与乡村旅游、康养旅游、运动休闲旅游等旅游新形式互补互融，深度整合、盘活。如高昌区交河小镇以特色家庭旅馆式建筑、葡萄采摘为主的农家乐为亮点吸引游客；亚尔乡沙疗小镇进一步完善疗养服务，提高埋沙治疗产业品质；鄯善县依托库木塔格沙漠建设的沙漠特色小镇已初具规模。吐鲁番民宿文化创客基地，通过葡萄主题公园和精品民宿建设，打造田园城市文化旅游产业标志性产品。通过全域旅游思维规划布局旅游产业发展，推动旅游与城市、乡村、景区和各个产业的融合发展，形成全民参与、全民受益的共赢局面。改革开放以来，吐鲁番每年接待游客人次和旅游收入稳步增长。

1978-2018年吐鲁番接待游客人次

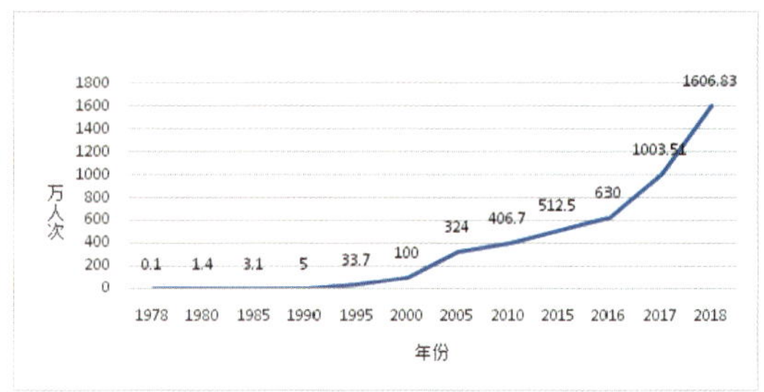

1978-2018年吐鲁番旅游收入

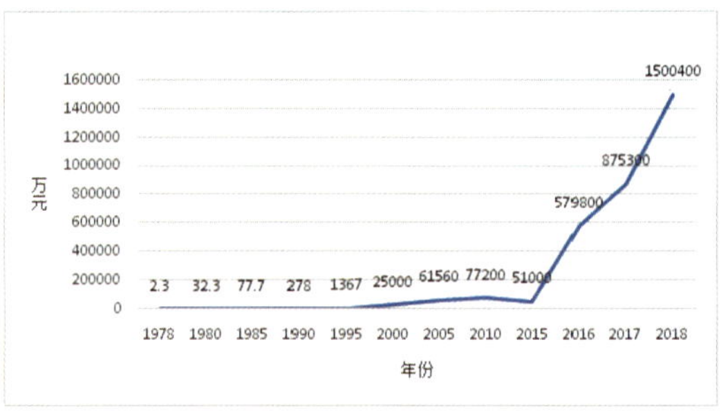

2018年吐鲁番市旅游业呈“井喷式”增长，全年接待游客1606.83万人次，同比增长60.1%。旅游收入150.04亿元，同比增长71.4%，累计带动4万多名群众吃上了“旅游饭”。受旅游业发展带动，2018年城镇农村居民第三产业经营净收入快速增长，城镇居民第三产业经营净收入3684.00元，占经营净收入的78.1%；农村居民三产

业经营净收入927.00元，占经营净收入的12.6%。同时旅游业的快速发展也促进了批发零售、交通运输、住宿零售等行业经营净收入的大幅增加。

九、湘吐一家亲，援疆工作成果丰硕

自1998年以来，湖南省坚决贯彻落实党中央治疆方略，全面对口支援吐鲁番市，拉开了援疆大幕。20多年来，湖南省委、省政府及省直各部门从干部、人才、资金、教育、卫生、科技、就业、产业等方面，给予了吐鲁番大力支持，使吐鲁番的经济、社会等各项事业得到长足发展。湖南累计投入援疆资金近30亿元，支援建设了一系列基础设施、产业、公共服务项目，选派了8批近800名干部人才开展援疆工作，援疆工作成果丰硕。

倾力投入惠民生工程：援建富民安居房、各类院校、福利院、社区阵地、综合文化服务中心等；全方位援助教育事业：选派优秀教师、援建基础设施建设、提供先进的教学管理方法理念、加强学生交流培养；加强医疗帮扶：启动“组团式”援疆工作，选派优秀医疗人才，通过系统的“传、帮、带”开展帮扶工作，推进本地医疗机构各项工作规范化、科学化、标准化；促进工业经济发展：推动湘煤集团80亿吨煤田开发项目、三一集团风力发电机叶片生产项目、五菱电力风电项目落地吐鲁番，弥补当地产业空白；带动文化旅游发展：发挥“文化湘军”优势，借助《爸爸去哪儿》《我们来了》等热播品牌栏目带火吐鲁番旅游业。开通长沙-吐鲁番航线，湖南人游吐鲁番旅游专列，促进两地人民的交流交往。

回顾吐鲁番在新中国成立70年期间的历程，有艰辛曲折，也有丰硕成果，这是全地区各族人民团结一致，开拓进取，艰苦奋斗，无私奉献的成果。展望未来，吐鲁番各族人民将更加坚定贯彻落实党中央治疆方略，在自治区党委、自治区人民政府的坚强领导下，不忘初心、牢记使命、砥砺前行，奋力开创社会稳定发展新局面。

作者：杨晓雨、苏亚玉、冯思庆、夏衣旦·卡哈热曼、古丽帕丽·铁木尔

单位：国家统计局吐鲁番调查队

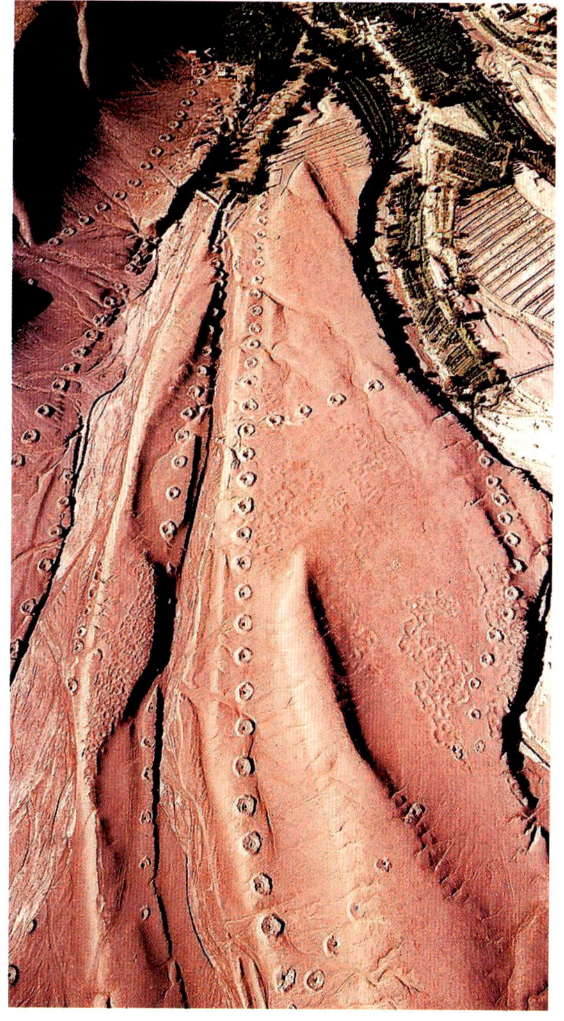

丝路古城换新貌 瓜乡哈密铸辉煌

——新中国成立70周年哈密发展成就综述

春华秋实何寻常，如椽巨笔著华章，2019年是新中国成立70周年，70年峥嵘岁月，风雨历程，哈密发生了翻天覆地的变化，取得累累硕果。经济规模不断扩大，综合实力与日俱增。工业体系逐步完善，基础设施建设明显加快，城乡面貌加快转变，农业生产实现了由集中计划经济向社会主义市场经济、从封闭半封闭状态到市场全面开放的历史性转变，人民生活实现了贫穷到温饱，再到整体小康的跨越。

一、国民经济跃上新台阶，产业结构不断优化

（一）经济社会发展伟大飞跃

新中国成立之初，哈密经济基础极为薄弱，生产力水平极其低下。1949年地区生产总值仅为0.05亿元。经过长期努力，1975年地区生产总值首次突破亿元大关，达到1.18亿元。1978年后，沐浴着改革开放的春风，哈密经济持续高速发展，地区生产总值由1978年的1.56亿元增加到2018年的536.61亿元。其中，从1978年到1993年用了15年时间突破10亿元，到1995年突破20亿元只用了2年时间，到2008年突破100亿元，2011年突破200亿元，实现3年增加100亿元的目标。党的十八大以来，各级党委、政府牢固树立和贯彻落实新发展理念，坚持稳中求进工作总基调，经济运行保持在合理区间，综合实力与日俱增。2013年生产总值突破300亿元，2016年突破400亿元，2018年突破500亿元达到536.61亿元。按不变价计算，2018年全市生产总值比1949年增长1268.9倍，年均增长10.9%。

（二）人均地区生产总值不断提高

按常住人口计算，1949年人均地区生产总值仅为80元，1985年突破千元达到1052元，2003年突破万元大关达到10313元，2018年达到86805元，实现了由低收入

地区向中等收入地区的跃升。

(三)产业结构持续优化升级

新中国成立初期,哈密地区农业占比高,1949年,第一、二、三产业增加值占生产总值的比重分别为86.1、3.6、10.3。20世纪50-70年代,随着工业化建设推进,第二产业比重不断提升。1978年,第一、二、三产业比重分别为28.3、40.2、31.5。改革开放以来,积极调整和优化产业结构,坚持巩固和加强第一产业,提高和做大第二产业,积极发展第三产业,使三次产业结构逐渐向合理化发展。2018年,第一、二、三产业比重分别为7.5:60.1:32.4。与1949年相比,第一产业比重下降78.6个百分点,第二产业比重上升56.5个百分点,第三产业比重上升22.1个百分点。第二、三产业已经成为推动经济发展的主要动力,产业结构发生根本性变化,实现了由落后的农业社会向工业化社会的历史性跃迁。

二、工业实现新飞跃,主导地位日益增强

新中国成立初期,哈密地区工业仅有一些分散的以加工面粉、糕点、铁器、木器、服装、皮革、纸张等居民生活日用品为主的个体生产作坊。

改革开放以来,通过制度创新、鼓励兼并、规范破产、减员增效等一系列行之有效的措施,促使一部分经营困难、无力发展的老工业企业破产,积极扶持一批具有发展潜力和活力的企业,为工业企业的发展创造了良好的环境,使哈密的工业生产规模不断扩大,工业经济得到了较快的发展。随着中央新疆工作座谈会的召开、援疆力度的不断加大,哈密市抢抓机遇,大力实施“工业强区和优势资源转换”战略,矿产开发遵循“四个优先”原则,通过招商引资途径,坚定不移走大企业、大集团战略,全面推进新型工业化建设进程,工业经济迅速崛起。

特别是党的十八大以来,哈密市坚定不移深化供给侧结构性改革,培养壮大新兴产业与改造提升传统产业并重,扎实推进“新型综合能源、高端装备制造、新型材料加工、特色农副产品加工、现代服务和物流业”五大基地建设。产业特色日趋明显,初步形成以电力、煤炭采选、黑色金属矿采选业、有色金属矿采选业、电器机械制造业、煤化工、化工、建材、农副产品加工、轻纺为主的十大产业。

企业规模由小到大,企业实力由弱变强,生产规模不断扩大,技术水平不断提高,效益不断增强,工业经济实力迅速增强。大中型工业企业从无到有,2018年末,地方规模以上工业企业115家,其中,大型企业2家,中型企业10家。2018年全市实现工业增加值225.38亿元,比1978年增长126.7倍,年均增长12.9%,工业占全市经济比重达到42%。

三、农业发展展新颜,体质增效促发展

(一)强化重视农业基础,农业水平跨越发展

哈密市认真执行国家各项惠农政策措施,强化农业基础地位,改善农业生产条

件，千方百计调动农民生产积极性，为粮食生产发展创造了良好氛围，粮食生产不断取得跨越式、突破性增长。哈密粮食播种作物面积由1949年的12380公顷增加至2018年的22540公顷，增长了0.8倍，全市粮食作物产量由1949年的1.07万吨增加到2018年的11.95万吨，增长10.2倍。小麦亩产由1949年的55.5公斤提高到2018年的355公斤，增长了5.4倍；玉米亩产由1949年的86公斤提高到2018年的580公斤，增长了5.7倍；棉花亩产由1952年的14公斤提高到2018年的120公斤，增长了7.6倍。粮食生产实现跨越式增长，粮食生产能力显著增强，彻底实现了从供给不足到连年有余的根本性转变。

（二）种植结构优化调整，农业生产协调发展

结合农业市场供需情况，以提高质量和效益为中心，哈密不断优化调整农作物种植结构，经济作物种植面积与产出不断增加，逐步构建起与市场需求相适应、产业升级相匹配、资源环境相协调的农业作物种植结构。

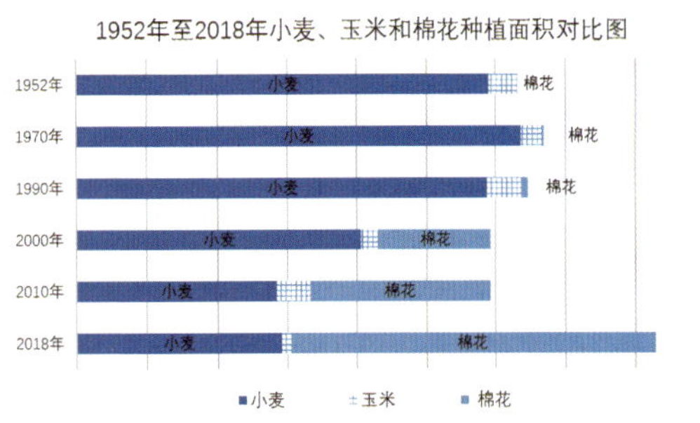

小麦、玉米及棉花种植面积比重由1952年的59.0：4.0：0.2，优化调整至2018年的29.2：1.4：52.2。经过70年的逐步发展和深刻调整，实现了由“以粮为纲”的单一种植到多元种植、市场决定的结构转变。

（三）农业机械飞跃发展，设施基础稳固加强

新中国成立以来，哈密市农业机械水平由薄弱到增强再到飞跃发展，农业机械迅速成长为农业生产主力军。1960年，农业机械总动力仅为0.14万千瓦；到2018年，为43.29万千瓦，年增长率达10.4%，农业机械总动力快速增长。农业机械服务范围涵盖了农业生产、加工、流通各个环节，作业领域由农业衍生至养殖业、加工业和物流运输业。

（四）畜牧发展步伐稳健，生产方式高效多元

沿东天山草场一带游牧是新中国成立初期哈密畜牧业的主要生产方式，改革开放以来，哈密市“以改造提升传统畜牧业、开拓创新现代畜牧业”为方向，全力推动畜牧业生产方式由粗放、低效的单一化生产向规模、高效的产业化经营转变。通过政策引导、资金扶持，加快畜禽良种工程建设、推广标准化养殖、强化动物防疫服务，畜牧业产品产量稳步提升，同时积极培育、引进养殖大型龙头企业，优化养殖特色品种，打造地方特色畜禽产品。2018年，哈密市活羊出栏83.35万只，较1960年增长10.6，年均增长4.3%；生猪出栏10.27万头，较1960年增长了56.1倍，年均增长7.2%。

从品种改良到政策扶持再到规模化养殖，政策红利使哈密畜牧养殖业进入一个全新的发展时机，肉牛肉羊产业加快发展，产量大大提高。2018年牛羊肉产量2.14万吨，是1960年的20.4倍，年均增长5.4%。

四、城镇化步伐不断加快，基础设施日益完善

新中国成立70年来，哈密市不断加大投入，为经济社会持续发展提供了坚实保障。

（一）城市化水平显著提高

全市14个成建制镇已初步建成各具特色的“新型工业镇”“文化旅游镇”“特色农业镇”“综合服务型”和“商贸型”城镇。进一步改善了城镇基础设施和公共服务设施，城镇综合服务能力和承载能力不断增强。城镇化率由1949年的5.7%上升到2018年的62.7%，上升了57个百分点。哈密高水平的城镇化率促进了城乡经济的协调发展和居民消费结构升级，并不断催生出新的经济增长点，是扩大内需的最大潜力所在。

（二）交通布局日益完善

哈密市已基本形成以铁路、公路、民航组成的四通八达的综合交通运输网络。兰新铁路第二条双线、哈罗铁路等重大建设项目投入使用，公路通车里程由697公里增至7743.06公里，等级公路5742.06公里，公路等级明显提高，道路状况大为改善，其中高速公路从无到有，2018年末达到582.90公里。民用航空能力日益增强，哈密机场开通的航线已有8条，其中飞往疆外的航线有北京、上海、成都、郑州，飞往疆内的航线有库尔勒、塔城、乌鲁木齐、克拉玛依。2018年民航旅客吞吐量达到39.86万人次。

（三）邮电通讯飞跃发展

邮电通讯业是基础设施中增长最快、变化最大的领域，已建成覆盖全区、技术先进、业务全面的信息通信基础网络。2018年邮电业务收入8.76亿元，固定电话用户由1978年的0.1万户增加到2018年的16.64万户，增长179.1倍；固定电话普及率由每百人不到0.3部提高到29.7部，增长98倍。移动电话在20世纪90年代初尚是空白，到2018年末移动电话用户迅速发展到76.54万部，普及率达到每百人136.8部。互联网宽带业务发展迅速，2018年末互联网用户已达到26.46万户，光纤通信、数字微波、程控交换、移动通信等先进技术装备得到广泛运用。

五、居民收入新增长，谱写生活新篇章

（一）居民收入稳步增，可支配收入创新高

随着哈密经济的快速发展，城乡居民收入不断增加，人民生活水平不断提高，生活质量得到改善。

1.农村居民收入不断提高。新中国成立70年来，哈密农村居民人均收入不断提高，1995年哈密市农牧民人均纯收入为1181元，农牧民人均纯收入首次突破千元大关。2013年农牧民人均纯收入为10697元，农牧民人均纯收入突破万元大关。

2018年，哈密农村居民人均可支配收入16556元，比1958年农牧民人均纯收入78元增加了21.3倍，年均增长9.3%。

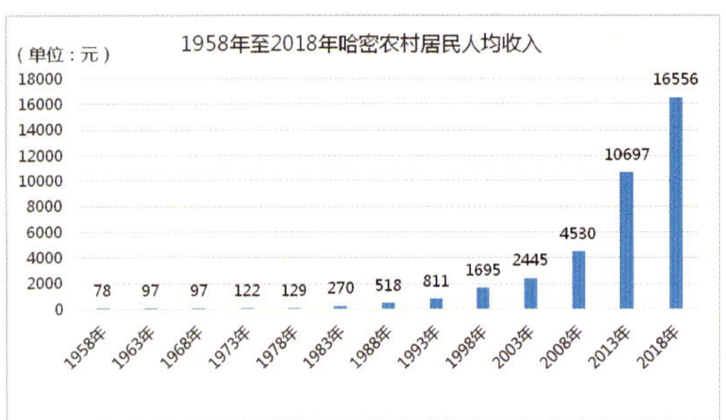

注：1958-2013年为农村居民人均纯收入。2014年起启用新口径为农村居民人均可支配收入。

2. 城镇居民收入增长显著。新中国成立70年来，随着经济的快速发展、改革的不断深入、各项惠民、惠企、惠商等政策的落地生根，推动哈密市城镇居民可支配收入增长显著，2013年城镇居民人均可支配收入突破2万元，达到21128元，2016年城镇居民人均可支配收入达到3万元以上，为30456元。2018年，城镇居民人均可支配收入35205元，比2008年人均可支配收入10218元增加了2.4倍，年均增长13%。

注：2013年以前为老口径，2014年起起启用新口径。

（二）芝麻开花节节高，居民收入稳步增

城乡居民收入的增加，带动了城乡居民储蓄存款的增长。从1951年城乡居民储蓄存款年末余额59万元增长到2018年住户存款年末余额361.33亿元。改革开放以来城乡居民存款增长量进入快车道，1984年城乡居民储蓄存款年末余额首次突破亿元，1996年城乡居民储蓄存款年末余额首次超过十亿元，2009年城乡居民储蓄存款年末余额首次突破百亿元大关。2018年城乡居民储蓄存款年末余额达到361.3亿元。

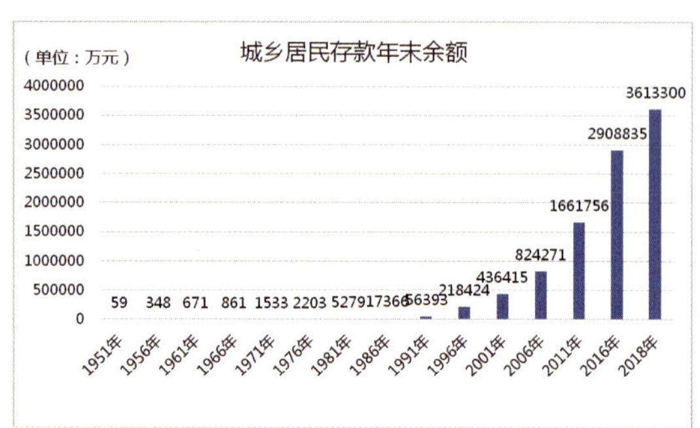

（三）衣食住行用，书写新篇章

1.“衣”色彩更艳丽。70年来，人们在穿衣上不再是曾经的一片绿、一片蓝的单调色彩，也不再是“新三年，旧三年，缝缝补补又三年”。而是日益追求款式更新颖、色泽更艳丽、穿着更舒适、更加的新潮和自我个性的彰显。2018年城镇居民衣着消费人均2088元，比2008年城镇居民衣着消费人均支出增加1046元，农村居民衣着消费人均963元，比2011年农村居民衣着消费人均支出增加380元。

2.“食”内容更丰富。民以食为天，“食”的变化是最能见证一个地区的发展。新中国成立初期，物质匮乏，大多数人们在温饱线上挣扎，追求的是食能果腹，肉类便是奢侈品，大多数家庭逢年过节才能吃上。而现在随着人们生活条件的提高，

食材变得丰富起来，肉类早已成为日常消费品。食材也不再受季节和空间的制约，想吃什么就有什么，人们的饮食也更加追求绿色健康。2018年城镇居民食品烟酒人均支出7273元，比2008年城镇居民食品烟酒人均支出增加3747元。2018年农村居民食品烟酒人均支出3965元，比2011年农村居民食品烟酒人均支出增加2114元。

3.“住”环境更舒适。人们的居住空间发生了，翻天覆地的变化，住房不只是遮蔽风雨的居所，而是体现生活质量的温馨“小窝”。新中国成立初期是破旧低矮的小平房，现在城里随处可见宽敞、明亮的多层房、高层房，水、电、暖、天然气等也直通家里。在农村，部分居民已搬进了现代化社区，部分居民盖起了楼房，居住条件得到了大大改善，居住环境也更加舒适。2018年城镇居民居住支出人均3719元，比2008年城镇居民居住人均支出增加2833元。2018年农村居民居住支出人均3204元，比2011年农村居民居住人均支出增加 1505元。

4.“行”方式更便捷。人们的出行方式有了较大的变化，告别了新中国成立初期靠走和牲畜代步的出行方式，现在的出行选择项增多，也更加便捷，高铁、飞机、汽车等现代化的交通工具等到了广发应用，实现了村村通公路。通讯方式的变化更是难以想象，从新中国成立初期的书信和电报，到现在的手机、电脑等高科技产品的应用，虽然远在千里，也可随时随地的实现无障碍交流。2018年城镇居民交通通信支出人均2809元，比2008年城镇居民交通通信人均支出增加1948元。2018年农村居民交通通信支出人均2339元，比2011年农村居民交通通信人均支出增加1379元。

5.“用”时代感更强。70年来，人们用的商品发生了很大变化，时代感也更强。由过去的老四大件（自行车、缝纫机、收音机、手表）转变为后来的新四大件（电视机、收录机、洗衣机、电冰箱）再到现在的四大件（房子、车子、电脑、手机），每一次的变化都体现了科技的发展，制造能力的提升，生活水平的提高。2018年各类民用车辆保有量19.17万辆，比2007年各类民用车辆保有量增加8.68万辆。其中，私人车辆保有量16.98万辆，比2007年私人车辆保有量增加7.64万辆。2018年移动电话普及率136.8部/百人，比2006年移动电话普及增加2.9倍。2018年互联网普及率47.3%，比2010年互联网普及率提高15.1个百分点。

（四）市场丰富供应充足，消费价格日趋稳定

1.改革开放前，价格虽整体平稳，但物资匮乏

根据调查资料显示，1952-1978年哈密物价整体比较平稳。这一阶段我国处于计划经济时期，副食品、消费工业品等人民日常生活中所需的物品按计划配给，政府定价，价格水平保持相对稳定，只有政府进行价格调整时，价格指数才发生变化。从商品的分类来看哈密粮食价格整体处于平稳态势，副食品平均价格有所波动，其中鲜

菜、羊肉、鸡蛋价格波动明显，特别是在1961－1962年期间，鲜菜价格指数为256.7%，羊肉价格为256%，鸡蛋价格为181.1%。从消费工业品价格整体稳定，其中：1957年－1965年棉布价格指数保持在116.2%；茶价格指数在125.3%上下波动；日用品、烟、酒价格稳中有降，波动较小。

2. 改革开放后，市场繁荣，物价逐步平稳

1978年改革开放后，哈密经济持续较快发展，城乡市场繁荣，各类商品供应充足各族人民生活水平不断提高。在计划经济逐步向市场经济迈进的过程中，哈密居民消费价格指数在价格改革过程中也经历了数次较为明显的上涨，但随着市场供应日益充沛，国家经济实力逐步雄厚，宏观调控手段和能力不断丰富增强，哈密物价和全国一样从大幅波动逐步走向平稳。

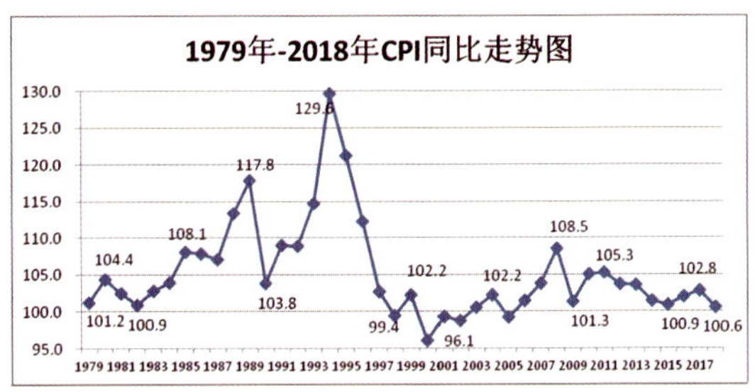

风雨砥砺不忘初心，春华秋实继往开来。70年披荆斩棘，70年风雨兼程，哈密经济社会发生了翻天覆地的变化。今天，我们比历史上任何时期都更加接近、更有信心、更有能力实现中华民族伟大复兴的中国梦，我们要更加紧密团结在以习近平同志为核心的党中央周围，勠力同心，奋斗不息，继续开创中国特色社会主义事业新局面，实现中华民族的伟大复兴！

作者：王凌云、张肖雪
单位：国家统计局哈密调查队

立足民生谋发展　继往开来续华章

——新中国成立70周年昌吉发展成就综述

新中国成立70年来，伴随着祖国奋力前进的步伐，昌吉州各族人民同心协力，艰苦创业，历经风雨，几经曲折，谱写了一部波澜壮阔、翻天覆地的建设史篇，终于使昔日贫穷落后的昌吉以全新的面貌崛起在祖国的西北边陲，在新时代展现了新气象、新作为、新成效。特别是党的十九大以来，昌吉州深入学习贯彻落实习近平新时代中国特色社会主义思想和党的十九大精神，坚持“稳中求进”工作总基调，经济发展持续向好，居民生活日益繁荣。

一、国民经济快速增长，综合实力显著增强

70年以来，昌吉州在自治区党委政府的坚强领导下，凸显天山北坡经济带地缘优势，区域经济规模从小到大，从弱到强，稳扎稳打，大踏步向前发展。1949年，昌吉州地区生产总值(GDP)按当时价格计算只有0.25亿元，2018年，实现地区生产总值1367.30亿元；人均生产总值从1949年的87元提高到2018年83036元，增长迅速；地方财政收入由1953年的34万元增加到2018年的188.97亿元，收入规模已不可同日而语。在全疆地州中，依托当地区位、资源、经济、文化、人才、环境六大优势，昌吉州GDP总量始终名列前茅，已成为全疆十五个地州中最具有投资吸引力的地州之一。

二、工业企业蓬勃发展，小微企业不断壮大

昌吉州在唐代以来，是西域三大丝都之一，但工业主要是新中国成立后建立和发展起来的。1949年，昌吉州工业企业数只有111个，工业总产值只有409万元，工业产业以农副产品加工、煤炭开采等为主，主要工业产品生产能力低，产业链处于低端。经过70年的发展，昌吉州工业已今非昔比。如今，在41个工业大类行业中，昌吉州已建有30余个，已形成了以煤电煤化工、有色金属冶炼及压延加工、先进装备制造业、石油气天然开采及深加工、特色农产品精深加工、新型材料等六

大支柱产业，涌现出特变电工、蓝山屯河化工、国泰新华、中泰化学阜康能源、新疆东方希望、麦趣尔集团、天山面粉、余华纺织等一批工艺技术领先、产品质量高端的先进工业企业代表。2018年，单就规模以上企业（主营业务收入在2000万元及以上的法人工业企业）就达到344家，实现地域工业增加值548.87亿元。

同时，小微企业，作为市场经济最活跃的"细胞"，一头连着经济繁荣，一头连着社会稳定，在社会经济中具有举足轻重的地位。70年来，昌吉州小微企业已从最初的寥寥无几到现在的"遍地开花"，多达上万余家，涵盖工业、服务业、商业、农林牧渔、建筑业等各行各业，创造了地区生产总值、创造了税收、更创造着八成以上的就业岗位，为昌吉州国民经济提供了最鲜活的血液。70年来，昌吉州小微企业不断发展壮大，有的甚至成长为"参天大树"，对促进社会经济的发展发挥了重要的作用。如新疆特变电工股份有限，作为昌吉州龙头企业，是众多小微企业的突出代表。1988年，特变电工的前身还是一个资不抵债、濒临倒闭的街道小工厂，人员只有数十人。跟随新中国的成长，沐浴改革开放的春风，特变电工把握机遇、瞄准市场、突出创新，经过三十多年的发展，截止到目前，企业已成长为一个总资产达上百亿元、员工达上万余人的大型企业集团，是当前中国最大的变压器、电线电缆研发、制造和出口企业、最大的高压电子铝箔新材料生产基地和最大的太阳能核心控制部件组装基地，是中国最大装备制造业首家获得"中国驰名商标"和"中国名牌产品"的企业集团。

三、居民生活水平不断提高，居民消费繁荣多样

新中国成立70年来，随着经济社会的快速发展，昌吉州城乡居民生活水平显著提高，居民收入持续快速增长。从1952年昌吉城镇职工398元的人均年工资，到2018年昌吉州城镇居民32617元的人均可支配收入；从1978年122元农村人均纯收入，到2018年18206元的农村居民人均可支配收入，收入增长百倍有余，正可谓："萧瑟秋风今又是，换了人间。"居民消费价格指数也从前期的波动变化逐步趋于稳定，居民消费质量显著提高。

（一）居民收入稳步增长

昌吉州城镇居民可支配收入呈逐年稳步提高的趋势，2004年昌吉州城镇居民可支配收入为7329元，至2008年城镇居民可支配收入便增长为11472元，增长56.5%。

党的十八大以来，在党中央的领导下，各级党委、人民政府转变发展理念，由注重发展数量到注重发展质量，昌吉州经济发展由高速转为高质量发展。在昌吉州社会经济高质量发展过程中，城镇居民的收入也发生了较大的变化。2013年，城镇居民可支配收入为20111元，到2018年城镇居民可支配收入已上升为32617元，5年增长62.2%。

（二）农村居民可支配收入大幅提高

自1984年开始进行农村居民纯收入统计测算以来，昌吉州农村居民人均纯收

入及可支配收入呈逐年增长的趋势，最高增幅24.1%，尤其是2009年至2014年，年增长均在10%至19%之间。

在改革开放之初的1984年，昌吉州农村居民人均纯收入仅为566.28元，广大农村地区还处于落后的发展状态，农业种植主要以粮食作物为主。步入20世纪90年代，广大农村地区开始大面积种植经济作物，尤其是棉花产量已由1984年的1246吨上升至1997年57127吨，农民收入大幅提高，到1997年农村人均纯收入已增长至2563.54元，较1984年增长3.52倍。

随着中国在2001年加入世界贸易组织，中国纺织制造业最先走出国门，昌吉州生产棉花的区位优势得到进一步增强，棉花播种面积、产量逐年增长，农业新技术、新成果的不断运用，使农村居民纯收入大幅提高。2003年，昌吉州农村人均纯收入还仅为3875.99元，到2008年时农村人均纯收入已经增加至6183.44元，增长了59.6%。

党的十八大以来，农村农业发展进入快车道，土地承包政策的落实到位让农民吃了“定心丸”，各项惠农补贴不断实施，农业机械化程度越来越高，节水灌溉设施的全面推广，农村经济飞速发展，居民收入显著提高。2013年，昌吉州农村人均纯收入为13014元，到2018年，农村人均可支配收入已经为18206元，增长22.9%。

（三）居民支出结构不断升级

新中国成立之初，市场物资匮乏，物价居高不下，城乡物资断流，财政紧张。在国家的大力支持下，昌吉州党委、政府带领全州各族人民以极大的热情投入到巩固政权、生产自救、恢复和发展经济、建设新昌吉的伟大事业当中。稳定市场物价，沟通城乡物资交流，统一财经，确立了国营经济为主的经济发展道路，国民经济开始步入正常运转轨道。

改革开放以来，昌吉州人均收入逐年提高，社会物产丰富，城乡物资交流充分，生活消费支出逐年提高。1986年，昌吉州农村居民人均生活消费支出仅385.18元，占人均全年总支出的55.6%；至2018年昌吉州居民人均生活消费支出已达19111元，占人均全年总支出的比例则下降至48.5%，消费结构趋于优化。

吃饱吃好的同时，食品消费比例逐年下降。步入21世纪，昌吉州经济飞速发展，居民收入不断增长，生活水平显著提高。2005年昌吉州城镇居民人均食品消费支出为2382元，占家庭总支出的30.9%；2018年昌吉州居民人均食品消费支出为3821元，仅占家庭总支出的9.7%。

人民群众对衣着的要求与投入越来越高。步入新时代，昌吉州各族群众对生活品质要求越来越高，对衣着要求也越来越高，时尚化、多样化、品牌化、高档化成为购买衣着的主流方向，2005年，昌吉州城镇居民人均衣着消费仅783元，经历了十余年的发展，至2018年，昌吉州居民人均消费支出已为1397元，增长了78.4%。

住房要求越来越高，投入越来越大。随着生活品质的不断提高，昌吉州人民群众对于居住要求也越来越高，从改革开放

前的土坯房，到90年代狭窄的楼房，再到现在的复式、别墅、高层，宽敞、明亮、舒适成为新的追求，在收入提高的前提下，投入到居住方面的支出也越来越高。2005年昌吉州城镇居民人均居住支出为660元，到2018年昌吉州居民人均居住支出已为3920元，增长了4.9倍。

（四）居民消费水平逐年提升

新中国成立以来，昌吉州经济飞速发展，昌吉人民用双手创造出大量的物质财富，人民群众消费水平与新中国成立之初有了天壤之别。

在21世纪初期，社会消费品较为充沛，经过近20年的发展，居民消费品更是全面增长，琳琅满目的各式商品充满市场，使昌吉州居民的生活发生翻天覆地的变化。

家用电器数量质量“双提高”。2005年以来，彩色电视、电冰箱、家用电脑等家用电器普及率大为提高，人民群众对家用电器的追求也从最初的“有没有”变为“功能更多”“质量更好”。2005年昌吉州城镇居民每百户拥有彩色电视机数量为104台，2018年上升至106台，增长了1.9%；2005年昌吉州城镇居民每百户拥有电冰箱数量为81台，2018年城乡居民每百户上升至112台，增长38.3%；2005年昌吉州城镇居民每百户拥有家用电脑数量为18台，2018年上升至32台，增长了77.8%。

移动通信引领居民生活新时代，而科学技术的发展又带来了新的革命，移动网络的普及使移动电话数量也有了成倍的增长，2005年昌吉州城镇居民每百户拥有移动电话数量为108台，2018年上升至231台，增长了1.1倍。

交通工具的转化使生活发生质的飞越。居民收入的提高和经济的高速发展，使昌吉城乡居民开始放眼于交通工具的变化。从2005年昌吉州城镇居民每百户拥有家用汽车数量仅3台，到2018年则上升至46台，增长了14.3倍。从2005年家庭主要交通工具的自行车摩托车变成了家用汽车，昌吉州居民家庭生活用品已完成了“质”的飞跃。

（五）物价水平趋于稳定

70年来，伴随着祖国奋力前进的步伐，昌吉州居民生活水平不断提高，消费质量明显改善。自1986年昌吉市居民消费价格有记录以来，整体经过了四轮的变动，但最终呈现了稳定态势。特别是2014以来，CPI同比上涨均在3%以内，确保了居民的日常生活消费。

四、农业生产能力增强，多样种植促进增收

70年来，昌吉州认真落实党中央一系列惠农、富农政策，充分调动了各族农民的生产积极性，农业生产、农村面貌都发生了翻天覆地的变化。随着农业供给侧结构性改革的深入推进，乡村振兴战略的逐步实施，昌吉州农业发展进入一个新的历史时期。

（一）农业生产能力不断增强

1949年，昌吉州农林牧渔业总产值0.31亿元，2018年昌吉州农林牧渔及其服务业总产值到达288.92亿元。其中：农、

林、牧、渔和服务业占大农业产值的比重分别为49.3%、0.9%、44.2%、0.7%和4.9%。昌吉州种植业以供给侧结构性改革为主线，坚持深化市场改革、扩大高水平开放，在“巩固、增强、提升、畅通”上下功夫，落实强农惠农富农各项政策，按照“稳粮、优棉、强种、扩畜、精果、增饲料、兴特色”的思路，合理调整“粮经饲”结构，农村经济趋向多元化、纵深发展。

近年来，昌吉州粮食生产大力推广良种良法配套技术，加大核心技术推广、示范、培训力度，提高小麦、玉米栽培技术水平，小麦、玉米等主要粮食单产水平明显提升。1949年，昌吉州粮食播种面积7.58万公顷，粮食总产量7.61万吨，而到2018年，昌吉州粮食播种面积23.23万公顷，面积稳定在10年平均水平以上；粮食总产量达168.14万吨，产量稳定在10年平均水平以上（168.1万吨）。

棉花产业是昌吉州的重要支柱产业，是农民增收的重要途径，在昌吉州整个经济和社会发展中占有非常重要的地位。近年来，各植棉县（市）、区优选了棉花品种，昌吉州的棉花生产一直呈近乎直线的增长态势。1950年，昌吉州棉花种植面积只有6.67公顷，棉花产量只有1吨，而到2018年，昌吉州棉花种植面积15.68万公顷，棉花总产量达33.64万吨，平均皮棉单产在143公斤。

昌吉州特色农产品种类众多，其中油料、甜菜、加工番茄、加工辣椒、葡萄、打瓜、红花等多类特色产品在国内外享有较高声誉。1949年，昌吉州油料播种面积只有0.59万公顷，总产量0.31万吨，到2018年，油料播种面积1.47万公顷，总产量达到4.77万吨。甜菜自1958年，持续种植以来，播种面积已由1958年20公顷增长到2018年的3906.67公顷，总产量由1958年0.02万吨增长到到30.23万吨。

（二）农业产业结构进一步优化

随着农业转方式、调结构步伐不断加快，昌吉州农作物种植区域布局更加合理，“东粮、西棉、中特色”的种植格局基本构建，农作物区域种植优势更加突出。

1. 粮经饲比例更趋合理。2018年，各类农作物总播面积51.12万公顷，粮经饲比例优化为1∶1.15∶0.11，其中：小麦14.81万公顷、玉米8.62万公顷、棉花15.68万公顷，总产分别达83.7万吨、80.8万吨、33.64万吨（皮棉）。

2. 特色作物效益明显。昌吉州突出发展瓜菜、中草药等优质高效特色作物，2018年种植面积达到10.87万公顷，质量、售价及亩均效益明显上升，实现了丰产丰收。

3. 种业发展势头良好。2018年，昌吉州各类制种面积达到3.07万公顷，并且再次成功申报国家杂交玉米种子生产基地项目，国家连续三年补助资金1.35亿元。

4. 耕地地力保护补贴发挥导向作用。昌吉州持续对小麦、玉米、鹰嘴豆、马铃薯、红花进行补贴，2018年落实耕地地力保护补贴3.37亿元，促进农业发展。

（三）农业产业化稳步推进

昌吉州积极培育农业产业化联合体，

鼓励支持发展“龙头企业+合作社+大户或家庭农场”为模式的农业产业化联合体，巩固提升已培育形成的16家农业产业联合体，2019年计划新组建农业产业化联合体30个，提高联合体“五化”发展水平，实现产业增值、企业和合作社增效，农民受益。推进农产品加工和农业产业化项目实施。抓好投资2000万元、西域春乳品加工及冷链仓储物流信息化建设项目，在乌鲁木齐市新建1200平方米西域春仓储中心（冷库）、北疆市场购置销售终端冷藏展示柜200台、奶生产线前处理智能化信息化改造。农产品外销稳中有增，实现农产品销售9.90亿元，同比增长4.2%，实现利润4130万元，同比增长2.8%。

同时，昌吉州紧紧依靠科技创新和深化改革，昌吉国家农业园区示范引领、科技孵化、成果转化、辐射带动作用充分发挥，中国农科院西部农业研究中心落户昌吉，深化与疆内外大中专院校深度合作，加快推进节地、节种、节水、节肥、节药、节劳等集成装备技术示范。小麦高效节水灌溉面积达到10.37万公顷，占总播面积的69.2%。全州农机总动力达到245万千瓦，建成农机化示范区33.33万公顷，农用无人机飞防作业、卫星导航精量播种等一批新技术、新品种、新装备推广应用，小麦综合机械化水平达到100%。大力开展高产创建活动，打造万亩高产示范片，平均亩产达到422公斤。奇台县半截沟镇腰站子村丰裕合作社三队片区小麦绿色栽培模式高产攻关田，经国家小麦产业技术体系岗位专家和农业农村部小麦专家指导组专家组成的小麦高产验收组现场实产验收，其中一块0.21公顷的试验田，实收亩产达到724公斤，刷新了新疆冬小麦单产最高纪录。

（四）农业生产条件显著改善

1. 耕地面积基本稳定、质量不下降。2018年昌吉州全面实施耕地保护与质量提升，耕地保护与质量提升项目工作与化肥减量工作结合，更多的是通过有机肥替代普通化肥和秸秆还田等技术实现耕地质量保护与提升。

2. 实施化肥减量和测土配方施肥。2018年昌吉州化肥施用量（折纯）161463吨，建立的10个化肥减量示范区实现亩减肥料4-6千克的目标；测土配方施肥覆盖率87.5%。

3. 耕种收综合机械化水平提高。强化促进农业机械化发展支持政策，深入实施主要农作物生产全程机械化推进工作，加快主要农作物生产全程机械化技术推广，加强机具调度和技术培训，开展跨区作业，种植业综合机械化水平达到95%，小麦、玉米全程综合机械化水平均达到100%。

五、畜牧生产稳步提升，养殖结构不断优化

新疆是我国重要的畜牧业生产基地，而昌吉州有广袤的草原、丰富的牧草、肥沃的绿洲、多样的环境，为畜牧业发展提供了得天独厚的自然条件和物质基础。新中国70年来，昌吉州畜牧业生产有了长足发展，取得了前所未有的成就，为保障社会有效供给、提高人民生活水平、增加农牧民收入、推

动脱贫攻坚发挥了积极作用。

(一)立足区位优势体制改革不断深入

多年来,昌吉州立足区位优势,挖掘抢抓政策机遇,营造发展氛围,以增加农民收入为核心,大力改造提升传统畜牧业,一批影响和制约畜牧业发展的突出问题得到了有效破解,畜牧业经济发展取得了显著成效。

在思想观念上,突破了单一草原畜牧业的传统思维定式,建立了市场为导向,农区畜牧业为主体地位的农区、草原、城郊畜牧业共同发展,牛羊猪禽全面发展的大产业格局。

特别是1996年以来,昌吉州党委、州人民政府先后三次召开畜牧业工作会议,进一步解放思想转变观念,创新发展思路,把畜牧业作为农业农村经济中快速增长的重要产业来抓,制定出台了一系列加快发展畜牧业的决定、意见及优惠政策,连续开展了“畜牧业发展年”“畜牧品种改良年”“动物防御体系建设年”等活动,不断加大力度,积极营造发展畜牧业的良好氛围,有效地调动了广大农牧民和社会各方面的积极性,不断掀起一次又一次畜牧业发展的新高潮,畜禽生产规模不断扩大,畜产品总量大幅跃升。2018年与1978年相比,昌吉州牲畜年出栏由49.08万头(只)增加到327.78万头(只),增长5.7倍;家禽出栏由53.48万羽增加到1265.41万羽,增长了22.7倍;肉类总产量由1.33万吨增加到15.83万吨,增长了10.9倍;奶产量由0.15万吨,增加到38.21万吨,增长了上百倍。

(二)多元、规模、高效的现代畜牧业框架体系助推农业农牧民增收

在生产经营上,昌吉州畜牧业突破了以往简单、粗放、低效的传统模式,逐步建立起了多元、规模、高效的现代畜牧业框架体系。到目前,昌吉州已经形成了“天山牛、新澳羊、天康猪、泰昆鸡”四大畜禽良繁体系;形成了州、县、乡、村四级动物防疫体系;形成了较大规模饲料生产加工和草原资源保护利用的饲草饲料建设体系;形成了以畜牧业龙头企业、农村经济专业合作组织、农村经纪人队伍为载体的社会化服务体系;形成了科技支撑体系和重大动物疫病防控和草原执法体系;形成了以奶产业为代表的产业化发展框架体系。

2002年以来,昌吉州按照“全党动手、全社会参与、全面推进”的三全方针,实施了以畜牧业为主导的产业结构调整战略,畜牧业以成为大农业中发展速度最快、最具活力、效益最为显著的重要支柱产业,成为农牧民大幅度增收的重头戏。与1978年相比,2018年畜牧业产值由0.35亿元增加到127.70亿元,增长迅速,农牧民人均来自畜牧业的收入占人均纯收入的比重也逐步增加。

近年来,昌吉州党委、政府认真贯彻落实中央和自治区各项强农惠牧富民政策,紧扣乡村振兴战略和农业供给侧结构性改革要求,强化畜牧业支撑保障体系建设,加大对传统畜牧业的改造升级力度,推进“四良一规范”综合配套措施推广应

用，不断提高畜牧业强供给、保生态、保安全、促发展、惠民生、促脱贫的能力，推动昌吉州畜牧业生产从数量型向质量效益型转变。

六、城市建设日新月异，居住环境日趋完善

历史上，昌吉州素以“门牌要冲，黄金通衢”而著称。唐代设北庭都护府，宋代为高昌王行宫所在地，元代为别失八里帅府。但由于兵连祸结，岁月侵蚀，到新中国成立前已只剩下断壁残垣。新中国成立后，昌吉州城市建设发展滞后，在二十世纪五十年代，昌吉市只有一条宽22米、长1.8公里的柏油路——延安北路，楼房只有当时的标志性建筑——昌吉州邮电业务楼，居住环境也只能用“脏、乱、差”来形容。

然而，经过70年的发展，昌吉州城市建设已经发生了翻天覆地的变化，城市建设面积更是与日增加。高楼大厦林立，各类街头游园散布其中，大型游园如昌吉市滨湖河公园、吉木萨尔县天地园公园、玛纳斯县红酒公园等成为最受市民喜欢的休闲之地，各类城市综合体如昌吉市东方广场、华洋广场、友好商城等为市民购物、娱乐提供了便利，公共健身器材、体育活动广场等基础性建设逐步完善，昌吉州人民生活越来越方便，越来越美好。截至2018年，昌吉州已拥有国家级卫生城市2个（昌吉市、阜康市），国家卫生县城2个（呼图壁县、吉木萨尔县），国家级园林城市6个（昌吉市、阜康市、吉木萨尔县、呼图壁县、玛纳斯县、奇台县），全国文明城市1个（昌吉市），这些荣誉称号充分诉说着昌吉州城市建设取得的成效。

70年来，昌吉州社会经济从小到大、到强，人民生活水平显著提升，畜牧生产从零散到规模，农业种植从单一到多样，小微企业从散乱到壮大，昌吉州社会面貌发生了巨变。在以习近平同志为核心的党中央坚强带领下，在区州党委的正确领导下，昌吉州社会经济必定会持续发展，人民的生活必定会越来越好！

作者：徐万奎、李斌、李政三、员蔚星、张会萍
单位：国家统计局昌吉调查队

奋勇前行的博尔塔拉

——新中国成立70周年博州发展成就综述

新中国成立70年来，在被誉为“西来之异境，世外之灵壤”的博尔塔拉这片热土上，勤劳淳朴的各族群众创造了一个个骄人业绩：社会大局持续稳定，城市面貌日新月异，工业经济迅猛发展，工业园区从无到有、从有到优，商贸物流、旅游三产快速发展，交通运输突飞猛进，人民生活水平大幅提高……这一切，承载着50万各族儿女的梦想和幸福，也印证着青色草原的发展变化历程。

一、城市面貌发生翻天覆地的变化

经过70年建设发展，博州城市面貌焕然一新、人居环境大幅改善。基础设施建设取得较大突破，城市功能日臻完善，园林绿化建设步伐加快，宜业宜居的城市环境初步形成。

（一）基础设施建设取得较大突破，城市功能日臻完善

1985年以前，博州城镇居民人均面积仅有13平方米，燃气、公交、集中供热、污水处理等市政设施还处于初建阶段。进入21世纪，城乡建设突飞猛进，尤其是2012年以来，博州以博乐市为引擎，新增城市道路40公里，新建城市桥梁9座，建设量是前15年的总和。同时，博州在优先建设廉租房、公共租赁房等保障性住房基础上，积极开发建设餐饮酒店、大型购物中心等城市综合体，重点建设功能完善、环境舒适的居住小区，改善人居环境，加快文化、体育、教育等城市公共服务体建设，在城市周边合理布局一批专业市场，提升城市公共服务能力。新批建五星级酒店3家，商住小区19家，商超5家，专业市场8家，城市建设力度空前。

（二）园林绿化建设步伐加快，人居环境不断优化

近20年来，按照防风林带成规模、道路绿化成景观、庭院绿化上档次、街头绿地重实效的发展方向，提升绿化档次，城区绿地资源进行整合，建设一批道路节点绿地、街头绿地及小型公共绿地广场。2012年以来，博州累计投入3.60亿元，种

植乔木、亚乔木63万株、灌木及地被500余万株,新增绿地面积达到213万平方米,新增小游园3个、小广场4个、公园4个,建设总量比近20年总和还要多。

(三)城市面貌焕然一新,已初步形成宜业宜居的生态之城

博州城市建成区面积由1995年的13.10平方公里扩大到目前的48.55平方公里。其中首府城市博乐市城市建成区为25.60平方公里。清新秀美、舒展大气、水绿环绕、宜业宜居的生态之城已经形成。

二、工业从无到有,发展基础进一步夯实

新中国成立以来的博州工业经济从无到有,生产持续增长,博州从昔日一个荒芜、贫穷、落后的边陲小城变成了如今繁荣、富裕、美丽,新疆向西开放桥头堡上的一颗璀璨明珠。

20世纪50年代初,博尔塔拉境内仅有个体手工作坊56户,总产值18.30万元,工业一片空白。1954年博尔塔拉蒙古自治州成立以后,全州共有工业企业161家,年总产值47万元。经过70年的发展,博州相继建成一批以开发本地资源为主的工业企业,逐步形成了纺织、制糖、制革、木材加工、粮油加工、建材、盐化、钢铁、矿业开发等产业布局。

近年来,博州抓住机遇乘势而上,举全州之力实施“阿拉山口综合保税区引领”工程,依托口岸、综保区的特殊政策,把金三角工业园区、五台工业园区(湖北工业园)、精河工业园区作为综保区的产业配套区、承接区加快建设,园区入驻企业不断增多,聚集效应日益明显,园区规模以上工业增加值占全州的90%以上,成为拉动经济增长的主力。

2018年博州规模以上企业达到112家,实现工业增加值27.79亿元,增长6.5%。

三、农业发生历史性的巨变,农业机械化、产业化水平大幅提高

从1982年农村开始实行家庭联产承包责任制后,极大激发了农民的生产热情,加上博州逐年加大农业投入,落实农业适用技术、大型农业机械推广等,如今,博州主要农作物小麦、玉米、棉花从种到收,实现了全程机械化作业,全程农业机械化水平达到90%以上。

20世纪90年代以来,博州农业产业化不断发展和提升,一批实力较强、有一定市场竞争力、对农民具有一定带动作用的“公司+基地+农户”的农业产业化经营组织初步形成,形成了多条经济产业链,这些产业链为进一步推进自治州农业迈向现代化奠定了良好基础。

2018年博州农作物总播种面积18.14万公顷,其中,粮食作物种植面积5.25万公顷,枸杞种植面积0.78万公顷,油料种植面积0.42万公顷,甜菜种植面积0.11万公顷,棉花种植面积10.17万公顷,蔬菜种植面积0.05万公顷。

全年粮食产量73.27万吨,其中,小麦产量4.76万吨,玉米产量68.41万吨;棉花产量21.24万吨;蔬菜产量1.78万吨;甜菜6.95万吨;枸杞产量1.85万吨;油料产量

1.42万吨。

四、城乡居民收入大幅增长，社会保障水平不断提高

城乡居民收入大幅增加。新中国成立70年来，博州人民生活水平稳步提高，从温饱不足向全面小康加快迈进，城乡居民财富快速增加，城镇居民可支配收入大幅增长，农村人均收入稳步增加。城乡居民储蓄余额由1981年的0.36亿元增加至2017年的170.81亿元，增长474倍。2018年博州城镇居民人均可支配收入31280元，与2011年相比增加16422元，年均增长13.8%；农村居民人均可支配收入16361元，较2011年农牧民人均纯收入增加8353元，年均增长13.0%。

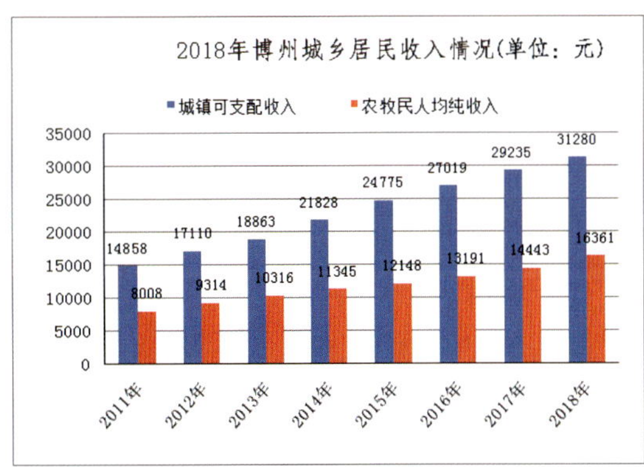

社会保障应保尽保。2018年年末参加基本养老保险人数9.98万人，比2003年增加8.35万人；参加医疗、失业、工伤、生育保险人数分别达到34.44、4.71、5.75、5.64万人，分别比2009年增加10.4、1.63、2.65、2.2万人。

卫生事业长足发展。2018年末全州拥有各类医疗卫生机构462个，较2010年增加74.3%。按户籍人口计算，每千人床位数5.39张、卫生技术人员数7.17人、执业医师(含助理)2.75人和注册护士数2.82人。

五、居民生活质量改善，消费水平提高

生活质量明显改善。随着经济发展、居民收入水平的不断提高，极大改善了人民的生活条件，居民的消费结构由贫困型向温饱型向小康型跃升的转变。2018年博州城镇居民消费支出中食品烟酒、衣着、居住、生活用品及服务、交通通信、教育文化娱乐、医疗保健、其他用品和服务支出所占比重分别为26.0%、8.7%、18.0%、7.4%、18.0%、9.7%、10.3%、2.1%，其中，发展和享受型消费(居住、交通通信、教育文化娱乐)支出占消费支出比重45.6%，比2013年提高10.87个百分点。2018年全州轿车保有量3.71万辆，每百户居民家庭轿车拥有量21辆，是2003年居民家庭轿车拥有量的6倍。

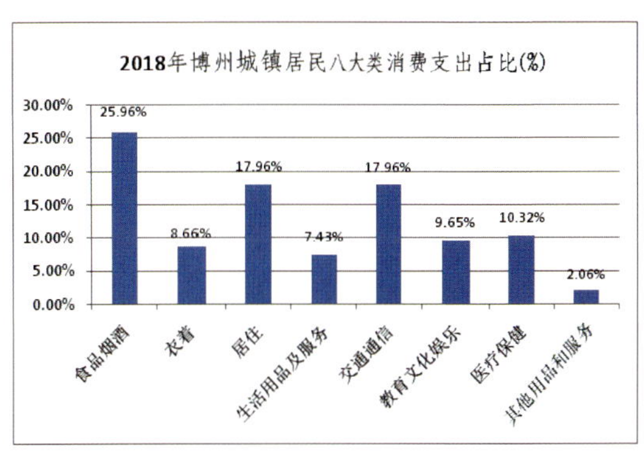

六、实施“口岸强州”战略，突出综合保税区带动作用

博州深入实施“口岸强州”战略，主动融入丝绸之路经济带核心区建设，投入12亿元改善阿拉山口市政基础设施和公共服务设施，不断优化口岸发展环境。突出口岸枢纽核心竞争力，围绕口岸优势和综

合保税区的政策优势，着力将阿拉山口打造成"亚欧枢纽港"和新疆乃至全国重要的能源资源储备和加工基地。

利用阿拉山口口岸集铁路、公路、航空、输油管道四种运输方式兼有的一类口岸优势，不断加大基础设施建设，口岸物流平台日趋完善，2018年12月阿拉山口市获批陆上边境口岸型国家物流枢纽承载城市，2018年通行中欧中亚班列2950列，增长13.0%，阿拉山口至波兰中欧班列、顺丰号国际货运班列成功开行。启动跨境电商保税理货模式试点，获批筹建跨境电商科技园区，跨境电商交易额达到5亿元。2018年口岸过货2290.50万吨，增长8.4%；进出口贸易额118.30亿美元，增长10.3%。

综合保税区辐射带动作用进一步凸显，获批海关特殊监管区增值税一般纳税人资格试点，2018年新入驻企业73家，累计达到476家，顺丰控股、金沙河面业、华油钢管等大型知名企业相继落户。

七、旅游业成为经济增长的重要引擎

博州具有“两湖三山”的独特地貌，森林草原、雪山冰川、沙漠戈壁、绿洲湿地、沼泽湖泊一应俱全，先后建立了4个国家级、自治区级自然保护区和1个国家级重点风景名胜区，保护区及景区面积占全州总面积的18.0%。境内的集高山、湖泊、草原为一体的赛里木湖是国家4A级旅游景区、国家湿地公园，艾比湖是我国西北重要生态屏障。

博乐机场通航城市达到5个，分别与湖北武汉、乌鲁木齐、克拉玛依、库尔勒、喀什实现通航。2018年投入7.68亿元实施赛里木湖和温泉县等景区基础设施建设，大力推进“百万湖北人游博州”，开行“鄂博号”旅游专列3列、包机10架次。举办环赛里木湖公路自行车赛、冰雪旅游节、半程马拉松、木特塔尔沙漠文化旅游节等旅游节庆赛事活动。赛里木湖美景先后8次登陆央视主流媒体，知名度、美誉度大幅提升。2018年全年接待游客570万人次，旅游总消费68.4亿元，分别增长54.0%和80.0%。

幸福是奋斗出来的，发展是实干出来的。站在新的历史起点上，博州人民将以习近平新时代中国特色社会主义思想为指引，不忘初心、牢记使命，大力推进供给侧结构性改革，坚定走加快转型、绿色发展、跨越提升的新路，以崭新的面貌喜迎新中国成立70周年华诞。

作者：武海成
单位：国家统计局博尔塔拉调查队

不畏艰辛迎难上 凝心聚力绘新图

——新中国成立70周年巴州发展成就综述

巴州全名为“巴音郭楞蒙古自治州”，位于新疆东南部，总面积47.15万平方千米，有“华夏第一州”之称。2018年末巴州总人口128.06万人，其中，少数民族占45.4%，乡村人口占44.8%。新中国成立70年来，巴州经济持续快速增长，城乡面貌发生了翻天覆地的变化，民生福祉不断改善，各族人民群众的获得感、幸福感、安全感更加充实、更有保障。

一、经济持续快速发展，产业结构不断优化升级

新中国成立初期，巴州是典型的以农业经济为主的地州。石油大开发以来，巴州工业迎来了大发展的历史机遇，1991年巴州第二产业比重超过第一产业，到2018年，巴州三次产业增加值占生产总值的比重为15.1:54.5:30.4，实现了由新中国成立初期主要依靠第一产业发展到依靠第二产业和第三产业协同带动转变，产业结构不断优化升级。改革开放以来，巴州依托本地资源优势，以市场为导向，加快推进新型工业化进程，目前已形成以石油工业为主导，纺织、钢铁、化工等为支柱的发展布局，工业经济实力不断上升，经济保持了较快的增长。1949年-2018年巴州生产总值年均增长14.1%，2018年巴州生产总值突破1000亿元，达到1027.5亿元，比上年增长4.0%。其中，第一产业实现增加值155.3亿元，比上年下降2.2%；第二产业实现增加值560.1亿元，比上年增长5.5%；第三产业实现增加值312.1亿元，比上年增长5.1%。

图1 新中国成立以来巴州主要年份生产总值(单位:亿元)

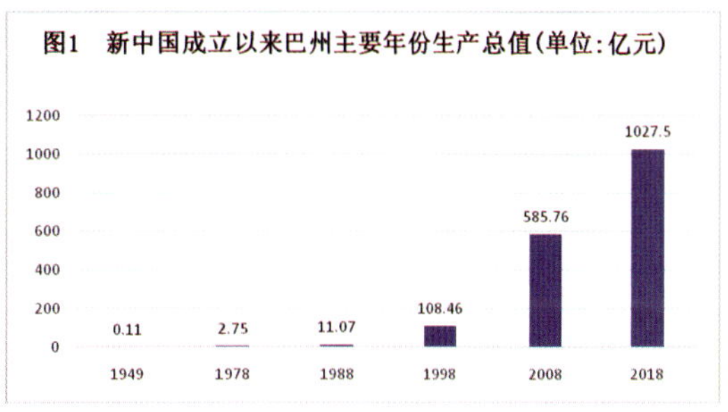

二、供给侧改革稳步推进，农业保持良好发展态势

巴州是个农业大区，依托自然资源优势，不断优化种植结构，逐步推进农业生

产规模经营，创品牌、提品质，提高农业科技含量和现代化发展水平，农村农业发展保持了稳中有进的良好态势，供给侧改革稳步推进。巴州棉花产量占新疆总产量的三分之一，占全国总产量的六分之一，闻名于世的库尔勒香梨畅销全国，特色农副产品精深加工不断发展，形成以葡萄酒、番茄红素、番茄酱、辣椒色素、辣椒碱等为主的特色农副产品基地。1950年，巴州农作物总播种面积4.40万公顷，其中，粮食种植面积3.77万公顷，占总面积的85.8%，棉花种植面积0.13万公顷，占总面积的2.9%，油料种植面积0.32万公顷，占总面积的7.3%。经过不断地农作物结构调整，巴州农业生产结构不断优化，经济作物比重显著提高，有效促进农民增收。2018年，巴州农作物总播种面积46.79万公顷。其中，粮食种植面积7.04万公顷，占总面积的15.0%，棉花种植面积27.63万公顷，占总面积的59.0%，工业用辣椒种植面积4.86万公顷，占总面积的10.4%。

三、就业形势持续向好，城乡居民收入稳步增加

（一）就业形势向好

巴州坚持把扩大就业作为发展的重要目标，实施积极的就业政策，就业结构不断优化、就业质量逐步提升、服务体系日益完善。

1. 就业总量持续增长。新中国成立初期，巴州二、三产业落后，仅有一些简单的手工业，当时经济比较发达的焉耆县也只有烧酒作坊10余家，个体裁缝50余人，银匠、铜匠各10余人，铁匠40余人，泥工木匠40余人。库尔勒只有数家规模极小的手工作坊。随着社会经济的发展，巴州城乡居民就业总量逐步增加。1957年，巴州总人口22.53万人，其中，从业人员6.23万人，占27.7%。2017年，巴州总人口127.93万人，其中，从业人员达到73.05万人，占总人口的57.1%。在总人口增长了4.7倍的情况下，从业人员增长达到了10.7倍，从业人员增速明显高于人口总量增速。2018年新增就业人数3.68万人。

表1 2002-2017年巴州城镇从业人员在各登记注册类型单位中分布及变化情况

年份	城镇从业人员总量（万人）	其中：不同登记注册类型单位从业人员的占比情况（%）					
		国有单位	城镇集体单位	有限责任公司	股份有限公司	私营企业	个体
2002年	25.5	60.1	2.1	10.8	4.0	5.7	16.9
2005年	27.5	51.2	1.6	9.6	5.5	10.3	21.3
2008年	28.5	47.9	0.9	9.0	5.7	16.5	19.5
2011年	31.1	43.2	0.8	10.8	9.2	18.9	16.7
2014年	41.8	34.9	0.5	13.0	5.9	21.9	23.2
2015年	42.5	34.9	0.5	8.9	5.3	23.3	26.7
2016年	46.0	33.4	0.3	8.0	4.8	23.7	27.6
2017年	48.1	34.6	0.2	8.1	4.6	22.8	29.3

2. 就业渠道更加广泛多元。新中国成立初期，巴州工业化发展落后，城镇居民就业难、失业率高。80年代以来，随着改革开放的深入推进和劳动制度改革的进一步完善，以公有制为主体、多种所有制共同发展的经济格局逐步形成，经营主体更加丰富多样。2002年-2017年，巴州国有单位和城镇集体单位从业人员在城镇从业人员中的占比不断减少，而私营企业和个体的占比快速提升，特别是私营企业的从业人员增长了近6.6倍，成为拉动巴州地区就业的主要引擎。

3. 劳动力素质提高，就业结构不断优化。1964年，巴州每十万人中大专及以上学历人口占比仅为0.01%，文盲率高达78.8%，极度低下的文化水平使得大部分劳动力只能被束缚在简单的农业生产劳作中。2010年，巴州每十万人中大专及以上学历人口占比达到9.1%，文盲率降至2.2%，全民整体素质得到显著提高。1962年，巴州从业人口中第一产业占82.3%、第二产业占4.2%、第三产业占13.5%，2017年，巴州从业人口中第一、第二、第三产业就业人数比例分别为37.6%、12.7%、和49.7%。巴州大量农村劳动力从“汗滴禾下土”的劳作中向非农转移，二产、三产日益成为拉动巴州地区就业的主力军。

（二）城乡居民收入较快增长

1. 农村居民收入快速增长。新中国成立初期到改革开放前，巴州农村生产力水平低下，农牧民人均收入极低。伴着改革开放的春风，社会经济快速发展，1975年巴州农牧民人均收入76元，1980年农牧民人均收入106元，1990年农牧民人均纯收入691元，比1980年增加585元，增长5.5倍，2000年农牧民人均纯收入达到2572元，2010年巴州农牧民人均纯收入达到8890元，2000年-2010年，巴州农牧民人均纯收入年均增长13.2%。农牧民人均纯收入继续快速增长，至2018年又实现翻番达到18759元。

2. 城镇居民人均收入稳步增长。1959年，巴州和库尔勒专区职工工资总额为2975.1万元，其中，库尔勒专区290个单位，职工1.73万人，年人均工资545元。1966年-1976年“文化大革命”中，劳动计划管理工作处于冻结状态，职工工资水平维持在原有水平。改革开放后，职工工资收入逐渐增加，1980年地方全民所有制职工年人均工资729元，1990年职工年平均货币工资为2119元，2000年职工工资收入达到7669元，2018年巴州城镇居民人均可支配收入达到32358元。

四、消费结构不断优化，居民生活水平不断提高

（一）消费水平逐年提升

新中国成立以来，特别是改革开放以来，巴州经济发生了翻天覆地的变化，城乡居民收入稳步增长，吃、穿、用等消费结构日益优化，消费需求从对温饱的需求，逐步转化到对物质文化的需求，再到如今对美好生活的需求，消费水平不断提升。

1. 从吃不饱到基本温饱再到吃得健康。据巴州农村居民收支抽样调查数据显示，90年代后，巴州农村居民的生活日趋富足，吃的品质不断提高。1995年，巴州农村居民人

均食品消费支出中，主食占比45%，副食和其他食品占比50%，饮食服务占比5%。2018年，巴州农村居民人均食品消费支出中，主食（谷物、薯类、豆类）占比降低至16%，副食（食用油、鲜菜、肉类、禽类、蛋类、奶类、干鲜瓜果、烟酒饮料等）占比提高至76%，饮食服务提高至8%，巴州城乡居民更加注重饮食结构和饮食质量。

2. 衣着从简单朴素到光鲜亮丽。70年代以前，温饱是巴州农村居民需要考虑的主要问题，简单朴素的的确良、中山装成为当时巴州农村居民的标配衣着。90年代后，巴州农村居民生活水平快速提高，商品供应也更加充足，人们对衣着品质的需求也不断提高，用于衣着类的消费支出大幅增长，巴州农村居民人均衣着消费支出由1995年的138.83元增长至2018年的1039.34元，增长6.5倍。

3. 家电消费升级换代。70年代以前，自行车、缝纫机、手表、收音机“四大件”，无疑都是财富的象征。70、80年代，黑白电视、电冰箱、洗衣机、录音机成为新的“四大件”，如今，“四大件”这种称呼已经不能再适应飞速发展的社会经济现状，智能家居步入人们的生活。以农村居民为例，1995年，巴州农村居民中每百户拥有电视机83.8台、电冰箱0.5台、洗衣机2.0台、收音机29.4台。2018年，巴州农村居民中每百户拥有汽车41.0辆、洗衣机105.3台、移动电话215.3部、计算机18.1台。

（二）消费结构转型升级

巴州城乡居民从生存型的温饱消费逐步向享受型消费发展，生活品质大幅提高。1995年巴州农村住户人均食品支出554.7元，2015年农村住户人均食品支出3102.1元，2018年农村住户人均食品支出4057元。随着生活消费结构优化，最终食品消费仅占生活消费的三成，意味着“以食为天”的中国人，对美好生活的追求日益强烈，有更多财富进行其他消费。

（三）居住条件持续改善

新中国成立70年来，巴州人民的住房条件逐步改善，从原来的简单平房、砖坯房、土坯房发展到公寓、花园式小区、别墅。从一家三代居住一室到大家庭解体，居住环境和生活环境已经发生了深刻的变化。

1. 巴州城镇居民住房条件发生了根本性改变。新中国成立初期，巴州境内城镇有私人住宅平房428栋(334户)，建筑面积3.16万平方米，住宅的外观形态多为坐北向南的方形平顶一坡水式简易房舍。1978年中共十一届三中全会之后，随着改革开放的逐步深入，经济建设蓬勃发展，城市住房建设进入了一个新阶段，城镇居民住房消费增加，居住环境得到改善。截至2018年底，巴州城镇居民人均期末拥有房屋面积达到43.94平方米，城镇居民家庭住房自有率达86.6%。随着居住面积的增加，住房条件的改善，居住舒适度越来越高。2018年巴州城镇居民饮用水的情况进一步改善，使用经过净化处理的自来水和受保护的井水和泉水的家庭达到99.4%。从居民家庭的卫生设施来看，拥有独用厕所的家庭达到了99.5%，以统一供热水或家庭自装热水器为洗澡设施的家庭达到95.6%。

2.农村居民住房设施改善。1950年，中国人民解放军步兵第六师(后为兵团农二师)进驻巴州地区开展大生产运动。各农牧团场的农工住宅一般营建"地窝子"或半地下室，从1959年起，开始从"地窝子"向土块营房过渡。随着生产发展,1961年巴州乡村改造一批旧房，修建一批土木建筑新房。1979年，在改革开放的新形势下，巴州农村兴起建房热，当年建筑各类住房2557栋，建筑总面积28.13万平方米，总造价1265.7万元，住宅由土木结构向砖混结构发展。牧民也由传统的游牧式向定居或半定居的方向转变，先后建起了一批新的居民点。2018年底，巴州农村居民人均期末拥有房屋面积达到37.46平方米。有6.2%的农民家庭有了冷暖空调，12.4%的家庭安装了有线电视网。

(四)家庭耐用消费品升级换代

作为衡量居民家庭生活质量重要标志之一的耐用消费品，也在不断更新换代，由档次较低、实用型向档次较高、享受型方向发展。

1.家用汽车快速驶入平常百姓家中。随着巴州农村居民收入水平的不断提高和道路交通网的逐步完善，人们对家用交通工具的要求也越来越高。交通工具逐步从自行车、摩托车向家用汽车升级。1995年，巴州农村居民耐用消费品拥有量最多的是自行车，平均每千户拥有201.89辆，摩托车为11.32辆。2005年，长期占据农村居民耐用消费品拥有量冠军的自行车，拥有量开始下降每百户拥有169.7辆，摩托车上升为55.7辆，汽车为0.8辆。2015年，每百户摩托车、汽车拥有量大幅上升至89.1辆、25.3辆。2018年，每百户汽车拥有量已达41.0辆，近一半家庭都拥有家用汽车。

2.通信工具不断升级。随着信息产业的快速发展，各类通信工具逐渐步入农村居民家庭生活。2000年，巴州农村住户电话机拥有量为每百户16.2部。2005年，电话机拥有量已达每百户86.2部，移动电话每百户拥有量为47.6部。2010年，电话机拥有量为每百户77部，移动电话每百户拥有量快速上涨，达到110.6部。2018年移动电话每百户拥有量达215.3部，每家平均都有两部以上手机。

3.家用电脑为文化生活添彩。在物质生活得到改善的同时，巴州农村居民的家庭精神文化需求也在不断增加，从而带动了文娱用品消费。影碟机、计算机作为学习和娱乐的重要工具，极大地丰富了居民家庭的精神文化生活。2000年，巴州农村住户影碟机拥有量为每百户3.8台。2005年，影碟机拥有量迅速攀升至每百户33.0台，家用计算机每百户拥有量0.8台。2010年，影碟机拥有量已达每百户40.4台，家用计算机拥有量上升至每百户4.7台。2015年，家用计算机拥有量已达到每百户27.6台。2018年家用计算机拥有量每百户18.1台。

五、教育条件逐步改善，义务教育取得实质性突破

(一)普通中等教育规模显著扩大

1953年-2017年，巴州普通中等教育学校由2个增加到81个，增长39.5倍，学校教

师由22人增加到9858人，增长447.1倍，在校人数由549人增加到99544人，增长180.3倍，招生人数由217人增加到35251人，增长161.5倍。毕业生人数由1955年41人增加到2017年31026人，增长755.7倍。

（二）义务教育发展取得历史性突破

巴州全面落实“两免一补”政策，为贫困家庭学生提供资助，大大缓解了贫困学生入学难的问题。2003年以来，巴州落实“两免一补”资金5140万元，惠及中小学生32万人次。

六、社保体系日臻完善，社会保障水平稳步提高

（一）社会养老保险保障体系逐步健全

1978年改革开放前，巴州同全国一样，长期实行与计划经济体制相统一的社会保障政策。1986年，巴州开始推行社会保险，险种仅为国营劳动合同制工人退休养老保险和待业保险（1996年改称“失业保险”）。1990年，巴州开始全部实行国有企业退休费用市、县统筹，收缴退休统筹金528.59万元，发放退休费455.89万元，逐步建立起社会统筹与个人账户相结合的基本养老保险制度。截至2018年末，巴州城镇职工基本养老保险基金收入24.23亿元，支出21.41亿元，参保人数37.85万人。城乡居民社会养老保险基金收入1.79亿元，支出1.11亿元，参保人数27.34万人。失业保险基金收入1.29亿元，支出1.15亿元，参保人数20.49万人。

（二）养老保险覆盖范围逐步扩

1995年，巴州开始建立农村社会保险网点，参保农民4031人，投集养老金62万元，人均154元。2009年，根据国家和自治区的部署，巴州各县市启动了新型农村养老保险工作，到2015年巴州基本实现城镇居民养老保险制度全覆盖。社会保障制度已从城镇扩大到乡村，“人人享有养老金”的时代悄然来到。

（三）“病有所医”的目标逐步实现

巴州城镇职工医疗保险从2000年8月正式启动，当年参加城镇职工医疗保险仅2.08万人，截至2018年末，巴州参加城镇职工医疗保险32.48万人。城镇居民医疗保险和新农合发展迅速，2008年参加城镇居民医疗保险14.72万人，参加新农合农牧民39.68万人。2018年1月1日起，巴州城镇居民基本医疗保险、新型农牧区合作医疗两项医疗保险制度正式并轨运行，城乡医保从制度全覆盖过渡到人群全覆盖，全民医保格局已然形成。2018年底，城乡居民医疗保险基金收支总额超过15.3亿元，基金累计结存达3.53亿元，医疗保险基金规模逐步扩大，支付能力显著增强。

（四）工伤保险和生育保险相继建立

根据自治区2004年实施的《工伤保险条例》《城镇职工生育保险办法》规定，巴州工伤保险、生育保险制度相继建立。2005年，一个独立于企事业单位之外、资金来源多元化、保障制度规范化、管理服务社会化的社会保障体系框架基本形成。2018年，巴州工伤保险基金收入0.99亿元，支出0.71亿元，参保人数22.68万人，生育保险基金收入1.22亿元，支出1.47亿元，参保人数22.12万人。

（五）“老有所养”取得新进展

面对老龄化程度加快的新形势，巴州

养老服务体系建设坚持居家、社区、机构养老相结合，不断加大优惠政策引导，积极探索养老服务发展新模式，推动健康养老、医养融合发展。截至2018年，巴州已建成8个县级社会福利园区、57个乡镇社会福利服务中心、15个敬老院、18个日间照料中心、10个公办养老机构、12个民办养老机构，有各类养老设施及养老机构床位数5600余张，2家民办养老院已进驻医疗机构为老年人提供服务。

七、依托丰富旅游资源，大力发展全域旅游和“旅游+”

巴州历史文化悠久，旅游资源丰富，交通便捷，旅游发展优势明显，具有很大潜力和竞争力。截至2018年底，巴州共有A级旅游景区（点）20个，星级旅游宾馆35家，旅行社19家。巴州不断强化全域旅游发展理念，加快发展全域旅游和“旅游+”，积极推进“两环一线一圈一轴”高品质旅游交通体系建设，促成开行“畅览南疆”旅游专列和“百万千列”专列，构建“快旅慢游”交通网络。着力打造以和静-巴音布鲁克为主的北线、和硕-焉耆-博湖为主的中线和轮台-且末、尉犁-若羌为主的南线4条旅游发展轴，积极推进巴音布鲁克、巩乃斯等旅游核心景区规划建设，高起点规划15条旅游精品线路。2018年接待游客总人数1783.82万人次，其中，接待海外游客0.77万人次。旅游总收入123亿元，实现旅游就业7.35万人。

八、打赢脱贫攻坚战，决胜全面建成小康社会

巴州八县一市近50%的建档立卡扶贫对象分布在天山、阿尔金山、昆仑山山区，沙漠边缘荒漠区及部分农区，区域差异较大、生态系统脆弱，历来为自然灾害频发和贫困问题较为突出的区域，点多、线长、面广是巴州贫困人口分布的三大特点。巴州各级党委、政府不断丰富和拓展扶贫开发道路，特别是党的十八大以来，通过实施一系列精准扶贫项目、政策和措施，着力促进贫困村能力提升、贫困户稳定脱贫，贫困村和贫困群众的生产生活条件得到极大改善，贫困乡村面貌发生了巨大变化，为全面建成小康社会打下了坚实基础。截至2018年底，巴州建档立卡贫困人口25731户73184人，有脱贫攻坚任务的乡镇77个（其中深度贫困乡镇14个），有脱贫攻坚任务的行政村395个，其中，贫困村38个（其中深度贫困村16个）。巴州建档立卡贫困户中25668户72965人实现脱贫，38个贫困村全部退出，剩余未脱贫人口63户219人，贫困发生率由2014年年初的15.77%下降至0.04%。

纵观新中国成立以来巴州经济社会发展历程，呈现出从量的提升迈向质的飞跃的喜人态势。进入新时代，巴州各级党委、政府以习近平新时代中国特色社会主义思想为统领，全面贯彻落实党的十九大精神，贯彻落实新时代党的治疆方略，特别是社会稳定和长治久安总目标，坚持稳中求进工作总基调，贯彻新发展理念，坚持高质量发展，促进经济社会保持平稳健康发展，民生事业持续改善，人民生活水平不断提高，到2020年，与全国人民一道步入全面小康，共圆小康梦！

单位：国家统计局巴音郭楞调查队

聚焦民生福祉 百年梦圆小康

——新中国成立70周年阿克苏发展成就综述

新中国成立70年来，阿克苏地区人民生活发生了翻天覆地的变化，经济社会发展取得了历史性的成就，各族人民在中国共产党的坚强领导下，共享着经济发展的伟大成就，过上了美满安康的幸福生活。特别是党的十八大以来，经济规模不断壮大，产业结构持续优化，农业基础作用持续巩固，工业优势产业茁壮成长，城乡居民收入快速增长，收入结构更加多元化，消费质量显著提升，城乡面貌日新月异，交通通信空前发展，义务教育覆盖城乡，医疗及社会保障水平全面提高，脱贫攻坚取得决定性成果。人民生活在经历了消除贫困、解决温饱、进入小康之后，正在向更加富裕的全面小康社会迈进。

一、经济规模不断壮大，产业结构持续优化

新中国成立70年来，在阿克苏地委、行署的坚强领导下，阿克苏地区经济社会建设取得显著成就，经济实力迅速增强，经济总量实现新的跨越，经济发展质量显著提升，产业结构不断优化。

1949年阿克苏地区生产总值仅有2515万元，其中第一产业增加值2309万元，第二产业增加值143万元，第三产业增加值63万元。2018年阿克苏实现地区生产总值1027.4亿元，其中第一产业增加值259.4亿元，第二产业增加值388.2亿元，第三产业增加值379.9亿元。新中国成立70年来，阿克苏地区生产总值增长了4084倍，经济实力持续增强，经济总量快速增加。

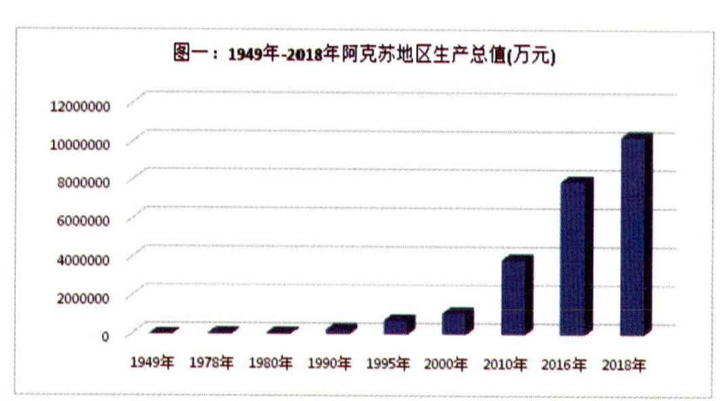

新中国成立初期，阿克苏地区的经济结构主要以农业为主，工业基础薄弱，第三产业发展落后，各类经济成分构成简单，整体经济结构相对单一。新中国成立

70年以来，阿克苏地区坚持因地制宜，着力调整产业结构，经济结构调整取得了显著成效。三次产业的比例从1949年的91.81:5.69:2.50，到1978年的57.81:17.69:24.50，调整为2018年的25.2:37.8:37.0。70年来，第一产业比重下降了66.6个百分点，二、三产业则分别上升了32.1和34.5个百分点，显示出阿克苏地区工业和现代服务业的迅猛发展。

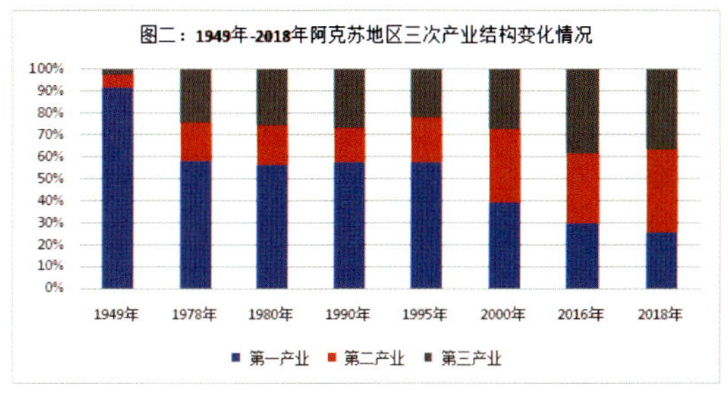

二、农业基础持续巩固，特色农业提质增效

新中国成立初期，阿克苏地区农业发展封闭落后，基础设施薄弱，生产方式原始，耕作全部依靠人力和极少量的畜力，基本是靠天吃饭，逐水草而居。1978年以来，随着家庭联产承包责任制的实行，农业开始由自给性生产向商品性生产转变，逐渐改变了广种薄收的状态。1988年以来，农村改革步伐加快，农村种植业内部结构调整实行“增粮、增棉、增加农民收入、增强农业综合实力”的指导方针，确定棉花为农村经济发展的突破口和主攻方向，逐步扩大以棉花为主的瓜果、蔬菜等种植面积，农民收入渠道不断拓宽。2000年以来，随着西部大开发战略的实施，围绕“增粮、稳棉、强畜、扩果、建大棚、发展农村二、三产业、搞好劳务创收”的农村经济发展思路，建成了全国优质商品棉、商品棉生产基地和全疆最大的肉羊生产基地，棉花、林果、畜牧业成为农村经济主要增长点，农业农村经济保持了持续快速健康发展势头。2018年阿克苏地区粮食作物播种面积221793.3公顷，产量178.38万吨，与1949年相比，面积、产量都有大幅增长，粮食作物面积增长0.6倍，产量增长12.1倍。棉花产业巩固提升，2018年棉花播种面积527973.3公顷，产量102.2万吨，与1949年相比，面积增长74.6倍，产量增长1571.3倍。特色林果业从无到有，提质增效，2018年阿克苏地区林果业面积300600公顷，产量236.26万吨，与1978年相比，林果业面积增长58.7倍，产量增长224.1倍。畜牧业持续发展壮大，2018年末牲畜出栏数661.69万头，与1978年相比增长11.3倍，存栏620.94万头，与1949年相比增长3.6倍。

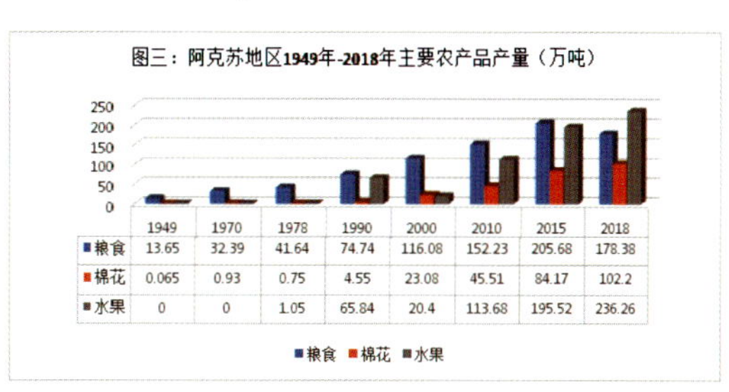

党的十八大以来，以习近平同志为核心的党中央着眼党和国家事业全局，深刻把握现代化建设规律和城乡关系变化特征，顺应亿万农民对美好生活的向往，在党的十九大提出乡村振兴战略，阿克苏地区按照产业兴旺、生态宜居、乡风文明、治理有效、生活富裕的总要求，充

分利用得天独厚的水热光土资源，以粮、棉、果、畜为抓手，确保农村大发展、农业大兴旺、农民大增收，为全面建成小康社会，实现第一个百年奋斗目标提供了保证，为第二个百年奋斗目标奠定了坚实的基础。

三、工业生产从无到有，优势产业做大做强

新中国成立70年来，阿克苏地区工业生产从无到有，从小到大，逐步形成了包括能源化工、建材冶金、纺织服装、食品轻工、新兴产业等门类比较齐全的工业体系，形成了阿克苏纺织工业城、库车经济技术开发区等工业聚集区，形成了6个自治区级工业园区，标志着阿克苏由传统的农业大区向工业强区的迈进。2018年阿克苏地区全年完成规模以上工业增加值211.7亿元，比1978年增加210.9亿元。原煤产量1663.4万吨，比1960年增长161.5倍，焦炭产量333万吨，比1960年增加195.4倍，纱和原油加工量由1960年的空白发展到2018年的26.2万吨和433万吨，水泥产量由1970年的40吨增加到2018年的330.6万吨。

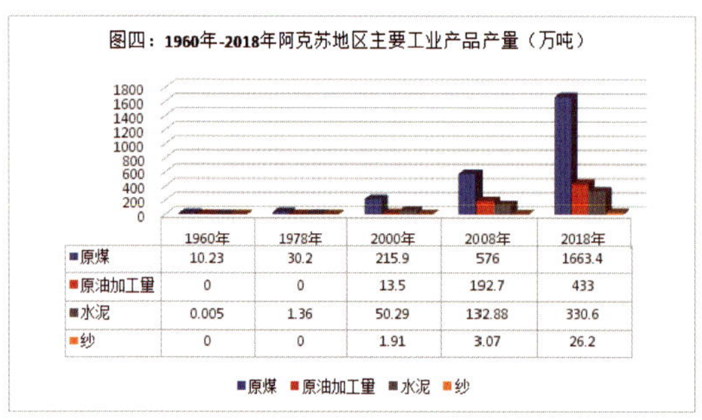

	1960年	1978年	2000年	2008年	2018年
原煤	10.23	30.2	215.9	576	1663.4
原油加工量	0	0	13.5	192.7	433
水泥	0.005	1.36	50.29	132.88	330.6
纱	0	0	1.91	3.07	26.2

四、居民收入持续提高，昂首迈向全面小康

新中国成立70年来，随着经济社会的逐步发展，阿克苏地区城乡居民收入水平不断攀升，生活日渐富裕。特别是党的十八大以来，阿克苏地区牢牢把握社会稳定和长治久安工作总目标，认真贯彻落实全面建成小康社会的战略目标和方针政策，深入贯彻以人民为中心的发展思想，九项惠民举措落地实施，促进就业的政策积极出台，脱贫攻坚取得决定性进展，改革发展成果更多更公平惠及全体人民，阿克苏城乡居民收入稳步增长，生活向全面小康社会扎实迈进。

（一）城乡居民收入快速增长

家庭联产承包责任制确立后，“交够国家的、留足集体的、剩下全是自己的”，农民的生产积极性得到了极大的激发，收入水平呈现倍增的态势。1978年阿克苏地区农村居民人均纯收入83元，到1985年便达到了320元，增长了2.9倍，到1990年，阿克苏农村居民人均纯收入达到了567元，与1978年相比增长了5.8倍。随着市场经济体制的不断完善，农副产品流通更加便利，农产品价格的提高也为农民增收带来真正的实惠，阿克苏地区农村居民家庭人均纯收入从1992年的661元增加到2000年的1678元，增长了1.5倍。2006年国家全面取消农业税，同时各项惠农补贴政策不断落实，农民生产生活状况得到了极大的改善，各项收入也以前所未有的速度增长。2018年阿克苏地区农村居民人均可支配收入11914.99元，与2013年相比增长0.5倍，比1978年增长142.6倍。

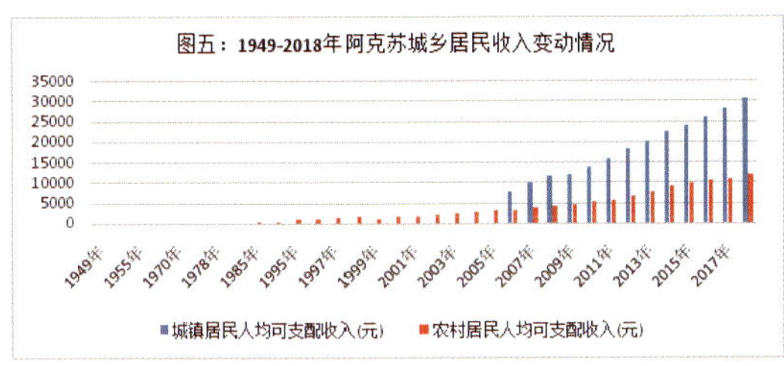

注：1978-2012年农村居民收入为人均纯收入，2013-2018为人均可支配收入

城镇居民收入持续快速增长。2018年阿克苏地区城镇居民人均可支配收入达到30637.35元，比2006年增长2.9倍,城镇居民人均收入用59年时间实现跨越万元大关，用6年时间跨越了2万元大关，又用5年时间实现人均收入向3万元的跨越。

（二）收入结构更加多元，惠民补助保障民生

从新中国成立到改革开放前，城乡居民收入中集体劳动收入占据绝对主要地位，收入来源单一，收入水平低，1978年之后农村居民逐步呈现出收入快速增长，结构多元的特征。从1978年到2018年，阿克苏地区农村居民收入在总量上实现了142.6倍的增长，从单一的经营性收入为主到工资性收入、经营性收入、财产性收入、转移性收入全面增长的局面。1988年，阿克苏地区农村居民人均工资性收入只有33.26元，占收入的比重为4.6%，到了2018年人均工资性收入3021.87元，占人均可支配收入的比重达25.4%。1998年，阿克苏地区农村居民人均转移性和财产性收入合计83.62元。随着农业税的全面取消，就业、教育、医疗、扶贫、社保、暖心、安居、安全、兴边九项惠民政策全面落地实施，农业生产补贴、棉花目标价格补贴等一系列补贴给农民带来了实实在在的好处。农村居民从过去交纳各类农业税款变为领取各项惠民补贴资金，2018年阿克苏地区农村居民人均转移净收入达到2389.81元，占人均可支配收入的20.1%。随着改革的深化，农村呈现一二三产业融合发展、农民收入全面开花的趋势，1988年到2018年，阿克苏地区农民收入增长了25.7倍，收入来源也从第一产业为主导转变为一二三产业全面发展的局面，2018年第三产业收入在农村居民人均可支配收入中的比重已经达到21.9%。

阿克苏地区城镇居民人均可支配收入从2006年的7890元增加到2018年的30637.35元，总量增长2.9倍，工资性收入、经营性收入、财产性收入、转移性收入所占的比重分别为60.3%、23.6%、3.0%、13.0%，收入结构更加多元化。城镇居民人均工资性收入从2011年的人均10701.96元增长到2018年的18486.64元，增长72.7%，城镇个体经济的快速发展使得城镇居民经营收入总额和比重不断增加，2018年阿克苏地区城镇居民人均经营净收入7239.38元，占可支配收入的23.6%；人均转移净收入达3977.82元。连续十三年调整企业退休人员基本养老金，建成了覆盖城乡的最低生活保障制度，2017年城镇最低生活保障人数74397人，发放最低生活保障金24769.4万元,农村最低生活保障人数224068人，发放最低生活保障金32820万元，发展成果真正的惠及了广大

人民群众。

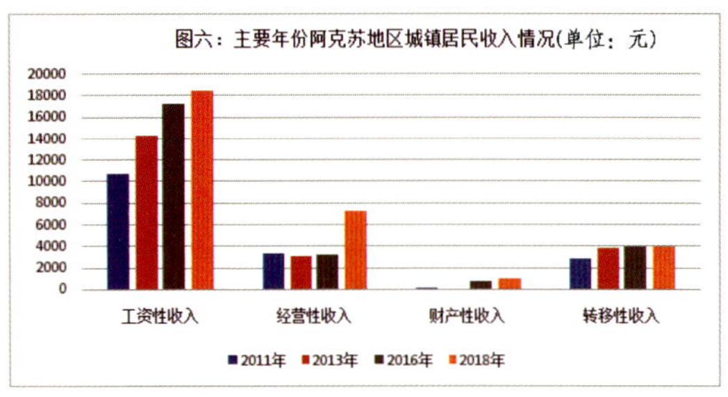

(三)消费结构变化明显，生活质量稳步提升

新中国成立70年来，阿克苏地区经济社会进步明显，工农业生产获得巨大发展，消费品的种类极大丰富，商业网点迅猛增加，城乡居民收入水平不断提高，整体消费环境得到空前改善，居民消费水平显著提升。2018年阿克苏地区社会消费品零售总额1592600万元，是1960年6400万元的247.8倍。消费结构经历了从贫困型向温饱型再到小康型消费的转变。以自行车、手表、缝纫机等“老三件”为代表，以满足温饱的初级消费到以电视机、冰箱、洗衣机为代表的以家电普及为标志的发展型消费，再到如今的以汽车、住房、通讯、教育、文化旅游为主导的享受型消费升级。消费结构从简单的衣、食向衣、食、住、行、教育、医疗保健、文化旅游全面发展。

新中国成立70年来，阿克苏城乡居民食品消费从数量到质量都发生了巨大的变化。消费种类从以粮食、蔬菜、肉类消费为主到粮食、肉禽、水产、蛋类、奶类、干鲜瓜果、糖果糕点全面发展，居民的食品消费水平发生了由量到质的飞跃，2018年阿克苏地区城乡居民人均消费粮食160.72公斤，食用油13.78公斤，蔬菜及食用菌79.82公斤，肉禽及制品23.37公斤，水产品1.31公斤，蛋类2.64公斤，奶类9.27公斤，干鲜瓜果类41.33公斤，糖果糕点类3.62公斤，城乡居民膳食结构更加合理，品种更加丰富，食品消费品质不断提高。

1987年，阿克苏地区农村居民人均食品消费支出190.15元，占全部消费支出的60.5%，1998年下降到54.3%，到2018年，已经降至33.5%。城乡居民在外饮食比例逐年提高。1987年阿克苏地区农村居民人均饮食服务消费10.07元，占当年食品消费支出的4.6%，2018年阿克苏地区城镇居民人均饮食服务消费921.52元，占食品烟酒消费的20.2%，农村居民饮食服务消费302.96元，占食品烟酒消费的12.4%。

衣着消费更加多样化。城乡居民衣着消费也从“保暖御寒”向“美观舒适”转变，从“做衣”向“购衣”转变，居民穿着更加注重服装的质地、款式和色彩的搭配，名牌化、时装化和个性化成为人们的共同追求，1987年阿克苏地区农村居民人均衣着消费59.54元，占当年人均生活消费支出的18.9%，2018年阿克苏地区农村居民人均衣着消费支出870.88元，与1987年相比增长了13.6倍，但在当年人均生活消费支出中的比重仅有8.9%，城镇居民2018年人均衣着消费支出达到了1644.73元，占当年人均消费支出的10.5%。

住房和耐用生活消费品升级换代，生活环境持续改善。2018年阿克苏地区城乡居民人均居住支出达到2509.58元，城镇居民人均住房建筑面积29.37平方米，农村人均住房面积27.54平方米，钢筋混凝土和砖混材料建成房屋比重达到了75.2%，竹草土坯房屋退出历史，城乡居民的住房质量有了明显改善，城镇居民自有房屋比例达到91%，农村居民自有房屋比例达到99.5%，住有所居成为现实。2018年阿克苏地区城乡居民住房外道路硬化比例达到95.1%，自来水入户比例达到97.5%，饮用水净化比例达到96.5%，饮水困难问题得到了根本解决。耐用消费品的升级换代，家庭消费向现代化、科技化迈进，移动电话、计算机、汽车走入寻常百姓家。2018年阿克苏地区城乡居民平均每百户拥有家用汽车30.73辆，电冰箱100.3台，洗衣机99.92台，热水器71.03台，空调8.37台，彩色电视机101.33台，计算机18.38台，移动电话191.2部，生活品质不断提升。

五、城乡面貌日新月异，绿色发展深入人心

新中国成立初期至改革开放前，阿克苏地区人民居住条件差，“地窝子”“土坯房”等简陋的住所比较常见，城镇居民家庭居住的条件较为拥挤，一个房间内兼有居住、厨房等多种功能，拥有独立卫生间的很少，用水也不方便。随着棚户区改造和危房改造项目推进，许多居民家庭告别低矮、破旧、设施简陋的住房，迁入宽敞明亮、设施齐全的楼房。2005-2008年阿克苏地区累计完成抗震安居房建设22.57万户，2010年-2015年累计建设安居富民房30.83万套，建设公租房、廉租房、棚户区改造和各类保障性住房17.75万套，惠及阿克苏地区百万群众，城乡居民住房条件得到明显改善。阿克苏地区把农牧民安居富民房屋建设与乡村道路、农网改造等基础设施建设结合起来，确保水、电、路、气等配套设施与房屋建设同步，改变了过去无序建房、分散居住、布局凌乱的贫困落后面貌。

截至2017年阿克苏地区城镇建成区绿地面积4689.57公顷，公园绿地面积1160.13公顷，建成区绿地率32.3%，人均公园绿地面积12.87平方米，全地区森林覆盖面积达1158133.3公顷，森林覆盖率从20世纪80年代初的3.4%增加到8.8%，阿克苏沙尘天气由1985年的近100天减少至目前的29天，污水处理率达到96.96%，生活垃圾无害化处理率39.6%，“城在林中、水在城中、人在园中”的生态宜居空间格局逐步形成，城乡居民生活环境持续改善。“绿水青山就是金山银山”的发展理念深入人心，柯柯牙书写了新疆版的“塞罕坝”荒漠绿化奇迹，亘古荒漠戈壁变为万顷林海，辐射带动了阿克苏地区450万亩林果业生产，继柯柯牙荒漠绿化工程后，阿克苏河流域、渭干河流域、空台里克区域“三个百万亩”生态治理项目陆续开始。

六、交通通信发展空前

改革开放初期，城市居民的交通方式只有自行车和公共汽车，农村居民出行则主要依靠步行和毛驴车，通信方式只有邮信和电报，交通通信消费支出很少，1987年阿克苏

地区农村居民人均交通通信消费支出只有1.9元。改革开放后，随着南疆铁路的通车，吐和高速的建成，阿克苏机场、库车机场改扩建，极大地改善了阿克苏地区交通落后的状况。在城镇，公共汽车、中巴车、出租车比比皆是，服务条件不断改善，居民出行更加快捷、方便、舒适。2017年阿克苏地区民用汽车拥有量达到516355辆，全年客运量3627万人次，2018年阿克苏机场完成旅客吞吐量129万人次，开通国内航线10多条，城乡居民从阿克苏可以抵达全国。2017年阿克苏地区邮政包件达到47.87万件，光缆通达所有县市，本地电话年末用户200294户，移动电话年末用户数481679户，国际互联网用户211851户，国内长途电话合计113.34万分钟。2018年阿克苏地区城镇居民人均交通通信支出1887元，农村居民人均交通通信支出1540元，与1987年相比增长809倍。

七、义务教育覆盖城乡

2014年开始，包括阿克苏地区在内的南疆四地州普通高中及以下实现15年全部免费入学，由政府补贴，实施免学费、免教科书费、免住宿费，对家庭经济困难学生给予生活费补贴的“三免一补”政策，极大地提高了阿克苏地区办学水平，促进了教育均衡化发展。2017年阿克苏地区共有各类学校1879所，招生数215885人，毕业数137266人，在校学生数635513人，有教职工41104人，专任教师34844人，小学学龄儿童入学率达到99.9%，比1974年提高14.9%，小学毕业生升初中比例达到97.5%，比1965年增加34.8%，中学毕业生升高中比例62.1%，比1965年增加29.4%。2018年阿克苏地区城镇居民有82.1%的户所在社区可以便利的上幼儿园或学前班，有71.9%的户所在社区可以便利的上小学。农村居民有83.1%的户所在社区可以便利的上幼儿园或学前班，有65.9%的户所在社区可以便利的上小学。

八、医疗及社会保障水平全面提高

新中国成立以后，阿克苏地区城乡医疗条件有限，居民医疗保障缺乏，大病小治、小病不治的现象十分普遍。改革开放以来，城乡医疗条件得到改善，居民医疗保障水平不断提高，尤其是随着新型合作医疗制度在全国的推广建立以及基本医保和大病保险保障水平的提高，居民看病就医比以前更加便利，因病返贫的现象一去不返。2018年末阿克苏地区五项社会保险参保人数达3093491（人次），城乡居民养老保险参保人数达1010658人，失业保险参保人数达169911人，基本医疗保险参保人数达2314664人，工伤保险参保人数达182623人。健康中国战略的实施，城乡居民能够享有的医疗公共服务水平全面提高。全民免费健康体检的推广，乡村卫生诊所标准化建设和“三级分诊”制度的确立，使得城乡居民实现了“小病不出村，常见病不出县，大病不出地区”的目标。2017年末，阿克苏地区共有医疗机构1500家，其中医院52家，基层医疗卫生机构1361个，专业公共卫生机构87家，有床位数14427个，比1978年增长4.16倍，编制人数15393人，卫生技术人员11495人，比

1978年增长3.6倍，全年各类医疗卫生机构总诊疗人数8694820人次，住院服务508169人次，住院手术59045人次。覆盖城乡的高水平医疗及社会保障体系日渐完善。

九、脱贫攻坚取得决定性成果

习近平总书记在2015年中国扶贫开发工作会议上提出，坚决打赢脱贫攻坚战，确保到2020年所有贫困地区和贫困人口一道迈入全面小康社会，是中国共产党对中国人民的庄严承诺。

阿克苏地区辖9个县（市），89个乡（镇）场、1231个行政村，行政区域总面积13.13万平方公里，总人口250.82万人，其中乡村人口169.87万人。全地区有深度贫困县2个，贫困乡镇9个，贫困村269个，2014年建档立卡贫困人口共计66031户250565人，贫困发生率为14.7%，属于国家深度贫困地区"三区三州"之一，是国家层面的深度贫困地区和脱贫攻坚战的主战场，贫困程度深，贫困形势复杂，脱贫任务艰巨。

2014年-2018年，阿克苏地区累计完成192个贫困村退出，49145户191309名贫困人口脱贫，贫困发生率下降到3.49%，2019年全地区将实现整体脱贫退出。脱贫攻坚工作开展以来，阿克苏地区注重扶贫同扶志、扶智相结合，做到脱真贫、真脱贫，贫困群众实现了不愁吃、不愁穿的"两不愁"和教育、基本医疗、安全住房有保障的"三保障"，生活水平有了持续明显的提高，实现了从外部"输血"到自身"造血"的转变，经济发展内生动力不断增强，贫困群众正昂首与全国人民一道迈入全面小康社会。

回顾历史，砥砺七十载历经波澜壮阔，阿克苏地区各族干部群众不忘初心、筚路蓝缕，牢记使命、迎难而上，在祖国的边陲谱写了壮丽史诗。展望未来，在以习近平同志为核心的党中央坚强领导下，阿克苏地区二百五十六万人民群众紧紧围绕社会稳定和长治久安工作总目标，在实现社会主义现代化建设"两个百年"奋斗目标的征程上，将继续发扬"柯柯牙精神"，凝聚起同心共筑中国梦的磅礴力量，为决胜全面建成小康社会而不懈奋斗。

作者：尚永福

单位：国家统计局阿克苏调查队

征程万里风正劲　重整行装再扬鞭

——新中国成立70周年克州发展成就综述

今年是新中国成立70周年,解放和建州后,克孜勒苏柯尔克孜自治州各族人民,在党中央的亲切关怀和大力支持下,用勤劳的双手,经过艰苦不懈的奋斗,克州社会发生了深刻变革,区域经济迅猛发展,综合经济实力明显增强,社会商品丰富充裕,基础设施明显改善,人民生活水平显著提高,对外贸易日趋活跃,科技、教育、文化、体育、卫生等社会事业全面发展,各项事业都取得了历史性辉煌成就。

一、经济总量大幅提升

新中国成立初期,克州的经济基础十分薄弱,社会面貌非常落后,经济结构单一,主要依靠农牧业支撑,生产方式原始,社会生产力极为低下,除了农牧业、园艺和极为有限的手工业生产之外,基本谈不上其他物质生产。1954年克州生产总值仅有1204万元,人均超不过90元。七十年来,在党的政策指引下,经过全州各族人民艰苦奋斗,自治州经济建设和社会面貌发生了巨大的变化,特别是改革开放后,经济实现快速增长,财政税收稳定增长。在人口总量增加了3.3倍的情况下,到2018年全州生产总值已达到128.89亿元,是建州初期的216.5倍。

(一)经济结构不断改善

第一、二、三次产业比例由1954年的71.8%、6%和22.2%,逐步调整为2018年的12.1%、38.3%、和49.6%,与1954年相比,第一产业比重下降59.7个百分点,第二产业比重提高32.3个百分点,第三产业比重提高27.4个百分点。产业结构的不断改善,使克州经济开始向质量、效益型发展。

(二)农牧产品供应稳步增加

农业增加值由1954年的864万元增加到2018年9.77亿元,各种农产品产量成倍增加。2018年粮食产量达到35.39万吨,比1954年增长10.2倍;棉花逐渐发展成为种植业的支柱产品之一,成为自治州农民脱贫致富的重要途径,2018年棉花产量达到18400吨,比1954年增长183倍;畜牧产品的增加,极大地丰富和改善了人民生活,

2018年肉食产量达4.36万吨，比1978年增长32.5倍；牛奶产量达3.83万吨，比1964年增长17.2倍。农业生产条件的改善，加速了农业机械化的进程，农机装备率从无到有，2018年农业机械总动力达到49.41万千瓦，大中型拖拉机达13656台，小型拖拉机4323台，机械装备率逐年上升，大大提高了农业劳动生产率。

（三）工业门类和体系逐步健全

建州初期，自治州工业企业仅有四家，限于煤炭、有色金属、食品加工、电力四个行业，设备简易而落后，生产能力低下。新中国成立七十年来，克州大力投入工业建设资金，带动了工业整体水平不断提高。第二产业增加值由1954年72万元增加到2018年49.42亿元，同时也形成了具有克州民族特色的工业体系。经过七十年经济建设，工业发展已初具规模，行业门类不断增加并趋于齐全，生产能力大大提高，主要工业产品中，煤、铜精砂、水泥、小麦粉、发电量产量成倍增加，工业化体系已初步形成。

（四）旅游业崭露头角并蓬勃发展

1985年自治州旅游业起步，1992年，来克州旅游人数为20500人，旅游总收入为297万元，旅游外汇收入110万美元。进入新世纪，旅游业步入了快速发展的阶段，各项经济指标成倍增长，2018年旅游人数为240.66万人，比1992年增长了116倍，旅游总收入为9.2亿元，增长306倍。与十年前相比，旅游业发展环境改善最大的一是交通，二是通讯，三是接待能力。旅游业发展现状喜人，环境变化巨大，前景广阔，“进不来、出不去、路难走、讯断绝、食宿差”的旅游时代一去不复返了。

二、城乡居民生活水平显著提高

新中国成立70年来，自治州城乡居民生活水平连年提高，消费水平、消费质量、消费结构和消费环境都发生了明显变化。基本改变了以吃、穿等生存资料为主的单一格局，住、用、行和文化娱乐等享受和发展方面的消费支出明显提高。从城镇液化气普及到家庭现代化的耐用消费品的拥有，从无到有，从少到多，且普及程度迅速提高，极大地提高了城乡居民的生活水平和生活质量。

（一）城乡居民收入和储蓄增加

1953年，当时的工资，一般是每月30元上下，到了1990年，克州城镇居民人均可支配收入为990元，农民人均纯收入为407元。到了2018年全州城镇居民人均可支配收入达到28452元，增长了27.7倍；2018年全年农牧民人均纯收入8162元，增长了19倍。城乡居民储蓄存款快速增长。城乡居民储蓄存款余额由1975年的337万元，增加到2003年的10.732亿元，到2018年的96.94亿元，人均储蓄存款由13元增加到2003年的2358元，到2018年的15522.3元。

（二）社会保障事业建立健全

一是参保人数逐渐覆盖全州，保险种类增多。保险业从1980年恢复，参保人员从零开始，到2018年全州有10.28万人参加了城镇职工基本养老保险，有22.78万人参加了城乡居民社会养老保险；有9.25万人参加了城镇职工基本医疗保险，有49.96万

人参加了城乡居民基本医疗保险；有5.14万人参加了工伤保险；有4.83万人参加了失业保险；有5.24万人参加了生育保险。二是为低收入群体提供生活保障。2018年有9891户21230名城市贫困人口享受了最低生活保障，有45593户108227名农村贫困人口享受了最低生活保障。

（三）居民生活消费日益旺盛

新中国成立70年来，克州的流通消费领域发生了翻天覆地的变化，由屈指可数的商业网点和较少的商品供应发展到遍地开花的商业网点和琳琅满目的商品，零售业由封闭式转向开放式，服务方式由单一转向多样化，极大地丰富了消费品市场，给居民生活带来了方便。1959年消费品零售额为1105万元，其中城市884万元，农村221万元，2016年突破20亿元。新中国成立初期消费以饮食、服装为主，衣食消费比例城市占到80%，农村达到90%。到了2003年，城市占54.9%，农村占64.13%。居民消费水平从1954年的每人每年70元到2003年的1540元。从事批零的户数从1979年的37户37人，到2003年的6371户10440人。从以公有制为主体，国营独家经营的局面转变成城乡集市贸易、个体经济蓬勃发展，个体零售占比从1984年的20.6%成长到2003年的87.69%。2018年城镇消费品零售总额达到21.08亿元,是1959的241倍，农村消费品零售总额2.83亿元，是1954年的134倍，城乡市场发展由自然形成发展到多样化和规模化，社会主义市场经济不断完善，商业布局不断优化，极大的方便和改善了群众的生活。

（四）居住条件逐步改善

住宅条件的改善是人民生活奔小康的现实写照。改革开放以来，党和政府加快了住宅建设的步伐，人民消费支出除了主要集中于“吃、穿、用”等生存资料外，又投向了改善住房条件。2018年自治州城镇居民人均住房面积达34.7平方米，比1991年8.20平方米增加了3.2倍，室内设施现代化、家具豪华化、装潢美观化等，给人耳目一新的感觉。

三、基础设施投资规模不断扩大

巨大的固定资产投资，成为多种物质生产的坚实基础。新中国成立70年来，农村水力设施建设和万亩良田的开发，工厂的兴建，奠定了自治州经济发展的基础；城镇建设的发展，电话的进一步普及，给居民生活带来了很大的便利，使人民安居乐业，充分享受着祖国大家庭的温暖，这一切得益于投资建设带来的硕果。

（一）交通条件越来越便利

自治州已从建州初仅有的百余公里的乌喀公路，发展到村村通汽车，314国道贯通全境，距航空港35公里，1999年12月6日南疆铁路建成投入运营，结束了克州50年来没有铁路的历史。有3条公路通往吐尔尕特、伊尔克什坦三个口岸，并有国际客货班车通往吉尔吉斯斯坦和乌兹别克斯坦。2018年末全州公路总里程6802公里，其中，等级公路总里程5980公里，占公路总里程的87.9%。2018年完成货运量1607万吨，比1962年翻了9.8番，货物周转量19.21

万吨公里，比1962年翻了9.4番，客运量252万人，比1962年翻了7.0番，客运周转量1.46亿人公里。

（二）水利建设有力保障了农业发展

克州是一个以农牧业为主的地州，灌溉农业对水利事业有着绝对的依赖关系。建州以来，大力修建农田水利设施，为农牧业生产提供了有力的保障。库容0.4亿立方米的阿湖水库，经过二十年的修建，累计完成投资3619万元，于1996年全部竣工，充分发挥其防洪与灌溉的双效功能。投资3500多万元的阿合奇县玉山古西水利枢纽工程，更是具有重大的历史意义及经济意义。其装机2×800千瓦的发电机组容量于1997年10月竣工投产后，彻底地改变了阿合奇县缺电的历史，给地方经济的发展增添了巨大的动力。

（三）投资促进了工业发展

1978年以前，克州的工业基本维持在农副产品加工的基础上。改革开放后，加大了对工业的投资。经过多年建设，建成了一个国家级工业园和三个自治区级工业园。投资的项目如：一期投资8000万元，建成后年产50万件的毛针织服饰智能生产项目，年产值达到9000万元，同时带动就业200多人，建成投产后发挥巨大的经济效益和社会效益；采用国际主流成熟的湿法生产工艺，计划投资15亿元，预计于2020年建成投产的新疆紫金有色10万t/a锌冶炼项目，将进一步加快克州优势资源开发；投资7.5亿元的新疆有色（科邦锰业）一期电解锰项目，年产能达到6万吨，年产值5.8亿，产品远销中外，在克州经济发展中起到了重要作用。

（四）市政建设成果丰硕

新中国成立前期，克州的城市面貌极其落后，城市里大部分是五十年代修建的土块平房，取暖供水条件十分落后，交通及邮电通讯也不发达。新中国成立后的70年，自治州的城市建设事业取得了巨大的变化。尤其是近十年来，城市里的20层左右的高层楼房一座座拔地而起，各项基础设施得到进一步发展和完善，城市面貌焕然一新。市内主要线路公交车的开通极大地方便了群众，改善了人民的生活条件。使克州的城市发展水平迈上了一个新的台阶。

四、教育、文化、卫生等社会事业全面发展

（一）教育事业成就显著

2018年全州有中等专业学校、普通中学、小学总数180所，是新中国成立初期的2.3倍，教师队伍迅速的发展，为自治州经济和社会事业的发展培养了一大批人才。2018年自治州有图书馆5个，文化馆5个，各乡镇都有文化站，近几年来纳入边疆文化长廊建设的农牧区民族民间文化事业建设，取得可喜成果。自治州5个图书馆藏书达32.4万册，丰富了各族人民的文化生活。

（二）卫生事业迅速发展

2018年全州卫生机构发展到397个，比1954年增长98倍，床位总数达3856张，而1954年不足500张。卫生技术人员由1954年的450人增加到3934人，每千人拥有卫生技术人员6.3人，每千人拥有床位数6张。

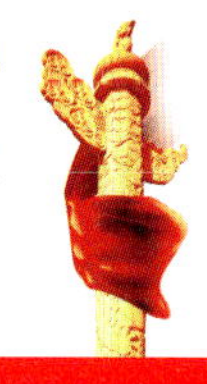

人民健康水平显著提高，目前全州人口死亡率由新中国成立初期的35%下降到0.41%，平均预期寿命由30岁上升到72岁左右。

（三）邮电通信业换代升级

邮件处理手段逐步自动化，投递明显加快。已实现全部乡、镇、村都通了电话，加快了信息传递速度，给生产和人民生活带来了巨大方便。2018年固定电话及移动电话用户已达47.61万户，是1978年的588倍，其中手机用户44.54万户，手机普及率已达到每百人76部。

新中国成立70年来，克州经济和社会发展取得了辉煌的成就。在新的历史起点上，我们将更加紧密地团结在以习近平同志为核心的党中央周围，坚持以习近平新时代中国特色社会主义思想为指引，在自治区党委、人民政府和自治州党委的坚强领导下，坚定不移贯彻落实新时代党的治疆方略、特别是社会稳定和长治久安总目标，不忘初心、牢记使命，扑下身子、真抓实干，以自我革新的勇气、不胜不休的决心、坚韧不拔的毅力，加快建设和谐稳定、健康发展、民族团结、宗教和睦、民心向党、边防稳固、生态优美、根基牢固的社会主义新克州。

作者：宋德坤
单位：国家统计局克孜勒苏调查队

丝路文明宏图舒展 日月同辉千帆竞发

——新中国成立70周年喀什发展成就综述

喀什，全称“喀什噶尔”，维吾尔语为“宝玉石集中的地方”。喀什地区地处祖国的西北边陲，位于新疆维吾尔自治区西南部，北依天山，西枕帕米尔高原，南抵喀喇昆仑山，东临塔克拉玛干沙漠，总面积16.2万平方公里，其中，绿洲面积2.74万平方公里，总人口463.38万人。喀什市是新疆唯一的一座国家级历史文化名城，集中体现了维吾尔族民俗风情、文化艺术、建筑风格的特色，在整个新疆最具典型性和代表性。在这里古老人文景观和独特自然景观交相辉映，旅游资源十分丰富，被誉为丝路明珠。

新中国成立70年来，在中国共产党的坚强领导下，在中央、自治区的关心支持下，喀什各族人民团结一心，艰苦奋斗，开拓进取，砥砺前行，昔日贫穷落后的喀什已呈现出经济发展、社会进步，民族团结、政治安定、人民安居乐业的喜人局面。

一、经济实现快速发展

由于定位准确、措施得当，70年喀什经济快速发展，呈现出“千帆竞发”态势。

（一）综合实力大幅提升

2018年实现地区生产总值（GDP）890.12亿元，比1949年增长1054.39倍，其中：第一产业增加值281.35亿元，增长479.77倍；第二产业增加值220.81亿元，增长6630倍；第三产业增加值387.96亿元，增长1724倍。第一产业增加值占地区生产总值的比重由1949年69.39%下降到现在的31.6%，第二产业增加值比重由3.9%上升到现在的24.8%，第三产业增加值比重由26.67%上升到现在为43.6%，第三产业成为拉动经济增长的第一动力。人均生产总值为19176元，比1949年增长了354倍。

（二）农林牧渔业全面发展

粮食区内平衡、自给有余。粮食播种面积44.63万公顷，比1949年增长2.9倍，粮食产量286.5万吨，增长11.17倍，蔬菜产量236万吨；油料产量2.3267万吨，瓜果类产量202.6万吨，比1949年增长11.75倍。

经济作物产量高速增长。棉花是喀什地区的支柱产业，具备了600万担的年生

产能力，是全国最大的地区级商品棉基地，2018年，棉花种植面积，45.81万公顷，比1949年增长了24.42倍，棉花产量75.7万吨，增长247.64倍。

特色林果飞速发展。红枣、核桃，石榴、巴旦木、酸梅、开心果等优质特色干鲜果品形成了16.67万公顷的规模，果品年产量192.59万吨，比1949年增长103.75倍，成为闻名全国的“瓜果之乡”。

农区畜牧业优势明显，年末全区牲畜存栏692.39万头(只)，年末牲畜出栏头数632万头(只)。2018年肉类总产量19.42万吨，其中，羊肉总产量9.14万吨，牛肉总产量5.32万吨，猪肉总产量1.21万吨，禽肉产量3.12万吨。奶产量12.38万吨，禽蛋产量6.86万吨。

(三)工业和建筑业突飞猛进

工业从弱到强。已形成煤炭、电力、农机、农副产品加工、食品加工、建材、化工、造纸、塑料加工等10多个初具规模的门类。

2018年全部工业增加值84.48亿元，比上年增长2.2%。其中：规模以上工业增加值34亿元，其中国有控股企业增加值8.33亿元，增长19.8%；股份制企业增加值32.9亿元，私营企业增加值3.94亿元。按工业三大门类划分，采矿业完成增加值3.16亿元，制造业增加值20.93亿元，电力、热力、燃气及水生产和供应业增加值9.85亿元，轻工业增加值为7.86亿元，重工业增加值为26.11亿元。

建筑业增加值稳步增加。2018年实现建筑业增加值136.33亿元，比上年增长0.4%。

(四)第三产业欣欣向荣

2018年批发和零售业增加值81.72亿元，交通运输、仓储和邮政业增加值25.33亿元，住宿和餐饮业增加值17.16亿元，金融业增加值26.21亿元，其他服务业增加值219.97亿元。2018年规模以上服务业企业实现营业收入35.42亿元，营业利润4.51亿元。

运输吞吐量日益增加。2018年货物运输量4514.98万吨，其中，铁路完成货运量886.43万吨，公路完成货运量3627.67万吨，民航完成货邮吞吐量0.87万吨。2018年旅客运输量4120.42万人次，其中，铁路完成客运量551.35万人次，公路完成客运量3341.87万人次，民航完成旅客吞吐量227.21万人次。

汽车保有量快速增加。2018年末全地区民用汽车保有量53.35万辆(包括三轮汽车和低速货车)，比上年末增长4.1%。其中，私人汽车保有量48.95万辆，增长3.4%。

邮政行业稳步发展。2018年邮政行业业务总量完成1.73亿元，邮政寄递服务业务量完成7031.71万件，邮政函件业务量完成32.49万件，包裹业务量完成18.42万件。2018年完成电信业务总量18.83亿元，年末全地区固定电话用户数34.2万户，移动电话用户323.14万户，电话普及率77.12部/百人，其中，固定电话普及率7.38部/百人，移动电话普及率69.74部/百人。互联网宽带用户43.6万户33.2%。

旅游业异军突起。2018年全地区接待游客928.37万人次，旅游收入90.16亿元。目前全地区共创建成A级景区50处，其中，5A级2处，4A级7处，3A级25处，2A级16处；星级饭店32家，其中5星级1个，4星级2个，3星级19个，2星级10个；星级农家乐138个，5星级5个，4星级17个，3

星级66个，2星级13个，1星级37个；星级牧家乐23个，3星级18个，2星级5个；旅行社30家。

水利、交通、能源等基础设施大为改善，初步形成了公路、铁路、航空立体交通网络；城市面貌日新月异。

(五)喀什经济开发区茁壮成长

2010年党中央批准设立喀什经济开发区，赋予喀什建设我国向西开放的重要窗口、推动形成“陆上开放”与“海上开放”并重的对外开放新格局的战略使命。8年来，喀什经济开发区综合经济实力、产业竞争力大幅提升，引擎带动作用逐步显现。2018年底，喀什经济开发区实现生产总值9.32亿元，全社会固定资产投资17.04亿元，公共预算收入6.5亿元，期末从业人员达2.48万人，目前累计注册落户企业3825户(二产557户，三产3268户)。

基本完成基础设施建设。2012年，喀什经济开发区由规划设计进入实质性建设阶段。喀什经济开发区建设从零起步，突飞猛进，截至2015年底，喀什经济开发区累计完成基础设施投资170亿元，基础框架和产业体系基本形成，如期实现了国发〔2011〕33号文件确定的第一步战略目标，基本完成基础设施建设，初步构建科学合理、特色鲜明、功能配套、协调发展的空间布局和产业体系。

规划建设进一步完善。完成开发区2018年—2020年总体发展规划实施方案编制，启动了综保区标准厂房及组合式冷库建设项目和喀什机场国际航空货运区项目前期工作。

招商引资取得良好成效。双创基地北斗孵化器、呼叫中心等一批重点项目落地运营；金富婕服装、乔迪梦服装、欧美盛电子、磁创电子、安德光电、保祥保税直营店等29个实体项目建成投产。

产业带动就业效应明显。服装企业吸纳就业达到9000人，乡镇稳功率保持在70%左右，企业员工中贫困户占40%左右，有力地服务了总目标，发挥了产业带动就业脱贫、促进民族团结、推进社会稳定和长治久安的积极作用。

金融服务稳步推进。玖富万卡新疆总部中心、中国农业银行、中国银行入驻开发区，综保区与中国银行喀什地区分行签订外汇业务合作备忘录，标志着主办银行制度在综保区正式落地。筛选喀什农商行、金信金融公司等16家骨干企业作为上市挂牌后备企业进行重点培育，其中新疆智辰天林信息科技有限公司于去年8月在新疆股权交易市场正式挂牌。

双创中心逐步形成。深喀创业创新管理服务中心揭牌成立，新疆北斗双创基地、古城众创空间进驻双创示范基地运营。39家企业到双创示范基地注册，万物智联信息科技、空付信息技术等13家企业进驻办公；成功举办2018年喀什“一带一路”青春领航筑梦中华暨喀什经济开发区第五届“创业之星”大赛。

体制机制创新加快推进。启动了开发区综合行政执法局、企业服务中心、中亚南亚投资服务中心组建工作，强化行政许可和企业服务。启动了自贸区经验复制和“放管服”改革工作，营造高效服务政务环境。

二、社会事业欣欣向荣，百花齐放

科技教育发展迅速。喀什地区现有各类学校988所，在校学生达97.85万人，体育

事业蓬勃发展，是全国群众性体育运动先进地区。2018年末拥有县以上部门属研究与技术开发机构3个。其中：自然科学研究与技术开发机构2个，科技信息与文献机构1个。拥有高新技术企业10个，科技型中小企业15个，高新技术产业园区2个。生产力促进中心1个，自治区农业科技园区2个。星创天地3个，众创空间3个，科技企业孵化器1个。

广播电视覆盖率大幅提升。全地区拥有广播电视台13座，乡镇广播站169座，广播综合覆盖率98.41%，电视综合覆盖率98.72%；电影院8个，电影队168个，农村电影放映次数28984场次。

医疗设施日趋完善。年末共有医疗卫生机构3190个，拥有床位27053张，卫生技术人员21042人，其中，执业医师和执业助理医师6447人，注册护士8396人。医院139所，其中，综合医院115所，专科医院10所，民族医院11所；拥有床位18877张，卫生技术人员13470人，其中，执业医师和执业助理医师3718人，注册护士6168人。卫生院167所，拥有床位7711张，卫生技术人员4567人，其中，执业医师和执业助理医师1502人，注册护士1286人。妇幼保健院（所、站）13个，拥有床位233张，卫生技术人295人，其中，执业医师和执业助理医师129人，注册护士86人。村卫生室2304个，乡村医生4630人，卫生员335人。医疗卫生机构疾病预防控制中心14个，卫生技术人员410人。

三、人民安居乐业，整体幸福奔小康

新中国成立70年来，喀什地区在发展生产的同时不断改善民生，积极扩大就业，努力增加居民收入，稳步推进社会保障体系建设，人民生活从温饱不足到实现总体小康，2019年将实现全市摘帽，正在迈向全面小康。

（一）居民收入快速增长

喀什市城镇居民人均可支配收入2008年突破万元大关，达到10374.63元，2018年已提高到28049元，比2008年增长了1.7倍。

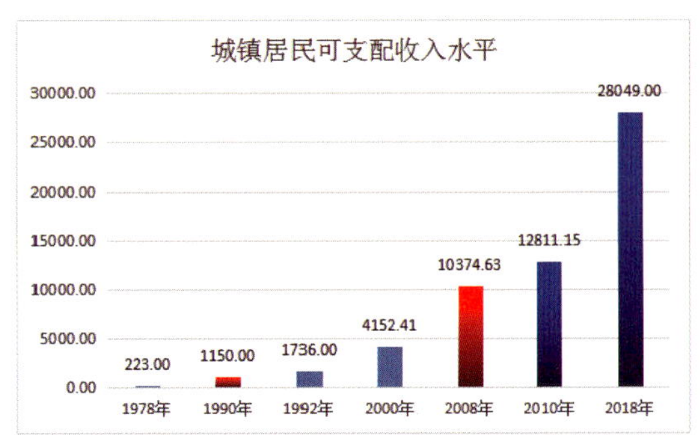

（二）居民消费能力显著提升

2018年，喀什市城镇居民人均消费性支出达15229元，是1993年的10.44倍，2000年的4.21倍，2010年的1.83倍。

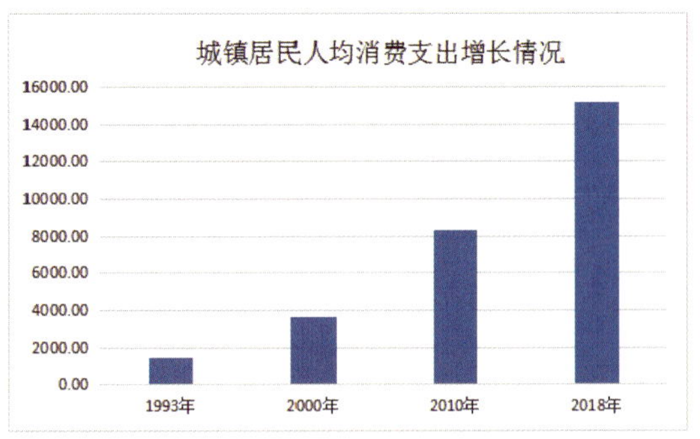

改革开放以来，食品、衣着、居住、生活用品及服务、交通通信、教育文化娱乐、医疗保健、其他用品及服务消费支出等全面提升。各类支出的年均增速依次分别为医疗保健年均增速17.73%，交通通信支出13.98%，生活用品及服务支出11.89%，居住支出11.31%，教育文化娱乐支出10.00%，食品支出8.15%，衣着支出7.08%。

喀什地区消费支出构成

消费支出及构成	1993年(元)	2018年(元)	年均增速
消费支出	1458.29	15229.00	9.84
1、食品烟酒	727.21	5156.00	8.15
2、衣着	252.98	1399.40	7.08
3、居住	110.72	1614.00	11.31
4、生活用品及服务	95.36	1583.40	11.89
5、医疗保健	37.20	2200.00	17.73
6、交通通信	69.31	1826.30	13.98
7、教育文化娱乐	120.01	1299.00	10.00
8、其他商品和服务	45.50	151.00	4.92

(三)居民消费结构发生转变

城镇居民消费能力不断提升，消费结构逐渐多元化，由过去解决温饱消费模式逐渐演变成注重生活质量、品味型消费模式，食品、衣着等基本生活消费在城镇居民消费性支出中所占比重逐渐下降，居住、医疗保健、教育文化娱乐、交通通信、生活用品服务等社会发展型、生活享受型消费比重逐渐上升。

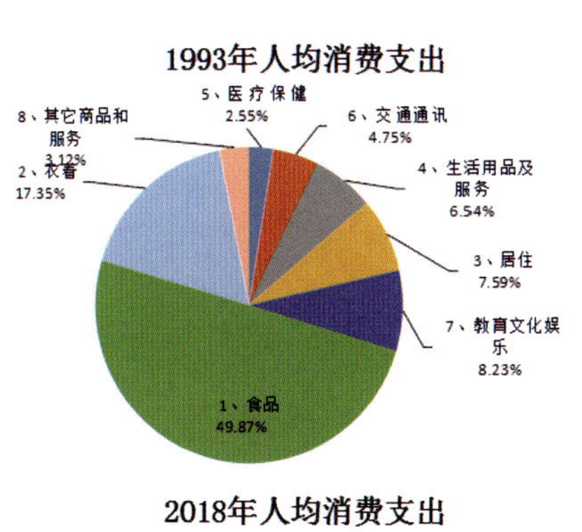

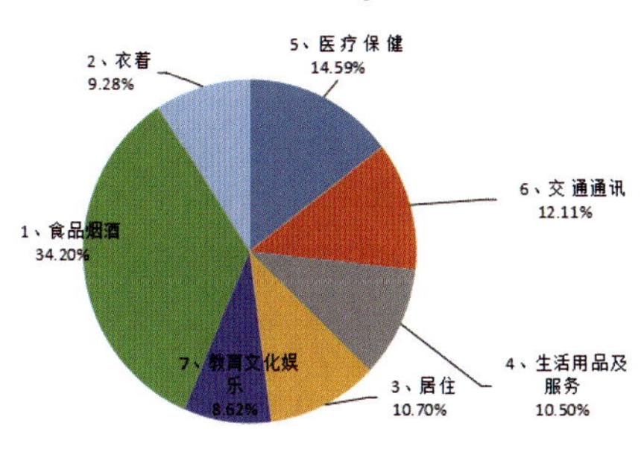

1.食品消费从吃饱到吃好

二十五年来，居民生活不但能吃饱，还要求吃好，要求营养均衡、粗细搭配，物质生活越来越丰富。2018年，喀什市城镇居民人均食品支出4029元，比1993年增长了4.54倍，支出比重由1993年的49.87%下降到2018年的26.46%。从消费结构行看，主食消费量减少，营养品消费量明显增多。随着居民收入的增长、社会节奏的加快和消费观念的变化，居民在外用餐消费支出比重增大，2018年在外用餐776元，占食品支出的比重为19.26%。

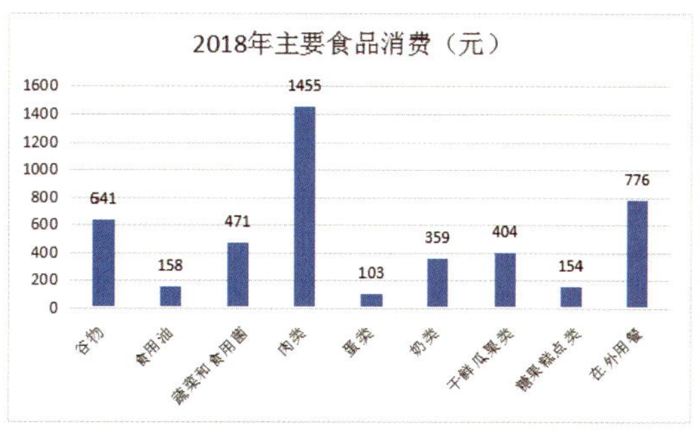

2.衣着消费从单一到追求个性时尚

70年来，人们的衣服由粗布、咔叽的蓝、灰、黑单一色调发展到今天的光鲜亮丽的各色花式、款式，面料、质地都发生了

翻天覆地的变化，从过去的基本统一款式到如今的鲜明的个性化服饰，穿出时尚化、多样化、品牌化、高档化成为居民的不断追求。1993年，喀什市城镇居民人均购买衣着支出252.98元，2018年为1399.4元，比1993年增长了4.53倍，年均增速7.08%，其中人均购买服装支出1082元，占衣着消费支出的77.32%。

3.居住条件不断改善

在过去的年代，喀什市城镇居民居住的大多是平房，没有自来水，没有卫生厕所，夏天苍蝇到处飞，冬天没有取暖设备，生活环境十分艰苦。今天随着生活水平的日益提高，随着危房改造工程、安居房工程等实施，一栋栋高楼拔地而起，城镇居民从以前的平房大院搬到多层小洋楼、高层电梯房，居住环境更宽敞、更明亮、更整洁，人们住房条件得到极大改善。2018年喀什市城镇居民人均住房建筑面积35.9㎡，住房外道路硬化100%，自来水入户100%，经过净化处理的自来水100%，住宅内水冲式卫生厕所90%，天然气、煤气、液化气92.5%，住房暖气设施覆盖率100%；居民人均居住支出1614元，比1993年增长了13.58倍，年均增速11.31%。

4.高台民居旧貌换新颜

2009年以来，国家和自治区斥资70亿元对喀什老城区的28个片区分期改造。改造后的老城，保持了传统风貌，消防、水电气暖等基础设施配套完备，抗震防水，活动空间大大增加，减灾能力大大提高。如今的高台民居是古朴与现代文明辉映：一路一产业，一街一景观，一巷一特色。现在高台民居成为喀什著名的旅游目的地，城市的一张名片。

5.交通通畅舒适快捷

新中国成立以来，喀什市城市交通比较薄弱，道路是土路、石子路，崎岖不平、坑坑洼洼，居民出行基本靠两条腿、毛驴车、马车，很少有人能拥有自行车，改革开放四十年以来，特别是喀什市成立经济开发区以来，道路越来越宽阔，覆盖面越来越广，四通八达，纵横交错，全部实现了道路硬化，一改过去的“晴天一脚土、雨天一脚泥”的场景。给居民出现带来了极大便利。随着经济的不断发展，居民出行选择方式也多了，自行车、电动摩托车、公交车、出租车、私家车等，出远门可以选择长途大巴、火车、飞机，十分便捷，出行效率明显提高。2018年，喀什市城镇居民家庭平均每百户拥有家用汽车20辆；喀什市居民人均交通通信支出1826.3元，是1993年的26.35倍，年均增速13.98%。交通通信支出占消费支出比重达12.11%，比1993年上升了7.36个百分点。

6.生活用品从刚需到享受

遥想二十世纪七八十年代，“三转一响”是多少城镇居民梦寐以求想要置办的物件，电视机、冰箱、洗衣机、空调等生活消费品已经变成千家万户正常生活必备。2018年喀什市平均每百户居民家庭拥有彩色电视机达90台，电冰箱（柜）87.5台，洗衣机95台，热水器85台，空调15台，照相机10台，计算机27.5台，固定电话47.5部，移动电话机210部。居民人均家庭生活用品及服务支出达1583.4元，是1993年的16.6倍，年均增速11.89%。

（四）居民生活质量不断提高

新中国成立70年来，喀什市城镇居民

收入不断提高，在满足基本生活需求的同时，消费需求逐渐多样化、个性化，更加追求自身的精神愉悦、舒适及幸福，喀什市城镇居民幸福获得感不断增强，生活质量不断提高。

1.恩格尔系数逐年下降

恩格尔系数是食品支出占消费支出的比重，是衡量一个家庭或一个国家富裕程度的主要指标之一。据调查资料显示，1993年喀什市城镇居民恩格尔系数为49.87%，2000年为42.14%，2010年为38.87%，2018年降到33.86%。

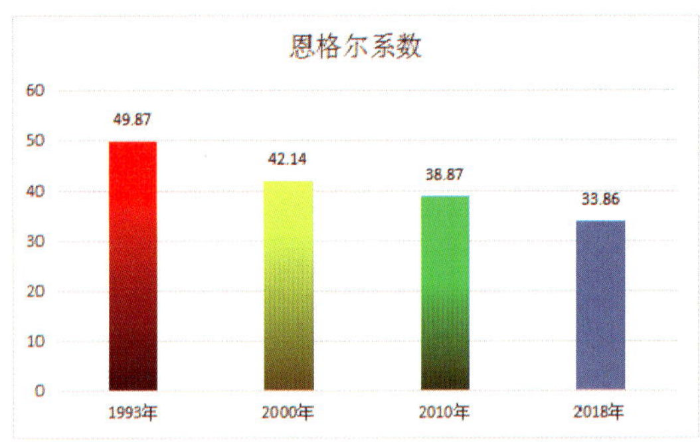

2.教育文化娱乐消费支出逐年增加

改革开放以来，随着经济社会的不断发展，老百姓有一定的能力去享受物质生活之外的精神生活，国家大力推进精神文明建设，电影电视、歌曲舞蹈、读书绘画、看报下棋、文化艺术、花鸟虫鱼、旅游、健身等等，极大地丰富了老百姓的生活。进入二十一世纪，随着互联网时代来临，，老百姓开始享受追求更高、更深层次的心灵美好和精神需要。2018年喀什市城镇居民人均教育文化娱乐消费支出1299元，比1993年增加1178.99元。

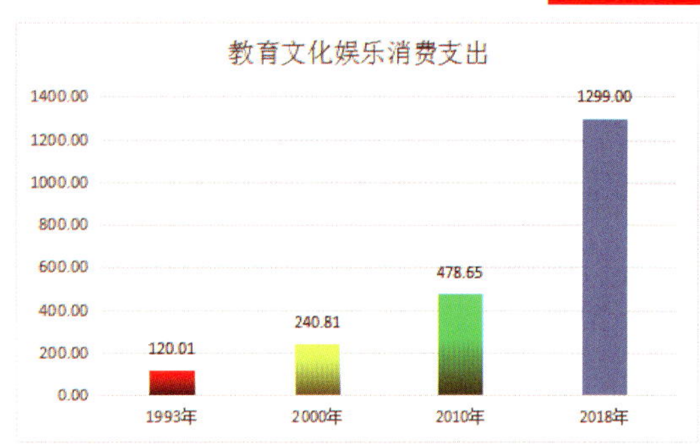

物华天宝不忘初心砥砺前行，人杰地灵春华秋实继往开来。70年努力拼搏，70年披荆斩棘，70年风雨兼程，70年沧桑巨变。在党和政府的带领下，喀什各族人民紧紧围绕社会稳定和长治久安总目标，认真贯彻落实全面建成小康社会的战略部署，在发展中保障和改善民生，喀什将从边陲小城逐渐发展成“一带一路”经济带上的一颗璀璨明珠，向西开放的桥头堡。展望未来，460万喀什各族人民紧紧团结在以习近平同志为核心的党中央周围，以踏石留印、抓铁有痕的决心和韧劲，蹄疾步稳，勠力同心，为建设繁荣、美丽、富裕、文明的喀什不懈奋斗，为建设中国特色社会主义、实现中华民族的伟大复兴贡献力量！

作者：史蕾、郑立明、张小江

单位：国家统计局喀什调查队

民生大跨越 谱写新篇章

——新中国成立70周年和田发展成就综述

新中国成立70年来，和田地区人民生活发生了翻天覆地的变化，在党中央、国务院的坚强领导下，在全国人民的支持帮助下，通过各族人民的共同努力，在经济发展、文化教育、医疗卫生、基础设施等方面蓬勃发展，全地区国民经济快速发展，综合经济实力显著增强，社会事业全面进步，人民生活明显改善，城镇和农牧区的面貌发生了翻天覆地的历史性变化，各项事业取得了令人瞩目的巨大成就。

一、和田城市功能提升，面貌蜕变

和田地区位于新疆维吾尔自治区最南端。南枕昆仑山和喀喇昆仑山，北部深入塔克拉玛干大沙漠腹地。东与巴音郭楞蒙古自治州的且末县相接，西连喀什地区的叶城、麦盖提、巴楚县，北与阿克苏地区的沙雅、阿瓦提县接壤，南邻西藏自治区；西南与印度，巴基斯坦在克什米尔的实际控制区毗邻，东西长约670公里，南北宽约600公里，边界线264公里。总面积24.78万平方公里，其中山地占33.3%，沙漠戈壁占63%，绿洲仅占3.7%，且被沙漠和戈壁分割成大小不等的300多块。和田属干旱荒漠性气候，年均降水量只有35毫米，年均蒸发量高达2480毫米。境内有大小河流36条，其中喀拉喀什河、玉龙喀什河是最大的两条河流，年径流量73亿多立方米。

为改变和田落后的城市面貌，促进和田经济效率的发展，和田全面加快建设现代化城市步伐，在学校、医院、酒店、交通建设等方面狠下功夫，努力提升和田的市容市貌，做到以城市面貌大改变推动城市功能大提升，提升市民生活质量，让和田拥有一个崭新耀眼的“名片”。截至2018年，全地区共有图书馆9个，文化馆9个，博物馆5个，文工团9个，稽查大队9个，文管所4个；广播电视台9座，调频发射转播台86座，广播电视综合覆盖分别为99.58%和99.59%；设有医疗卫生机构1728所。其中，医院82所、妇幼保健机构9所、疾控机构9所、卫生监督机构9所、乡镇卫生院90家、社区卫生服务机构15所、村卫生室1396所；全地区共有各类学校2098所，全年普通高等教育院校4所，各类幼儿园

1267所，特殊教育学校2所；全地区共有星级饭店13家。其中，四星级饭店1家，三星级饭店12家。

和田大力推动交通体系建设，构建大交通格局，全力支撑城乡发展，切实提升人民群众的归属感、获得感和幸福感。2018年高速公路正式通车，打破和田地区常年以来高速公路“零”的记录。截至2018年底，和田地区公路总里程已达到20324.05公里，其中，高速公路74.01公里，国道644公里，省道523.98公里，专用道路27公里，农村公路19055.06公里。农村公路乡镇通畅率100%、建制村通达率99.8%，通畅率99.6%。全社会民用车辆拥有量28.57万辆，其中，汽车20.86万辆，摩托车4.12万辆；拖拉机3.04万台，挂车0.55万辆。个人车辆拥有量达到21.57万辆。

二、经济规模不断壮大，产业结构持续优化

1978年和田地区生产总值仅有2600万元，其中第一产业增加值500万元，第二产业增加值800万元，第三产业增加值1300万元。2018年全地区实现地区生产总值（GDP）305.57亿元，第一产业实现增加值68.66亿元，第二产业增加值54.75亿元，第三产业增加值182.16亿元。按户籍年平均人口计算，人均地区生产总值12094元。短短40年，和田地区生产总值增长了1174倍，经济实力持续增强，经济总量快速增加。

和田地区的经济结构主要以第三产业为主，农业、工业基础相对薄弱，发展落后，1978年，三次产业结构从为19.23：30.77：50.00，2018年三次产业结构为22.5:17.9:59.6。

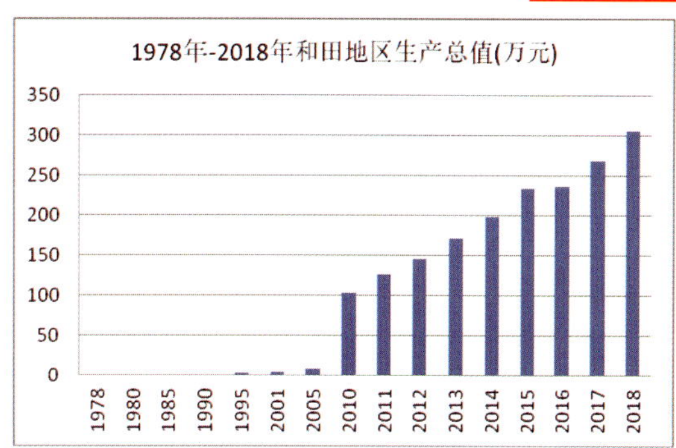

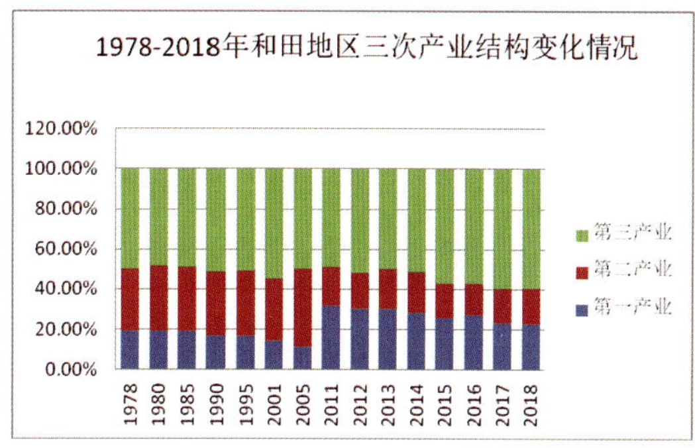

三、工业稳步发展，园区建设带动就业

1978年，和田地区工业增加值为仅0.07亿元，2018年工业增加值16.78亿元，40年增长达238倍。

截至2018年年底工业增加值16.78亿元，比上年增长10.1%。其中，规模以上工业企业增加值11.91亿元，增长4.5%。轻工业实现增加值2.03亿元，重工业实现增加值9.88亿元。规模以上工业产品销售率99.7%，主营业务收入30.50亿元，增长2.5%；实现利润总额3.31亿元，增长21.2%。

全地区14个工业园区累计完成基础设施投入46.34亿元，其中，2018年新增投资12.59亿元。入驻园区单位663家，其中工业企业509家，带动和促进5.28万人就业。

四、农业生产不断发展，农村面貌显著改变

和田地域辽阔，农业作为提供支撑国

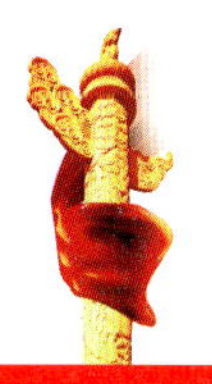

民经济建设与发展的基础产业，截至2017年全区拥有耕地面积达5216.47公顷，拥有农业从业人员595.9万人。新中国成立70年来，和田大地沧桑巨变，农业生产取得了长足发展。特别是党的十一届三中全会以来，农业生产不断取得新的突破，农村面貌也发生了根本性的变化，和田农业发展进入一个新的历史时期，农业生产条件显著改善，农业产业结构进一步优化，农业产业化经营步伐加快，以林果业为主导的现代农业模式逐渐形成，和田农业正步入全面建设农村小康社会的新阶段。

（一）农业生产条件显著改善

和田农业生产条件差，农业基础薄弱长期存在。为改变农业靠天吃饭的现象，新中国成立70年来，特别是实施西部大开发以来，以水利为重点的农业基础设施和农村电力、交通、通信建设得到加强，农业生产条件和生态环境逐步改善，农业发展后劲进一步增强，农业生产靠天吃饭的局面得到了根本性扭转。截至2018年底，全地区共建成水库52座，水电站32座，水闸0.7万座，配套机电井0.34万眼，24.27万公里，其中防渗渠9万公里，各类干、支、斗、农四级渠系配套，农田灌溉面积36.6万公顷，节水灌溉面积17.4万公顷。农业机械动力装备总量不断提高，2018年，农业机械总动力109.75万千瓦，比1962年的0.12万千瓦增长914倍；农村用电量86494万千瓦时，比1978年的343万千瓦时增长251倍；化肥施用量18.35万吨，比1978年的1.3万吨增长13倍。农田水利基础设施大幅完善，设施农业数量迅速发展，为和田农业生产有序发展提供了坚强保障。

（二）农业产业结构进一步优化

为提高粮食生产能力，加速经济作物生产快速发展，加快农业现代化步伐，和田地区因地制宜，不断优化农业产业结构。2018年，农林牧渔业总产值128.43亿元，比1949年的2.51亿元增长50倍，比1978年的4.74亿元增长26倍。其中：种植业产值93.11亿元，占农林牧渔业总产值的72.5%；林业产值2.36亿元，占1.8%；牧业产值30.45亿元，占23.7%；渔业产值0.5亿元，占0.4%；农林牧渔服务业产值2.01亿元，占1.6%。与1949年相比，种植业产值所占比重下降3个百分点，畜牧业产值和渔业产值比重分别提高8.1个和0.4个百分点。种植业内部结构不断优化，优质、专用、特色、绿色农产品比重明显上升，实现了粮、经“二元结构”向粮、经、草“三元结构”的转化。

（三）主要农产品产量大幅度增长

随着经济作物大面积种植，产量快速增加，经济作物生产进一步向优势产域集中。2018年，粮食播种面积249.75万亩，粮食总产量100.86万吨，比1949年的11.78万吨增长7.5倍，确保了地区粮食安全。棉花播种面积12.18万亩，棉花总产量1.16万吨，比1949年的0.06万吨增长18倍；油料总产量0.82万吨，比1949年的0.21万吨增长2.9倍。

五、居民收入稳步增长，人民生活水平不断提高

改革开放40年来，随着和田经济社会各项事业快速健康发展，城乡居民收入水平节节攀升。2018年，和田地区城镇居民人均可支配收入达到28610元，比2012年增长74%，年均增长8.2%，农牧民人均纯收入达

到了8756元,比2012年增长124.7%,年均增长12.3%,为实现全面建成小康社会打下了坚实的基础。40年来,和田地区城镇居民人均收入实现多次跨越:1989年达到千元,2008年突破1万元,2014年逾过2万元,2018年人均可支配收入接近3万元,实现由1985年的779.3元到2018年的28610元的跨越式增长,年均增长11.2%。和田地区农牧民人均纯收入从1978年的53.49元到2003年的1018元,突破从百元到千元、再到2018年人均可支配收入8756元,实现稳步增长,年均增长13.2%。

六、市场规模持续扩大,消费活力不断增强

(一)彻底告别数量短缺时代,全区消费总量不断扩大

改革开放后和田消费市场呈现出商品种类丰富、供给充裕,消费需求强劲、购销活跃,消费总量持续扩大的特征,商品短缺时代一去不复返。社会消费品零售总额,2018年45.40亿元,较1952年的393万元,增长了1154倍,较1978年的1.0053亿元,增长了44倍。

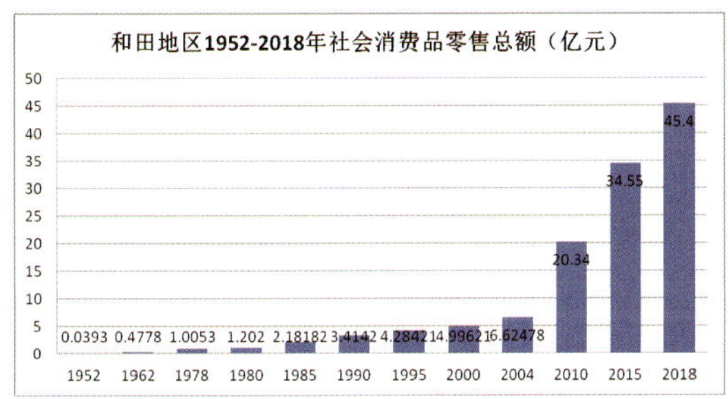

(二)市场主体多元化,市场活力持续增强

随着大众化消费增速加快,和田消费品市场由定向供给逐步向满足大众消费多样性和个性化需求方向迈进。众多中小型企业由于自身经营方式灵活、顾客群体广泛等优点得到较快发展,对消费品市场平稳增长起到了重要支撑作用,2018年,和田地区限额以下零售主体实现零售额34.74亿元,同比增长7.9%,占零售额的比重76.52%。

(三)商品结构逐步优化,消费升级趋势明显

随着城乡居民收入的不断提高,居民消费由温饱型逐渐向发展型和享受型方向转变,消费内容日趋多样化,市场消费热点不断。对限额以上贸易企业25类主要商品零售额统计,近五年(2014-2018年)和田消费特征表现为:一是基本生活类消费仍是重要支撑。例如,粮油、食品、饮料、烟酒类年均增长41.9%;二是文化健康等品质消费增长较快。如中西药品类增长7.72%,书报杂志类增长6.44%;石油及制品类增长4.66%。

七、和田贸易、旅游业从无到有不断成长壮大

70年来,和田的对外贸易从无到有的发展起来。特别是近20年以来,借助自治区"外引内联,东联西出"外开放战略的东风,充分利用国际国内两个市场、两种资源,外贸进出口一年一个台阶。1998年进出口总额102万美元,2018年突破3336万美元,20年间进出口总额增长了31.7倍。

如今,大美和田声名远播,海内外游客纷至沓来。改革开放40年来,和田旅游业从无到有不断成长壮大,创造了发展奇迹。

截至2018底,全地区共有星级饭店13家。其中,四星级饭店1家,三星级饭店12

家；A级景区22家。其中，4A级景区1家，3A级景区9家，2A级景区10家，1A级景区2家。2018年以来，旅游专列、旅游包机密集进和田，全年成功开行5列“京津皖和号”旅游专列，2趟“津和号”旅游包机。和田地区接待国内外游客213.25万人，比上年增长51.4%，比1999年增长107.3倍。旅游消费总收入27.50亿元，比1999年增长136.5倍。

八、财政收入不断提高

新中国成立70年以来，和田地区经济快速发展，1978年以后，和田地区深化财政体制改革，不断完善收入稳定增长机制，积极调整优化支出结构，财政事业发展取得显著成绩，2018年全地区公共财政预算收入达27.95亿元，比1958年0.09亿元增长309.5倍，年均增长10.0%。一般公共财政预算支出435.17亿元，比1978年的0.72亿元增长603.4倍，比2005年的21.29亿元增长19.4倍。

九、金融业逐步发展，存贷款余额快速增长

银行业规模日益壮大，随着国民经济的快速发展，金融体制改革的顺利进行，和田银行进入新的发展阶段。2018年末，全地区金融机构及其营业网点共有141个。其中，中国人民银行五家，全国性大型银行45家，全国性小型中小型银行7家，农村信用合作社83家。

银行存款余额快速增长，随着改革开放的逐步深入，和田金融机构资金积累水平迅速提高。全地区金融机构人民币各项存款余额由1962年的0.29亿元增加到2018年的733.5亿元，增长2528.3倍，年均增长15.0%。其中，城乡居民年末储蓄存款余额由1962年的0.05亿元，增长到2018年的272.8亿元，增长5721倍，年均增长16.7%。金融机构年末贷款余额由1962年的0.57亿元，增长到2018年的272.8亿元，增长477.6倍，年均增长11.6%。存贷比由1962年的195%优化至2018年的37.2%。

历史的长河，翻滚着昨日辉煌的涛浪；时代的琴弦，弹奏出今朝奋进的旋律。历经70年春华秋实，新中国风华正成、朝气新物，和田也在一代又一代儿女奋斗下发生了天翻地覆的变化；未来和田也将继续在党中央的领导下，不忘初心，牢记使命，砥砺前行，建设出和谐宜居、富有活力、具和田特色的现代化城市，为实现中华民族伟大复兴的中国梦奋力拼搏。

作者：文露、卡玛尼萨、古丽妮尕尔、韩海峰
单位：国家统计局和田调查队

披荆斩棘铺坦途 "塞外江南"换新颜

——新中国成立70周年伊犁发展成就综述

不到新疆不知祖国有多大，不到伊犁不知新疆有多美。伊犁因伊犁河而得名，伊犁因具江南特质而闻名，被古人称为"西来之异境、世外之灵壤"，现代人称之为"塞外江南"。伊犁哈萨克自治州成立于1954年11月，州直面积5.65万平方公里，2018年末州直户籍人口293.06万人，其中少数民族人口189.87万人，占64.8%，辖8县3市99个乡镇，并驻有新疆生产建设兵团第四师、第七师及所属19个团场。

70年栉风沐雨，70年春华秋实。新中国成立70年来，伊犁州直各族人民在中国共产党领导下，在党中央、国务院和自治区党委、政府的亲切关心和大力支持下，州直国民经济和社会发展发生了历史性的巨变，综合实力显著增强，城乡面貌日新月异，城乡居民生活发生翻天覆地变化，人民生活水平大幅提高，各项社会主义现代化事业建设取得辉煌成就，呈现出政治稳定、经济发展、社会进步、民族团结、人民安居乐业的繁荣景象，浓墨重彩地谱写了中华民族伟大复兴"中国梦"的伊犁新篇章。

一、历史悠久，发展条件优越

伊犁河流域在新石器时代就有了早期居民，曾是大月氏国、乌孙国所在地。公元前60年伊犁正式纳入祖国版图后，见证了成吉思汗西征、"总管伊犁等处将军"的设立、锡伯族西迁、林则徐治水、左宗棠收复疆土等历史，1954年正式成立伊犁哈萨克自治州，设有霍尔果斯、都拉塔、木扎尔特3个国家一类口岸，是我国向西开放的桥头堡，有哈萨克、汉、维吾尔、回、蒙古、锡伯等47个民族，在长期的生产生活、交流交往中，形成了一体多元、融合开放、独具特色的多彩民族文化。伊犁水土资源丰厚，适宜多种农作物生长，拥有天然草场340多万公顷，森林7313.33万公顷，耕地53余万公顷，是新疆重要的粮、油、畜产品生产基地和伊犁马、新疆褐牛培育基地。伊犁矿产资源丰富，旅游资源品位高、类型全，八卦名城等历史文化民胜、喀

拉峻、库尔德宁等世界自然遗产地、那拉提等优美自然风光及多彩的民俗风情，构成了独具魅力的旅游盛景。伊犁生态优越，河流纵横、草原丰茂、林海苍莽、湿地诸多，并孕育了丰富的动植物资源，是我国西北重要生态屏障。

二、国民经济综合实力跨越发展

新中国成立70年来，伊犁的经济规模从小变大，产业结构不断优化升级，逐步呈现出一二三产业协调发展的格局，经济实力从弱到强，实现了跨越发展。

（一）经济总量连上新台阶

新中国成立初期，伊犁州直国民经济基础极其薄弱，经济总量和人均水平都十分低下。1954年，州直生产总值只有0.79亿元，建州以后，在党中央、国务院的坚强领导下，州党委、政府带领州直各族人民团结一心，艰苦创业，克服重重困难，州直国民经济保持了持续快速增长，州直生产总值由1954年的0.79亿元增加到1978年的5.63亿元；党的十一届三中全会后，改革开放的春风给伊犁经济发展带来了契机，注入了新的活力，使得伊犁的各项事业焕发出勃勃生机，州直经济驶上快速发展的正轨。2000年，州直生产总值达到88.12亿元；进入新世纪，伊犁州直经济发展步伐加快，经济总量迅速扩张连续迈上新台阶，2002年突破100亿元，达到107.60亿元，2012年突破500亿元，达到548.66亿元。其中，从1978年上升到2002年的107.60亿元历时25年，上升到2007年的234.00亿元，仅用了6年，此后平均每1—2年上升一个100亿元台阶。2018年，伊犁州直生产总值达到939.85亿元。

图1 新中国成立以来伊犁州直主要年份生产总值（单位：亿元）

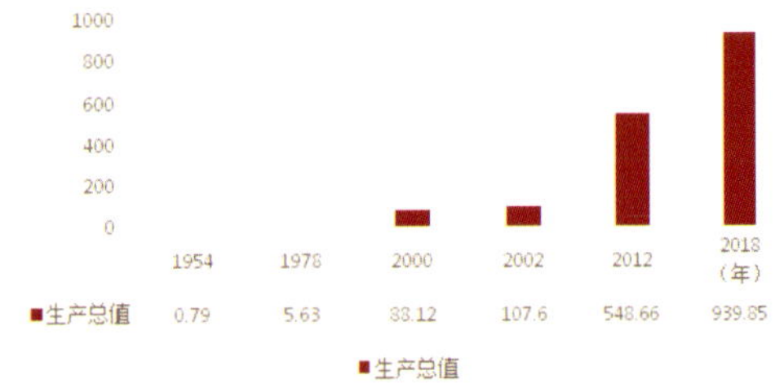

（二）人均国内生产总值不断提高

1954年伊犁州直人均国内生产总值仅有172元，1978年达到394元，1987年达到1036元，与全国一致跨越千元，2000年达到3796元，2008年超过万元大关至11467元，2012年突破2万元至20125元，2017年再次突破3万元大关至30579元，2018年达到33592元。

（三）产业结构调整步伐不断加快

1954年，伊犁州直三次产业占生产总值的比重为67.1∶12.6∶20.3，呈现出“一三二”结构。改革开放以后，州直在加强农业基础地位的同时，大力发展第二、第三产业，产业结构不断优化升级，第一产业比重大幅下降，第二、三产业比重稳步上升。1978年，三次产业占生产总值的比重为48.3∶21.9∶29.8，虽然仍为“一三二”结构，但与1954年相比，第一产业比重下降了18.8个百分点，第二产业、三产业比重分别上升了9.3和9.5个百分点。1999年，伊犁州直三次产业结构发生了标志性的变化，第三产业增加值比重首次超过第一产业，三次产业比重为37.0∶25.3∶37.7。至2018年，三次产业占比调整为18.8∶31.4∶49.8，第一产业比重较建州初期下降了48.3个百分点，二、三产业比重分别上升了18.8和29.5个百分点。新中国成立以来，三次产业在调整中得到长足发展，农业基础地位不断强化，工业实现持续快速发展，服务业迅速发展壮大，三次产业比重由“一、三、二”到“三、一、二”，再到“三、二、一”，逐步呈现出一二三产业协调发展的格局。

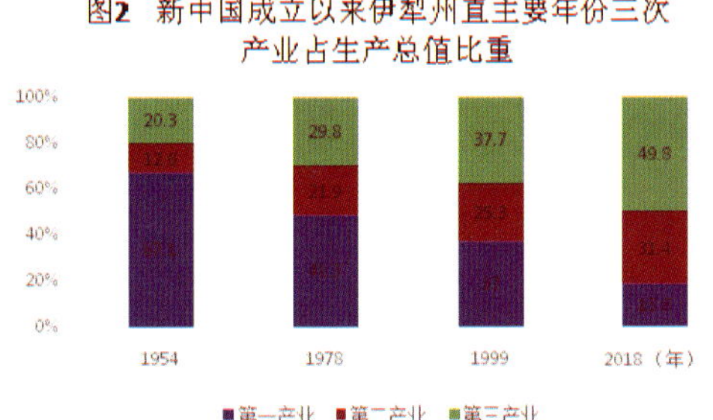

图2 新中国成立以来伊犁州直主要年份三次产业占生产总值比重

三、农业生产稳步提升，农牧业经济长足发展

新中国成立70年来，伊犁州不断深化农业和农村改革，着力加强农业农村基础设施建设和社会主义新农村建设，大力推广现代农牧业科技集成技术及实用技术，带领广大农牧民经过艰辛努力和不懈奋斗，改变了昔日农村贫穷落后的面貌，用勤劳和智慧谱写了农村经济改革发展波澜壮阔的辉煌篇章。

新中国成立初期，伊犁州直农牧业耕作粗放，广种薄收，生产条件落后，农村经济发展缓慢。1954年，州直农林牧渔业总产值仅为0.90亿元，农作物播种面积18.23万公顷，粮食产量17.30万吨，油料产量1.06万吨，棉花产量0.50吨，甜菜产量0.03万吨，肉类产量1.11万吨，牛奶产量0.33万吨，年末牲畜存栏头数187.25万头（只），农牧业基础较为薄弱。

党的十一届三中全会以后，家庭联产承包责任制极大地调动起了农牧民的生产积极性，农牧业经济蓬勃发展，生产条件极大改善，农牧业生产进入了一个全新的发展阶段。到1978年，州直农林牧渔业总产值已达到3.78亿元，是1954年的4.2倍，农作物播种面积30.57万公顷，粮食产量43.63万吨，油料产量1.58万吨，棉花产量126.00吨，甜菜产量0.06万吨，肉类产量1.91万吨，牛奶产量1.17万吨，年末牲畜总头数达到332.90万头（只）。州直农牧业生产得到较快发展，其中1988年，州直农林牧渔业总产值突破十亿元，达到12.32亿元。

进入21世纪后，州党委、政府牢牢把握政策和市场两大机遇，积极引导广大农牧民适应市场需求，进一步调整和优化种植结构，加大适用技术推广力度，使得州直农业生产实现量的突破和质的跨越。到2018年，州直农林牧渔业总产值已达到252.50亿元，是1954年的280.6倍，农作物播种面积达49.44万公顷，粮食产量达343.33万吨，油料产量11.62万吨，棉花产量1.72万吨，甜菜产量79.15万吨，肉类产量25.08万吨，牛奶产量32.31万吨，年末牲畜总头数达到653.74万头（只）。州直农牧业发展不断有了新的提升，其中2009年，

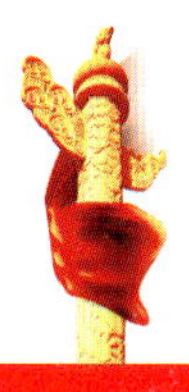

州直农林牧渔业总产值突破百亿元，2013年突破两百亿元。州直年末农业机械总动力216.77万千瓦，拥有大中型拖拉机3.41万台，小型拖拉机1.99万台。农作物机耕率99.2%，农作物机播率98.7%。拥有农业产业化经营组织986家，农业产业化重点龙头企业138家，其中，国家级3家，自治区级53家。

四、基础设施和基础产业日益完善

新中国成立以来，特别是改革开放以来，国家和自治区对伊犁州直持续加大投资和项目建设力度，投入大量建设资金，伊犁州直基础设施和基础产业发展取得了质的飞跃，为加快自治州经济社会发展注入了新的活力，州直各项基础设施加速完善，为伊犁州直经济持续健康发展营造了良好环境，经济社会发展基础得到全面夯实。

（一）固定资产投资快速增长

1954年伊犁州直固定资产投资总额仅为0.02亿元，1978年达到0.32亿元，1984年突破1亿元大关达到1.04亿元，1997年突破十亿元达到11.02亿元，2007年突破百亿大关达到108.98亿元，2017年州直固定资产投资额达到516.73亿元，是1954年的2.6万倍。

（二）交通运载条件明显增强

70年来，伊犁州直各县市区的公路逐步完善，州内形成了以伊宁市为中心的“经济圈”，县乡公路四通八达，实现了村村通公路，有力地支撑了国民经济的健康、快速发展。2017年末，伊犁州直公路通车里程14079公里，其中：国道848公里，省道995公里，县乡村道11599公里，专用公路637公里。州直拥有机动车辆557029辆，其中：汽车384656辆，摩托车90046辆，拖拉机54853辆，挂车27474辆。汽车拥有量中，载客汽车303741辆，载货汽车74870辆，其他汽车6045辆。

随着伊犁航空市场不断繁荣壮大，为伊犁全域旅游、民生改善、扶贫攻坚等社会事业发展增添新活力，为伊犁经济发展注入强大动力，大大加强了伊犁与内地之间经济、政治、文化的联系。伊宁机场目前运营航线有疆外航线7条，分别是伊宁到上海、南京、杭州、兰州、北京、广州、济南；疆内航线8条，分别是伊宁到乌鲁木齐、阿勒泰、喀什、塔城、吐鲁番、库尔勒、阿克苏、克拉玛依。

2010年，精伊霍铁路旅客列车正式开通运营。8年来，从最初的1趟列车开行，到现在每日开行12趟旅客列车；旅行时间从11小时30分缩短到5小时；列车时速从80公里/小时提升到部分区段160公里/小时；列车运能从5000多个座席增加到2万多座席。

（三）客运货运量翻倍，成绩斐然

1954年，伊犁州直完成公路运输客运量12万人，公路运输货运量10万吨；1978年，伊犁州直完成公路运输客运量77万人，公路运输货运量47万吨；2018年，伊犁州直完成营业性公路运输客运量2482万人，公路运输货运量7684万吨，完成公路运输客运周转量16.16亿人公里，完成公路运输货运周转量104.73亿吨公里。

2018年，伊宁机场民航旅客吞吐量133.30万人，货运吞吐量4885.80吨，保障起降1.24万架次，分别排名新疆机场集团20个机场的第四、第五和第七位。

铁路客运的开通运营极大地方便了沿线各族百姓的出行，为伊犁的交通、旅游、经济带来翻天覆地的变化，2018年日均进出伊宁方向的客流已超过1万人，8年来精伊霍铁路运输各族旅客1225万人次，运输货物达1248万吨。同时也成为新疆向西开放的第二条大通道，自2016年以来，共有超过11.50万辆、2465列中欧班列通过霍尔果斯铁路口岸站开往中亚、欧洲等地，过货总量突破700万吨。

（四）邮电通信现代化建设蓬勃发展

随着手机、互联网等现代通信工具普及到寻常百姓家及大数据时代的到来，互联网、大数据早已把农村、城市连为一体，原来信息闭塞、通讯落后的状况明显改观。2018年，伊犁州直累计完成邮政业务总量31424万元，年末州直固定电话用户数53.87万户，固定电话普及率达18.4部/百人。年末州直移动电话用户总数325.77万户。移动电话普及率达111.1部/百人。年末州直互联网用户数82.26万户。

五、市场繁荣兴旺，国内外贸易形势喜人

伊犁地处欧亚板块的中心，直接面向中亚、西亚及欧洲市场，向西开放的优势十分突出。伊犁州充分利用伊犁沿边开放的地缘优势和丰富的资源优势，实施对外开放战略，大力发展外向型经济，对外贸易迅速发展，消费市场繁荣发展，各类商品供应丰富多彩，消费品市场蓬勃发展。

（一）消费品市场蓬勃发展

1954年，州直社会消费品零售总额仅有0.60亿元；1978年，州直社会消费品零售总额已达2.77亿元，是1954年的4.6倍。改革开放四十年来，在经济快速稳定发展的同时，伊犁州消费市场繁荣，各类商品供应丰富多彩，消费品市场供应充足，大量高档耐用消费品涌入家庭，并迅速普及。2018年州直实现社会消费品零售总额240.17亿元，是1954年的400.3倍。

图3　新中国成立以来伊犁州直主要年份社会消费品零售总额（单位：亿元）

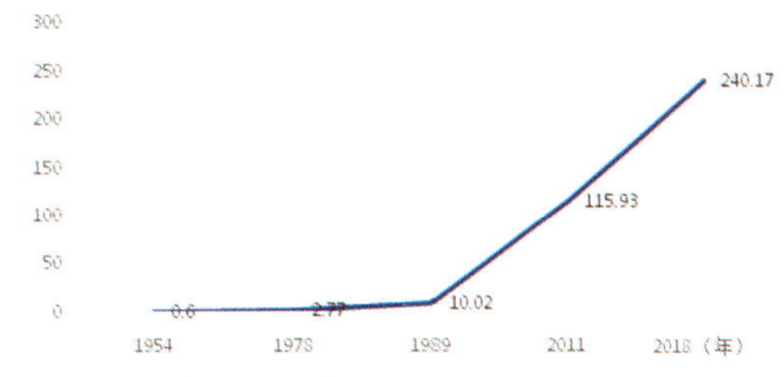

（二）对外开放成效显著

建州初期，州直对外贸易处于空白状态，1978年以前，利用外资几乎为零。实行改革开放以来，特别进入新世纪后，伊犁州紧紧抓住我国加入WTO的有利时机，全面推进对外开放，积极实施“引进来、走出去”战略，优化环境，强化服务，不断扩大对区外、国外的经济技术合作，对外开放迈出新步伐，对外贸易经济取得长足的发展，全州外向型经济取得新成就。伊犁州直外贸进出口总额由1989年的243万美元增长到2018年的53.04亿美元，增长2180.7倍，其中出口51.71亿美元。1978—

2018年间，1992年伊犁州直外贸进出口总额超过千万美元大关至4411万美元，2003年突破亿元至4.05亿美元，2005年突破十亿美元大关至18.70亿美元，2018年达到53.04亿美元。截至2018年伊犁州直对外贸易往来的国家和地区已拓展到107个。

（三）旅游产业繁荣活跃

伊犁州立足独特的区位优势和优美的自然资源，精心打造全域旅游，积极培育节庆旅游，开放的政策和优越的环境带动全州旅游业稳步发展。2009年，州直接待旅游总人数220万人次，实现旅游收入6亿元。到2018年州直接待旅游总人数4118万人次，实现旅游收入488.54亿元。十年间州直旅游收入增长了79.4倍，旅游行业的迅速发展在拉动消费、扩大就业、扶贫富民、提升城市形象等方面发挥了积极作用。

六、人民生活水平大幅提高，各项社会事业蓬勃发展

新中国成立以来，特别是改革开放以后，随着伊犁州直经济的稳步发展，州直城乡居民收入持续快速增长，消费水平和消费质量明显提高，居民生活水平由贫困到温饱，向全面小康迈进，城乡居民生活得到了显著改善，生活水平和质量不断提升。

（一）居民生活不断改善

70年来，随着伊犁州直经济的快速发展和国家政策的倾斜扶持，伊犁州直城乡居民的生活不断改善，生活水平不断提高，人口不断增长的同时收入也成倍增长。70年来，州直户籍人口总数从45.98万人增长到293.06万人。1954年，州直农牧民人均纯收入仅为46元，1978年为110元，建州五十年都处于3000元以内，直到2005年农民人均纯收入才突破三千元，2018年农村居民人均可支配收入达13212元，是建州初期的287.2倍；城镇居民人均可支配收入在2009年突破万元大关，2018年达到30218元。

（二）城镇居民消费水平不断攀升

随着伊宁市城镇居民收入水平不断提高，城镇居民家庭生活发生了巨大的变化，消费水平不断攀升，生活质量稳步提高。2000年，伊宁市城镇居民人均生活消费支出为3609.13元，到2018年，伊宁市城镇居民人均生活消费支出已增至23732.05元，增长了4.6倍。与此同时，城镇居民的消费观念和消费结构也发生了巨大变化，由过去的温饱型消费向发展型、享受型消费转变。2018年，伊宁市城镇居民家庭恩格尔系数（食品支出占消费总支出的比重）由2000年的39.2%下降为26.8%。如今，城镇居民消费选择性增加，要求更高，食品消费由以前的“吃饱”转向“吃好、吃得营养、吃出健康”，衣着消费由以前的满足“穿暖”变为追求“穿好、穿出时尚、穿出个性”，消费热点也由以前的自行车、手表、缝纫机这“老三件”转向汽车、通信产品及住房。

（三）社会保险覆盖面不断扩大

从20世纪90年代开始，经过多年的努力，伊犁州不断建立健全以养老保险、城镇职工及居民医疗、失业保险、最低社会

生活保障、新型农村合作医疗为主的社会保障体系。到2018年，州直参加城乡居民社会养老保险人数83.92万人，参加城镇职工基本养老保险53.49万人；参加基本医疗保险230.98万人，其中，城镇职工39.51万人，城乡居民191.47万人；参加失业保险23.00万人；参加工伤保险23.67万人，参加生育保险25.61万人。

（四）教育事业全面发展

伊犁州始终把教育作为兴州之本，深入实施了“科教兴州”战略，积极出政策、造环境、强投入、打基础、谋发展，教育基础设施建设日益完善。扫除青壮年文盲、普及九年义务、“两免一补”“免费营养餐”等教育政策的全面贯彻落实，使得全州各族人民群众的文化素质得到较大提高，教育事业取得辉煌业绩。2018年，州直高等教育在校生3.17万人，其中少数民族在校生1.80万人；中等职业教育在校生2.51万人，其中少数民族在校生2.16万人；州直“两基”人口覆盖率100.0%，小学学龄儿童入学率99.9%，初中阶段适龄少年入学率98.8%，初中毕业升入普通高中升学率55.5%。

（五）文化艺术事业飞速发展

伊犁州认真贯彻“百花齐放，百家争鸣”的“双百”方针，建立健全全社会的公共文化服务，注重民族文化资源的保护和开发，大力发展农村和社区特色文化，为人民群众提供优质的公共文化服务。截至2018年末，州直共有艺术表演团体13个，文化馆11个，乡镇文化站127个，博物馆8个，公共图书馆11个，公共图书馆图书藏量175万册；共有广播电台（地市级台）1座，广播电台发射机76部，广播综合人口覆盖率95.5%；地市级电视台1座，县级广播电视台11座，电视台发射机82部，电视综合人口覆盖率97.6%。

回顾历史，新中国成立的70年来，伊犁州各族人民在党中央、国务院和自治区党委、政府的亲切关心和大力支持下，在民族区域自治制度和党的民族政策的光辉照耀下，全州各族人民同心同德，奋发图强，以极大的热情投身于社会主义现代化建设的伟大实践，州直社会经济发生了历史性的巨变，呈现出经济发展、社会稳定、民族团结、人民安居乐业的大好和谐局面。

展望未来，站在历史的新起点上，伊犁州各族儿女将以更加敞开的胸怀、更加开放发展的姿态，更加紧密地团结在以习近平同志为核心的党中央周围，高举中国特色社会主义伟大旗帜，以习近平新时代中国特色社会主义思想为指导，汇聚伊犁州各族儿女的梦想和追求，撸起袖子加油干，挺起脊梁振雄风，将祖国边疆明珠建设得更加亮丽！

作者：余晓晓

单位：国家统计局伊犁调查队

历经沧桑谈巨变 成果辉煌显真章

——新中国成立70周年塔城发展成就综述

新中国成立70年来，塔城地区各族人民在中国共产党的领导下，步入了社会主义建设的光辉征程，经过一代又一代塔城人民的共同努力和奋斗，塔城地区社会经济各项事业的发展都取得了令人瞩目的巨大成就，工业经济不断发展壮大，农业和畜牧业得到了全面的发展和提升，居民收入实现大幅增长，人民生活水平稳步提升。

一、塔城地区区域基本情况

伴随着人民共和国的成立，1950年4月塔城专区废除封建千百户长制度，成立中共塔城地委，此后相继成立各县县委，从此塔城地区各族人民在中国共产党的领导下，进入了社会主义建设时期。

塔城地区位于新疆维吾尔自治区的西北部，伊犁哈萨克自治州的中部，总面积10.45万平方公里，有耕地面积1236万亩，下辖塔城市、乌苏市、沙湾县、额敏县、托里县、和布克赛尔县、裕民县七个县市，区内还有新疆生产建设兵团农七、八、九、十师所属的36个农垦团场。总人口128.6万人，居住有汉、哈萨克、回、维吾尔、蒙古、俄罗斯、锡伯、塔塔尔、柯尔克孜、乌孜别克、东乡等29个民族。塔城市距新疆首府乌鲁木齐580公里。区内有大小河流107条，共分为5个水系。

二、综合实力跨越式发展

新中国成立70年来，塔城经济发展取得辉煌成就，经济规模不断跨越新台阶。

新中国成立之初，塔城地区的经济百废待兴。据统计，1949年全地区生产总值1.02亿元，其中第一产业0.97亿元，第二产业0.01亿元，第三产业0.04亿元。经过长期的艰苦奋斗，到1978年，全区生产总值3.31亿元，其中：第一产业1.81亿元，第二产业0.7亿元，第三产业0.8亿元。1978年全地区生产总值是1949年的3.2倍，年均增长4.1%。

2010年全地区生产总值341.9亿元，其中第一产业126.4亿元，第二产业118.0亿元，第三产业97.5亿元。2010年全地区生产总值是1978年的103.3倍，年均增长15.6%，年人均生产总值25592元。

2018年全地区生产总值接近突破700

亿元，达693.27亿元，同比增长5%。其中，第一产业165.2亿元，同比增长5.6%；第二产业1700亿元，同比增长4.7%；第三产业198.3亿元，同比增长4.7%。三次产业比例为30.9:31.9:37.2。全地区生产总值是2010年的2.03倍，年均增长9.2%，年人均生产总值57998元。

三、工业经济逐步发展壮大

新中国成立初期，塔城的工业基础非常薄弱，工业门类少且产能落后，1949年，全民所有制工业企业只有5个，全年工业总产值只有426万元；1978年，全区工业企业发展到187家，其中：国有企业90家，工业总产值9974.4万元，比1949年增长22.4倍，年均增长11.5%。

改革开放以来，塔城地区坚持解放思想、实事求是的思想路线，立足自身资源优势，大力推进与煤炭生产相关的产业发展，发展农副产品、矿产品的深加工，工业经济取得了长足发展。1998年，全区工业企业发展到3896家，其中：国有企业123家，工业总产值156761.2万元，比1978年增长14.7倍，年均增长14.8%。1998年全口径当年价工业增加值为156402万元，比1978年5119万元增长29.6倍，年均增长18.6%，“六五”“七五”“八五”“九五”时期，工业总产值分别年均增长10.2%、9.8%、14.5%、11.0%。

近年来，全地区扎实推进供给侧结构性改革，加快产业转型升级，工业经济运行质量稳步提升。到2018年，规模以上工业企业达到144个，工业增加值达66.4亿元，是1998年的3.3倍，年均增长7.5%；企业效益明显改善，实现利润9.1亿元，比上年增长12.3%；完成工业品出口货值3.73亿元，同比增长106%。

四、农业农村发生历史性变化

新中国成立后，党和政府采取多种措施，大力发展农业生产，1950-1957年塔城人民经过减租反霸、土地改革，农业合作化运动，完成了社会主义改造，1958年实现了人民公社化。至此开始到1978年的21年间，实现了农业机械化，建立了农业技术推广，为以后农业的发展奠定了基础。

1949年塔城地区农作物播种面积6.33万公顷，其中粮食作物6.07万公顷，占当年播种面积的96.4%，油料作物0.17万公顷，占总面积2.8%，其他作物仅占0.8%。1978年全地区农作物播种面积达18.57万公顷，较1949年增加12.27万公顷，年均增长3.8%。其中粮食作物14.29万公顷，占当年播种面积的76.9%，油料作物1.76万公顷，占当年播种面积的9.49%，其他作物占13.61%。2018年全地区农作物播种面积已达59.6万公顷，较1978年增长2.2倍，年均增长3.0%。其中粮食作物占当年播种面积的46.8%，油料作物占2.6%。粮食作物的比例逐年减少，经济作物的比重逐年增加。

“九五”时期，为加快新疆优势资源的转换，提出要把新疆建设成为全国最大的优质棉花生产基地。塔城地区抓住机遇，乘势而上，大力发展棉花产业。2018年棉花种植面积达到24.41万公顷，占全年播种面积的43.1%，比1995年3.38万公顷增长6.2倍，年均增长9.0%。

农作物产量，1949年全地区粮食总产量仅有5.16万吨，油料0.1万吨，蔬菜0.05万吨；1978年全地区粮食产量达23.16万吨，棉花产量0.11万吨，油料0.77万吨，蔬菜2.38万吨。2018年全地区粮食产量已

达325.96万吨，棉花52.92万吨，油料2.96万吨,蔬菜90.83万吨。

1949年全地区共拥有各类牲畜111.64万头，其中羊90.24万只。1978年全区各类牲畜存栏211.72万头，比1949年增长0.9倍，到2018年全地区牲畜存栏已达377.69万头，较1978年增长0.78倍。

1949年塔城地区来自农业方面的产值仅有2938.18万元，到1955年已达到4945.37万元，是1949年的1.7倍。1978年全地区农业产值为13748.82万元，是1949年的4.7倍。1998年全地区农业产值为127452.51万元，是1978年的9.3倍，20年年均增长11.8%。2018年已达1940946.5万元，较1998年增长14.2倍，年均增长14.6%。塔城地区作为传统牧区，畜牧业生产在地区经济中占有重要地位，1949年塔城地区来自畜牧业的产值11983.94万元，到1955年已达到19047.74万元，增长58.9%。1978年全地区畜牧业产值22302.56万元，比1949年增长1.9倍，2018年全地区已实现畜牧业产值910224.78万元，较1978年增长39.8倍，年均增长9.7%。

五、城乡居民生活质量全面提升

1949年全地区农牧民人均纯收入84元，到改革开放初期的1978年只有125元，与1949年相比仅增加41元。改革开放20年后的1998年全地区农牧民人均纯收入达到2665元，比1978年增长20.3倍，年均增长16.5%。到2014年农牧民人均纯收入已达到12766元，较改革开放初期的1978年增长101.1倍，年均增长13.7%。2018年农村居民可支配收入为16072元，比上年增长5.2%。

新中国成立初期，塔城地区百业待兴，经济困难。为确保城镇居民生活水平的提高，在当时物资供应匮乏的情况下，按当时国家的有关政策，全地区职工普遍实行“供给制”，对职工生活必需的副食品以及部分紧缺的工业品实行票证制。通过采取此种方法，只能使吃穿基本生活得到保障。改革开放后城镇居民收入快速增长，据塔城市住户调查数据显示，城镇居民人均生活费收入从1985年的689元增加到1994年的2862元，增长3.15倍，年均增长17.1%；城镇居民人均可支配收入从1995年的3693元增长到2012年的17170元，增长3.65倍，年均增长9.5%。

2018年城镇居民人均可支配收入已达到28838元。从城镇居民家庭收入构成比重看，来自工薪收入由1985年的80.4%下降到54.4%，经营性收入由5.7%上升到14.2%。财产性收入由1.5%上升到11.6%，转移性收入由12.8%上升到19.8%，居民收入渠道更加丰富。

地区城乡居民收入不断增加的同时，居民的消费结构也在明显优化。1985年塔城地区城镇居民人均消费性支出仅有591元，到2018年已达到26073元，较1985年增长43.1倍，年均增长12.2%。从八大类占消费支出的比重看，食品支出由1985年的46.9%下降到26.1%，衣着支出由19.1%下降到10.2%，家庭设备用品及服务支出由8.2%下降到6.9%，医疗保健支出由0.9%上升到6.4%，交通和通信支出由1.6%上升到18.3%，教育文化娱乐支出由11.2%下降到10.7%，居住类支出由6.5%上升到19.3%，其他商品和服务支出由5.6%下降到2.1%。从上述支出构成变化看，随着城镇居民收入的增加，居民用于吃、穿、用等一些基本生活保障支出明显下降，居民生活支出更偏重于医疗和保健，更倾向于外出通行、人员交往、电话沟通和联络。

城镇居民家庭百户高档耐用品拥有量也发生巨大变化，1985年，塔城地区城镇居民家庭自行车拥有量86辆，家用摩托车不足1辆，洗衣机29台，照相机2部，彩电17台，中高档乐器3件。到2018年城镇居民家庭拥有量发生了显著的变化，八十年代居民家庭所拥有的自行车已不是主要的出行工具，所取代的是摩托车、助力车、家用汽车。从百户拥有量看，摩托车已达45辆，助力车已达52辆，家用汽车52辆，洗衣机80台，电冰箱121台，彩电87台，家用电脑52台，其他中高档乐器20件，微波炉25台，空调器4台，淋浴热水器61台，固定电话47部，移动电话230部。

城镇居民的食品消费经历了仅仅满足于“吃饱”到追求“吃好”以及对“营养化、多样化、方便化”转变的历史过程，特别是改革开放以来，市场商品极大丰富，居民消费的选择性增强，食品消费由主食型消费向副食型、营养、方便转变。2018年城镇居民人均食品支出6807.95元，其中肉、禽、蛋、奶等食品支出1896.98元，占食品支出的比重27.9%。消费观念的转变以及生活节奏的加快带动居民在外用餐次数明显增多，人们追究更加安全、优质的食品，消费额迅速增加，占食品支出比重也越来越大，2018年城镇居民人均在外饮食支出1739.23元，占食品支出的比重也由1985年的3.1%提高到2018年的25.4%。

六、发挥口岸优势，外贸规模不断发展壮大

巴克图口岸已有200年通商历史，1988年秋，在中哈两国政府的支持下，边境双方地方政府通过政府官员互访，打破了近三十年的封闭。1990年，巴克图口岸重新开通临时过货、过人。1992年6月，国家批准塔城市为沿边进一步开放城市，并赋予了各项优惠政策。1994年3月14日被国家批准为一类口岸，从此口岸经济步入了快车道，得到了较快的发展。

塔城坚持“走出去”和“引进来”并举，对外贸易规模持续扩大，特别是党的十八大以来，依托国家“一带一路”倡议，逐步打造全方位、多层次、高水平对外开放新格局，边民互市贸易快速发展，对外贸易实现稳步发展。1995年进出口贸易总额为5844万美元，2005年60890万美元，比1995年增长9.4倍，年均增长26.4%。到2014年进出口贸易总额为6.2亿美元，2018年实现进出口总额5.09亿美元。

七十年奋斗岁月披荆斩棘，七十年发展历程壮丽辉煌，塔城地区社会经济发展取得了可歌可泣的巨大成就，这一切都离不开中国共产党，离不开中国特色社会主义制度，离不开勤劳勇敢塔城各族群众。新时代，塔城人民必将在以习近平同志为核心的党中央坚强领导下，在前进道路上不忘初心，牢记使命，攻坚克难，砥砺奋进，努力开创和谐生态宜居塔城建设新局面，为建设团结和谐、繁荣富裕、文明进步、安居乐业的中国特色社会主义新疆做出新的更大的贡献！

作者：王振华、马建国

单位：国家统计局塔城调查队

山重水复俱往矣 日新月异看今朝

——新中国成立70周年阿勒泰发展成就综述

新中国成立以来,阿勒泰地区和全疆、全国一样,发生了翻天覆地的变化。特别是改革开放以来,地区各族人民在各级党委领导下,坚持以中国特色社会主义理论为指导,认真贯彻党的基本路线和各项方针、政策,牢牢把握"抓住机遇,深化改革,扩大开放,促进发展,保持稳定"的工作方针,自力更生,艰苦奋斗,开拓进取,真抓实干,全地区国民经济快速发展,综合实力显著增强,社会事业全面进步,人民生活明显改善,城镇和农牧区的面貌发生了翻天覆地的历史性变化,各项事业取得了令人瞩目的巨大成就。

阿勒泰简介

阿勒泰地区位于中国新疆北部,地通三国,其东与蒙古国接壤,其北与俄罗斯联邦共和国交界,其西与哈萨克斯坦相连,其南与新疆昌吉州和塔城地区为邻,下辖阿勒泰市(行署所在地)、布尔津县、哈巴河县、吉木乃县、福海县、富蕴县、青河县。11.78万平方公里的土地上,生活着哈萨克、汉、蒙古、维吾尔、回等36个民族66万余人,其中哈萨克族占地区总人口50.1%。

金山阿勒泰,千里岩画廊。阿勒泰地区地处祖国西北边陲,有着丰富的矿产资源和野生动植物资源,更具有独特的旅游风景区,是人类历史滑雪起源地和中国雪都,独具特色的人文历史和自然风貌造就了阿勒泰这颗祖国西北边陲的璀璨明珠。阿勒泰和祖国一同走过了煌煌七十载岁月,在党中央和自治区党委的坚强领导和关怀下,阿勒泰地区各族人民不畏困难险阻、不惧危机挑战上下一心、团结一致,以勤劳的双手、坚实的脚印,通过不懈的努力奋斗和对美好生活的向往建成了现在的美丽阿勒泰,并将继续把阿勒泰建设得更加美丽和富饶。

生活篇

七十载煌煌岁月,人民生活大变迁

七十年来,阿勒泰的各项事业都取得了巨大的发展,区域经济实力显著增强,人民生活质量明显提高,社会和谐稳定,城乡居民安居乐业，城乡面貌焕然一新。

一、经济社会大发展

回顾七十年的发展历程，阿勒泰地区各族人民紧紧围绕经济建设的中心，坚持自力更生、艰苦奋斗、开拓进取、真抓实干，通过不懈的努力，全地区国民经济快速发展，综合实力显著增强，社会事业全面进步。

（一）全地区总产出创新高，地区总产值平稳增长

1952年阿勒泰地区总产出为3423万元，到2017年阿勒泰地区总产出达到了6152903万元，增长1797.5倍，从1952年至2017年年均增长12.2%；1978年阿勒泰地区生产总值15694万元，2018年阿勒泰地区生产总值2840945万元，增长181.0倍，从1978年至2018年年均增长13.9%。人均地区生产总值从1987年的389元/人，增长至2018年的43464元/人，年均增长12.5%。

（二）经济结构不断优化，抗风险能力逐渐加强

阿勒泰地区不断调整经济发展方式、深化优化产业结构，加快新产业培育，产业结构由原来单一的农牧业生产发展为一、二、三产业齐头并进的发展方式。1978年阿勒泰地区第一产业、第二产业、第三产业在地区生产总值中占的比重分别为46.3%、26.7%、27%，到2017年所占的比重分别为17.6%、36.5%与45.9%。以旅游业为引领的第三产业特别是服务业持续发力，带动阿勒泰地区区域经济的发展。

（三）GDP增速与城乡居民收入增速逐步吻合

自1996年后农村居民收入保持稳定增长的趋势与GDP增速变化趋势逐渐一致，表明经济发展与农村居民收入增长基本同步。从城镇居民人均可支配收入增速与GDP增速对比图来看，阿勒泰城镇居民收入增长总体上与经济发展保持了同步。阿勒泰地区不断优化资源配置，发挥市场为导向的主体作用，自1978年进行农村改革后，直接影响农村居民人均纯收入在1978年至1995年间波动起伏较大，1996年后农村居民人均纯收入增长趋势与GDP增速变化趋势逐渐一致。2004年以来阿勒泰城镇居民人均可支配收入与经济发展基本保持同步。

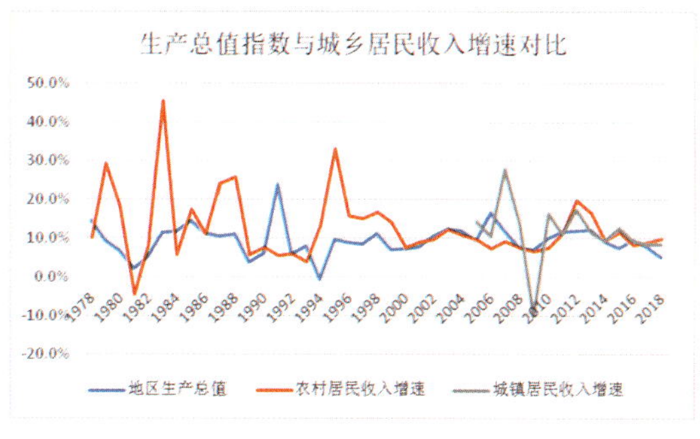

二、居民收入大跨越

新中国成立七十年来，阿勒泰地区不断分享国家发展带来的巨大收益，借国家发展的东风，着力稳增长、促发展、惠民生的经济发展模式，坚决落实各项惠民政策，持续保障民生工程建设力度，加大对城乡基础环境的建设力度，阿勒泰区域经济保持持续稳定的增长态势，带动阿勒泰城乡居民收入平稳增长。

1958年阿勒泰地区农牧民人均纯收入64.69元；1995年农牧民人均纯收入达到1135元；2016年农村居民人均可支配收入为10162元，突破万元大关。2018年阿勒泰地区农村居民人均可支配收入为12185元，比1958年的人均收入增长188.4倍。从1958年至2018年农村居民收入年均增长9.1%。

2004年阿勒泰地区城镇居民人均可支配收入6575元；2007年阿勒泰地区城镇居民人均可支配收入突破万元大关达到10632元；2014年阿勒泰地区城镇居民人均可支配收入破两万元，达到20828元；2018年阿勒泰地区城镇居民人均可支配收入达到30263元，比2004年的城镇居民人均可支配收入增长4.6倍，从2004年至2018年城镇居民可支配收入年均增长11.5%。

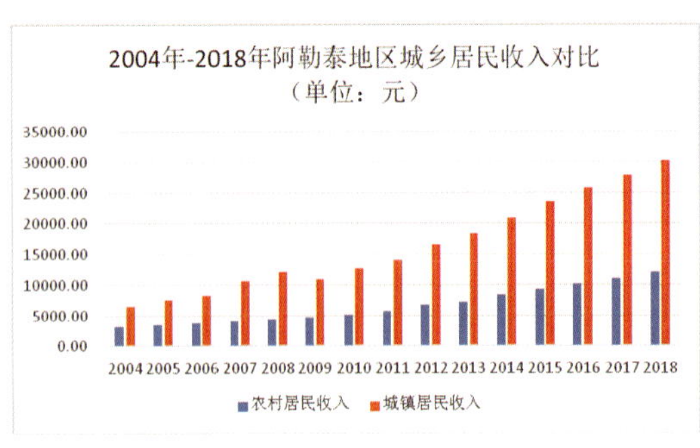

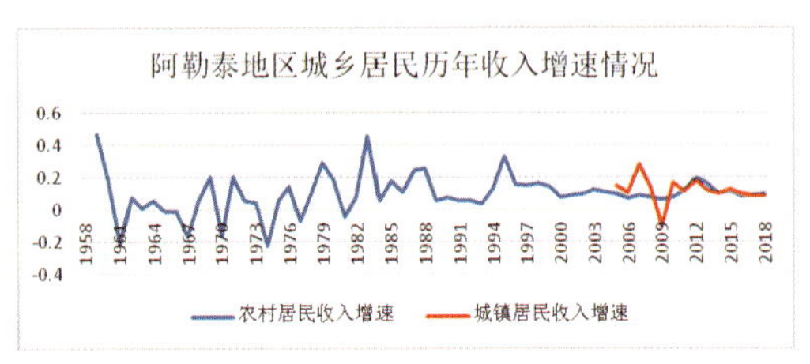

三、消费水平大提升

新中国成立初期，阿勒泰地区居民生活还处于贫困状态。直到改革开放初期，阿勒泰地区农村居民生活还处于温饱不足的状态。改革开放以后，城乡居民生活从温饱、小康到富裕，消费水平不断提升。

消费品从短缺到丰富，消费商品更加多元化。社会消费品零售总额由1950年的80万增加到2018年的798486万元，各种生活用品都极大丰富。在居民家庭中，耐用品消费从无到有，新中国成立初期，受经济发展水平的影响，人们的收入水平低下，生活的重心放在养家糊口上，耐用品消费微乎其微。进入21世纪以来，洗衣机、冰箱、电视，甚至移动电话、家用电脑已经是家庭的必需品。至2018年，据抽样调查数据显示，阿勒泰市每百户家庭拥有洗衣机101台，冰箱99台，彩色电视103台。据居民收支调查数据显示，2018年阿勒泰市人均家用器具支出249.47元，同比增长41.56%。

四、就医需求全保障

阿勒泰地区合作医疗工作自2003年在全国率先试点实施以来，严格贯彻执行自治区及相关政府部门的文件要求，有针对性的解决存在的问题，进一步完善全地区新型合作医疗制度，建立健全新长效机制，确保参合居民得到实惠，有效缓解了城乡居民看病难看病贵问题。

1979年至2017年，阿勒泰地区医生数量从656人增加到1691人，增长2.6倍，全地区医院床位数由1676张增加到3432张，增长2.1倍；每千人拥有医生数由1979年的1.46人增加到2017年的2.52人；每千人拥有医院床位数由3.73张，增加至5.11张。

近年来，阿勒泰地区有力的落实执行《城镇职工基本医疗保险》《新型农村合作医疗》及《城镇居民医疗保险、大额医疗》

等医疗保障惠民政策，使城镇职工、城镇居民和农村居民在内的全部城乡居民都有了基本医疗保障，标志着阿勒泰地区实现基本医疗保障制度全覆盖，实现了“人人享有基本医疗保障”的格局。

五、义务教育全覆盖

教育是民族振兴和社会进步的基石，是提高国民素质、促进人的全面发展的根本途径，对增强中华民族创新创造活力、实现中华民族伟大复兴具有决定性意义。阿勒泰地区1949年仅有67所小学在校小学生10129人。1950年建立第一所普通中学，1984年设立3所中等专业学校，截至2017年，阿勒泰地区有学校数126所，其中：中等专业学校8所，普通中学29所，小学87所。1949年至2017年，全地区在校小学生由10025人增加到50619人，增长5倍，在校普通中学生数量由104人增加到34391人，增长330.68倍。每一教师负担学生数由1949年的32.67人/人，下降至2017年的10.44人/人。

近年来，阿勒泰地区建立健全农村幼儿园公共基础设施建设，配备专业师资队伍，完善农村办学条件，确保了所有农村学生有学可上，实现了全区农村学前3年免费双语教育全覆盖。对中小学生实施“两免一补”政策，对城乡义务教育学生免除学杂费、免费提供教科书，对家庭经济困难寄宿生补助生活费，免费提供教科书等，使城乡适龄儿童均能够接受免费义务教育。做到不让一个学生因家庭经济困难而失学，最大程度的体现教育在阻隔贫困代际传递上的作用。

回顾七十年的发展，阿勒泰各族人民在党中央、自治区党委和政府的领导下取得了巨大的成就。展望未来，阿勒泰各族人民踌躇满志，在习近平新时代社会主义思想的引领下，坚定信念，通过不懈的努力和奋斗与祖国与全国人民一同走向繁荣富强的新时代。

农业篇

艰苦奋斗今胜昔，金山农业谱新篇

新中国成立以来，阿勒泰地区种植业生产从小农经济起步，经过七十年曲折发展，发生了翻天覆地的巨大变化，取得了令人瞩目的辉煌成就，供给能力不断增强，种植结构不断优化，专业化、产业化、规模化的现代化生产方式不断发展壮大，种植业已经成为农村经济的重要支柱产业，在促进农民增收、发展农村经济中发挥着举足轻重的作用。

一、粮食综合生产能力取得历史性突破

1949年阿勒泰地区粮食总产量仅为0.70万吨，到2018年，阿勒泰地区粮食总产量为50.64万吨，较新中国成立初期增长明显，种植业产值的快速增长得益于粮食综合生产能力的提高，尤其是自80年代初开始，农村推行了以家庭联产承包为基础、统分结合的双层经营体制，打破了原有的计划经济模式，农业综合生产能力显著提高，粮食产量稳定增长，粮食总产量

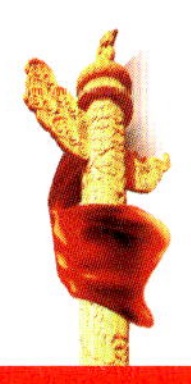

在2015年达到了高峰，年产达66.74万吨。

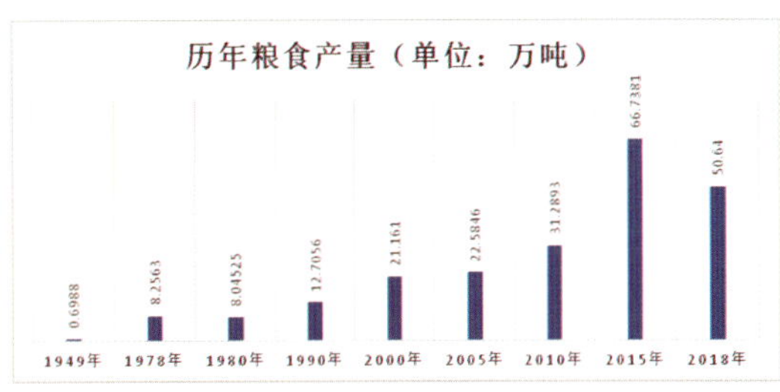

二、种植结构不断优化

新中国成立初期，阿勒泰地区以畜牧业为主，农业主要以种植小麦等粮食作物为主，经过70年不断发展，种植结构不断调整，2018年，阿勒泰地区农作物总播面积24.83万公顷，粮经草三元结构比例调整为24:43:33，种植比例不断优化，葵花、打瓜等经济作物为农民增收提供了良好的支撑。

三、农业产业化水平日臻成熟

自新中国成立以来，阿勒泰地区传统意义上的种植方式也在悄然发生变化，产品结构显著改变。一是绿色生态农业发展形式多样化。“菜篮子”工程提质增效，果蔬生产向精细化、集约化方向发展，蔬菜产量倍增。2018年阿勒泰地区蔬菜产量2.95万吨，是1977年的15.35倍。惠华沙棘、砚山食用菌、戈宝罗布麻茶等系列产品也通过了国家有机认证；二是形成了一大批有实力的农业产业化企业，经过多年发展，阿勒泰地区共有国家级农业产业化重点龙头企业1家，自治区级农业产业化重点龙头企业18家，地区级农业产业化重点龙头企业53家；全国休闲农业示范点1家，自治区休闲农业示范点5家，全国休闲农业和乡村旅游星级示范企业5家。

四、现代农业发展步伐加快

改革开放以来，农业的科技化、机械化和信息化水平明显提升，农作物种植由以前的小农经济手工种植发展至现在的机械化种植，种植方式实现了巨大转变，2018年阿勒泰地区农业机械总动力达到88.88万千瓦，基本实现了种植机械化。

畜牧篇

改革生动力，牧业谱华章

阿勒泰地区是新疆主要的草原畜牧业地区之一，具有得天独厚的条件，草原辽阔，现有草原面积980万公顷，发展现代畜牧业具有明显的优势。新中国成立70年来，阿勒泰地区畜牧业生产发生了翻天覆地的变化，发展成今天肉、蛋、奶以及各种制品供应充足的局面，极大地丰富了全地区乃至全疆人民群众的菜篮子。如今，畜牧业生产已经成为阿勒泰地区现代农业的发展重点，同时也成为阿勒泰地区农牧民增收的重要途径。

一、畜牧业成为阿勒泰地区农业的主导产业

新中国成立70年来，阿勒泰地区畜牧业跨越一个又一个台阶，发展的速度、质量、效益迅速提高，如今已成为商品化率高、产品质量优的农村经济支柱产业，各类牲畜存栏数从1949年的37.32万头(只)发展到1955年的97.84万头(只)，1958年的165.66万头(只)，1978年的207.8万头(只)，1998年的305.38万头(只)，2018年的286.26万头(只)，2018年各类牲畜存栏数是1949年各类牲畜存栏数的7.7倍。阿勒泰主要畜产品产量2018年和1980年相比

也有很大提高。2018年肉类总产量8.72万吨，是1980年的1.66万吨的2.6倍。2018年牛奶产量28.59万吨，比1980年1.33万吨增长20倍多。禽蛋总产量1.52吨，均比1980年有较大的增长。

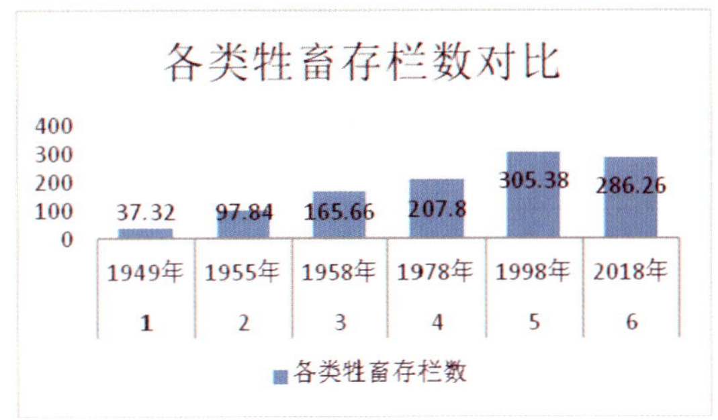

二、阿勒泰地区畜牧业地方良种优势明显

阿勒泰地区饲养牲畜主要以养羊为主，具有一批适应当地自然条件的优良品种，主要品种是阿勒泰羊，占到了全地区牲畜总量的60%。阿勒泰羊是哈萨克羊中的一个主要分支，以体格大，生长速度快，肉质鲜嫩，无污染、无膻味而闻名。其次是新疆青格里绒山羊和哈萨克山羊约占全地区牲畜总量的15%，新疆青格里绒山羊的平均产绒量达350克左右。牛的主要品种有哈萨克牛、新疆褐牛、西门塔尔、中国荷斯坦牛。

三、畜牧业成为农牧民增收的主要渠道

2018年末，全地区肉、奶产量分别达到8.72万吨、28.59万吨；全年实现牧业产值45.3867万元；全地区牧民人均牧业收入达到13251元(毛收入)。

随着产业规模的持续扩大，农民得以持续增收，农业既增产又增收。畜牧业的发展还让农民离土不离家，在畜产品加工企业做工或从事购销、饲料加工等配套服务业，也给广大农民带来了可观的收益。全地区储备饲草料总量374.20万吨，其中饲草353.50万吨、饲料20.70万吨。政府防灾应急饲草料储备工作扎实开展，全地区现有5座区、地级防灾应急饲草料储备库，总储备能力为1.15万吨。全区完成人工饲草料地面积10.53万公顷、完成计划的131%。种植高产苜蓿0.50万公顷、产量达到710公斤，新增苜蓿1.54万公顷。科学开展试验基地项目，对16个苜蓿品种进行试验。

四、阿勒泰地区畜牧正向质量效益型现代畜牧业迈进

阿勒泰地区的草原畜牧业是古老草原五畜(马、牛、驼、绵羊、山羊)游牧业的发展和延续。旧中国政府对草原基本建设投资很少，牧民过着逐水草而居的贫苦生活，大部分牧民严冬居住在半阴半阳的地窝中躲避风寒，春、夏、秋靠自制的毡房抵御寒、暑、风、雨。牲畜四季多是露天圈栏，人畜饮用河水、冰雪水、自然泉水。过着冬寒、夏暑的自然游牧生活，抗灾能力脆弱。

自2005年以来，阿勒泰地区实施“东羊西牛”发展战略，大力实施“小畜换大畜”“增牛、稳羊”方针，建设现代化养殖基地，依托农区和定居点大力发展养殖业，培育了一批规模化养殖场(小区)和养殖合作社。近年来，随着国家、自治区畜牧业发展项目的扶持，建立了一批标准化规模养殖场，对牛羊育肥业的迅速发展起到了积极的促进作用。2018年，已培育牛羊养殖专业户1867户、禽类养殖专业户5065户，年育肥出栏牲畜36万头(只)，禽类饲养规模达200万羽。引进培育畜产品加工企业10家(其中乳品加工企业3家，肉类

加工企业7家），年内实现加工乳制品3万吨，加工肉类产品0.3万吨。在龙头企业的带动下，全地区已建立畜牧业专业经济组织26个，形成规模化养殖场和养殖小区117个。在各企业的运作下，全地区每年出疆牲畜有30多万头（只），占出栏商品畜的18.4%，肉制品远销上海世博会。农牧民传统养殖方式已逐步向相对集中专业化、规模化生产方式转变。

五、畜牧业成为农村经济中最具潜力和活力的产业

近年来，阿勒泰地区大力推进兽医管理体制改革，建立健全兽医行政管理机构、兽医行政执法机构和兽医技术支持机构，加强基层动物防疫机构建设，推行官方兽医和执业兽医制度等。与此同时，在广大基层畜牧兽医站所大力推进了管理创新，全面引入了激励机制，实行岗位目标责任制，形成了既有竞争又有合作，既注重发挥公益职能又能搞好经营服务的良好局面。

阿勒泰地区畜牧部门还不断推进良种良法配套实施步伐，近年来又联合自治区财政每年投入专项资金，用于先进实用技术推广，实行技术专家进场、进村、进舍，进行手把手、面对面及耳对耳的技术培训与技术指导，切实解决技术推广最后一公里问题，真正把科技转化为现实生产力。截至2018年，阿勒泰地区完成黄牛改良30.45万头，其中冷配10.50万头，牵引配种19.95万头，牛的良种率达68%。完成绵羊改良142.20万只，人工授精16.50万只；山羊改良21.50万只，羊良种率达93%。今后，阿勒泰地区畜牧业的发展将尽快完善支撑产业发展的基础设施和保障体系，把以奶牛、肉牛、肉羊为重点的优势品种做大做强，发挥好资源自身的潜力，进而为全地区经济社会的又好又快发展做出更大贡献。

工业篇

砥砺奋进七十载 沧桑巨变铸辉煌

阿勒泰是以牧为主的地区，新中国成立前没有一家像样的工厂，仅有几家制革、肠衣、木材加工的工业作坊。新中国成立初期，全区工业总产值37万元。到1978年也只有2141万元。各族人民经过近70年的艰苦创业，目前，已建立起矿业、制革、煤炭、电力、水泥、地毯、造纸、酿酒、制糖、制药、印刷、纺织、粮油加工、食品加工等门类较多，具有本地特色的工业产业体系。

一、工业总产值持续增长

工业经济发展取得了辉煌的成就，工业持续，快速增长。几十年来，地区工业以强劲的发展势头有力地推动了国民经济的快速增长，工业增加值占国内生产总值的比重不断上升。2018年，阿勒泰地区规模以上工业企业全年累计完成工业增加值53.40亿元，比上年增长3.1%，完成矿业增加值39.40亿元，下降0.4%，占到规模以上工业增加值的73.8%。工业总产值也由新中国成立初期的37万元增长至2018年的128亿元。

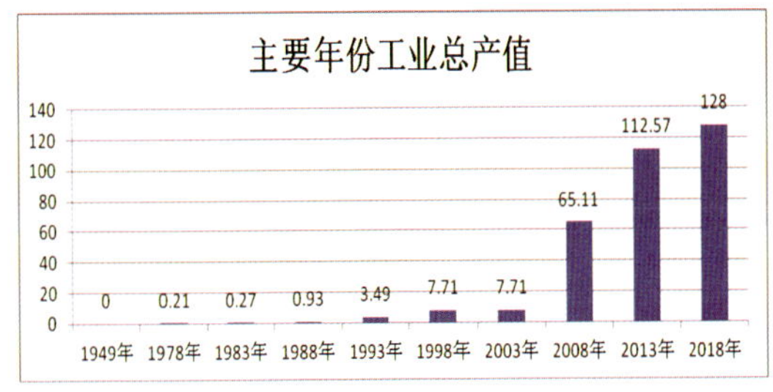

工业产品产量增加，新产品开发速度加快紧紧围绕“新疆名牌”发展战略，大力进行技术改造、技术引进和技术开发，不断调整产品结构，加快产品升级换代，主要“拳头”产品形成一定生产规模，并打入国内外市场，受到世人瞩目。2018年，生产铁精粉439.00万吨，球团矿132.20万吨，铍合金457.00吨，发电量49.57亿千瓦时，其中：风电19.31亿千瓦时，太阳能发电0.94亿千瓦时，水电29.17亿千瓦时，余热余压发电0.15亿千瓦时，液化天然气32.46万吨，铁矿石原矿量960.26万吨，铜金属含量6.60万吨，锌金属含量3.00万吨，水泥104.00万吨，黄金544.4千克，乳制品212.50吨，小麦粉1.10万吨。

二、重工业占比扩大

随着工业的快速发展，工业企业所有制结构、布局结构，产业结构也发生了重大变化，重工业蓬勃发展。新中国成立初期，工业经济总量很小，轻、重工业发展缓慢。到1978年，轻重工业的比例51.32:48.68。进入八九十年代，工业有了较快的发展，1998年，完成轻工业总产值3.38亿元，完成重工业产值2.7亿元，轻重工业比例为55.59:44.41。2018年，从轻重工业看：阿勒泰地区重工业累计完成增加值52.56亿元；轻工业累计完成增加值0.81亿元。

三、重点行业蓬勃发展

“十三五”以来，阿勒泰地区突出抓好黑色金属矿采选业、有色金属采选业、石油天然气供应业、电力、热力生产和供应业4大重点行业，紧抓市场机遇，增产增效，奠定稳增长基础。

2018年全地区股份制企业累计完成增加值523364.5万元，占全部工业经济总量的98.1%；外商及港澳台商投资企业累计完成增加值7331.6万元；其他经济类型企业累计完成增加值69.5万元；国有企业累计完成增加值2928.0万元。累计产销率为103.4%，同比增长2.9%。其中：轻工业产销率95.1%，同比增长15.1%，环比下滑7.5个百分点；重工业产销率103.6%，同比增长2.4%，环比提升4.2个百分点黑色金属矿采选业、有色金属矿采选业、石油天然气开采业、电力、热力生产和供应业四大重点行业累计完成增加值49.2亿元，占全部工业增加值的比重92.1%。其中电力行业取得重大发展，截至2018年12月，累计发电量50亿千瓦时，同比增长1.7%。其中，风电发电量19.6亿千瓦时，同比增长6%；水电发电量28.3亿千瓦时，同比下降0.4%；光伏发电量2.1亿千瓦时，同比下降4.4%，清洁能源发电50亿千瓦时，占总量的100%。全社会用电量27.7亿千瓦时，同比增长13.4%；其中工业用电17.1亿千瓦时，同比增长6.3%。

四、工业园区发展迅猛

阿勒泰地区注重加强园区建设，提高集聚效应。按照“东重西轻”的总体布局，实行资源配置，落实优惠政策，重工业向富蕴园区集中、轻工业向福海园区集中、进出口加工业向吉木乃、青河边合区集中。加大投入，下大力气建立健全园区内配套基础设施和公共服

务体系。加强品牌培育,确保每个园区、每个产业有龙头企业引领,有中小企业配套,形成相互衔接的循环发展模式。积极推进园区体制机制改革工作,以阿勒泰福海工业园区为试点,采取"园区+公司""园中园"模式,推进市场化运作机制。2018年,地区4家工业园区(边合区)入园企业66家,期末从业人员3225人。完成工业总产值48.6亿元,其中规模以上工业企业实现增加值23.3亿元,占地区规上企业完成工业增加值的44%。

围绕旅游业主体,积极发展关联产业。围绕地区全域旅游,推进二产、三产融合,引进、扶持和培育旅游商品加工业企业。立足地区农副产品绿色有机优势,整合资源,做强农副产品加工业,积极培育本土品牌。加大招商力度,引进大企业入驻,推进工业和旅游业厂商强强联合。

旅游篇

金山银水间,旅游展新颜

新中国成立后特别是改革开放以来,阿勒泰地区高度重视旅游工作,旅游业持续快速发展,已经成为一个富有蓬勃活力和巨大潜力的新兴产业。

一、独具特色的旅游资源

阿勒泰自古以来以盛产黄金著称于世,阿尔泰山为褶皱断块梯状山系,动植物区系处在欧亚过渡带,植被气温呈带状垂直分布,构成了我国独一无二的自然生态景观。

阿勒泰地区旅游资源十分丰富独特,开发潜力巨大,发展旅游业前景广阔。绵延千里的阿尔泰山分布着冰川河流、森林草原、湖泊湿地、地质奇观、大漠戈壁等诸多高品质旅游资源,使这里成为中国著名的旅游城市。截至2018年,阿勒泰地区已有国家A级景区30个,其中5A级3个、4A级4个,形成了喀纳斯、阿勒泰市、阿拉善温泉、可可托海和乌伦古湖、吉力湖、黄金海岸等5大旅游集群。

在"大旅游、大市场、大产业、大服务"发展思想的指导下,举全地区和自治区之力,将喀纳斯生态旅游区打造成世界级旅游精品,以此为核心和龙头,形成"湖(喀纳斯湖)、河(额尔齐斯河)、城(五彩城)、边(边境旅游)、文(图瓦部落文化)"五大精品旅游系列。

二、旅游业蓬勃发展

阿勒泰旅游业,以"旅游兴区"为指导思想,坚持政府主导发展的大旅游原则;坚持市场导向,可持续发展原则;坚持发挥特种旅游资源优势,实行统一规划、统一管理、统一宣传、产业联动开发的原则。充分发挥旅游业覆盖广、辐射强的产业群关联带动功能,紧紧依靠政府发展支柱产业的主导行为,将旅游工作的研究决策提上各级党委和政府的工作议程。

阿勒泰地区1998年喀纳斯湖区和福海海滨等基础设施建设其投入资金1500万元。带动了相关产业的联动发展、安排就业近千人,当年接待国内外游客12万人次,旅游收入2000万元,创汇30万美元。阿勒泰地区的旅游业不仅潜力大、优势强,而且发展势头迅猛,前景看好。

2018年,阿勒泰地区全力推动"以旅游业为主体,牵动一产,托举二产"的发展格局,地区6家4A级及以上景区(景点)接待游客337.31万人次(新口径),同比增长

29.2%，实现营业收入27.04亿元（新口径），同比增长32.2%。从重点景区景点看：喀纳斯景区接待游客229.71万人次，占6家4A级及以上景区接待游客总量的68.1%，同比增长30.85%；可可托海景区接待游客36.77万人次，同比增长14.24%；五彩滩景区接待游客51.87万人次，同比增长25.55%；乌伦古湖景区接待游客12.30万人次，同比增长33.53%。从1998年定为“旅游开发年”算起，阿勒泰地区旅游业经历了整整20年，这期间，旅游收入增长了135倍。

“十二五”时期，是阿勒泰地区旅游产业发展极不平凡的五年，这期间，全地区累计接待游客2591万人次（老口径），收入198亿元（老口径），年均增长率是15.2%和15.5%。

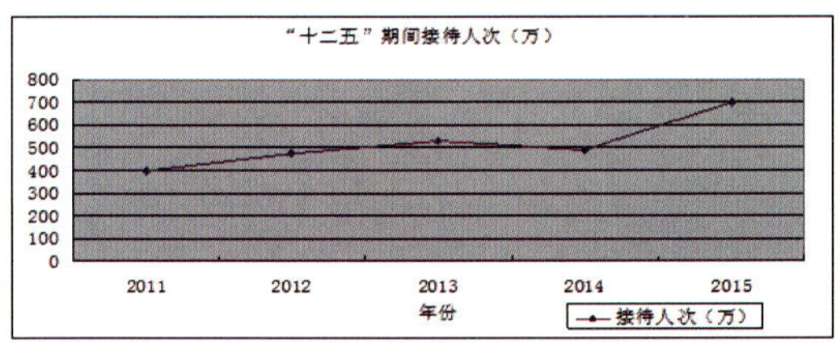

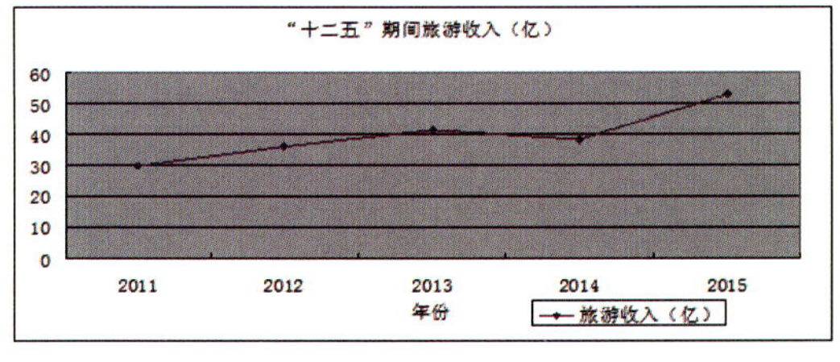

三、大力发展全域旅游

近年来，阿勒泰地区以喀纳斯景区为龙头，把绵延千里的单个景区景点串联起来，形成全域布局、多级联动、一体化推进、全要素配套的阿勒泰全域旅游发展格局。逐步把全天候作为旅游业发展的主攻方向，推动由一季游向四季游、景区景点游向全域旅游转变。2017年，阿勒泰市和布尔津县被评为首批国家全域旅游示范区创建单位。

近年来，阿勒泰地区全力打造喀纳斯禾木极美雪乡冰雪旅游度假区、乌伦古湖冬捕民俗体验区、阿勒泰滑雪旅游度假区、可可托海雪山峡谷自驾旅游度假区“四区一带”冬季黄金冰雪旅游线路和东、中、西夏季旅游精品路线；不断释放冬季旅游巨大潜能，争取建立国家和自治区冰雪运动训练基地，承办高等级冰雪运动赛事。2018年9月-2019年3月，中国西部冰雪旅游节暨第十三届冬季旅游产业交易博览会开幕及系列活动将在阿勒泰地区举办，地区叫响“净土喀纳斯·雪都阿勒泰”核心品牌影响力，助力新疆冰雪旅游快速发展。2018年11月到2019年1月，阿勒泰地区冬季旅游共接待游客188.9万人次，实现旅游总消费19.9亿元，同比分别增长60.4%和87.3%。同时，借助黑龙江、吉林两省对口支援力量，开通旅游专列，推动旅游业发展。2018年7月2日，来自黑龙江省“龙泰号”旅游专列的500名游客抵达阿勒泰。行走在阿勒泰地区，整个地域就是一个开放式的大景区。

沧桑七十载，阿勒泰经济社会发展取得了辉煌成就，人民生活发生了翻天覆地的变化。展望未来，站在新的起点上，全地区各族人民将在习近平新时代中国特色社会主义思想的指引下，一往无前，砥砺奋进，把一个安定、团结、繁荣、富强的阿勒泰推向未来。

作者：陈宏、李博、郭超光、杨辉、李昊东、努尔亚
单位：国家统计局阿勒泰调查队

居者有其屋 居者优其屋

——新中国成立70周年乌鲁木齐发展成就之房地产篇

乌鲁木齐原名迪化，1884年（光绪十年）11月新疆建置行省，定迪化为省会。1949年9月25日迪化和平解放，1949年12月中共迪化市委员会、迪化人民政府相继宣布成立。从此，乌鲁木齐的历史进入了新纪元。新中国成立时，乌鲁木齐城市人口刚过10万，建成区面积不足10平方公里，道路只有两条简易沥青路面，长1.6公里，其余全是坎坷不平的砂石路和泥土路，“无风三尺土，有雨一街泥”就是当时乌鲁木齐的真实写照，市内狭窄的道路两旁，混杂散布着173万平方米的低矮破陋的房屋建筑，其中住宅建筑面积仅94万平方米。除了屈指可数的一些土木建筑的二层楼房外，住宅几乎全是土坯平房。

1949年，随着新疆的和平解放及中共迪化市委、市人民政府的成立，乌鲁木齐迎来了光明，各族人民获得了解放。七十年来，乌鲁木齐各族人民团结一致，在中国共产党的领导下，以极大的毅力和智慧，总结经验、开拓进取，经过艰苦卓绝的奋斗，写下了一个个崭新的发展纪录，创造了举世瞩目的业绩，现在的乌鲁木齐已彻底改变了旧社会居民住房片瓦遮头、蜗居斗室的状况，成为祖国西北边陲一个窗明几净、高屋广厦的社会主义边城，以崭新的姿态展现在世界各国人民面前。

一、新中国成立后国家宏观政策助力房地产腾飞

1950年6月30日，中央人民政府根据新中国成立后的新情况，颁布了《中华人民共和国土地改革法》，它规定废除地主阶级封建剥削的土地所有制，实行农民的土地所有制。从80年代起，中国开始土地管理制度的改革，主要分两方面进行。第一，土地行政管理制度的改革。1986年，国家通过了土地管理法，成立了国家土地管理局。第二，土地使用制度的改革，把土地的使用权和所有权分离，在使用权上，变过去无偿、无限期使用为有偿、有限期使用，使其真正按照其商品的属性进入市场。1992年是中国住房市场发展的一个转折点——1992年邓小平视察南方谈话和党的十四大确立了经济体制改革和土地市场培育的进程。党的十四届三中

全会决定把土地使用制度的改革作为整个经济体制改革的重要组成部分，并且明确规定了规范和发展土地市场的内容和要求。通过市场配置土地的范围不断扩大，实行土地使用权有偿、有限期出让已扩展到全国各地。特别是在经济特区和一些沿海开放城市，建设用地基本纳入了新制度的轨道。这一时期我国住房市场法制建设进展十分迅速，出台了城市房地产管理法、土地增值税条例等主体性法规，预售许可证制度、房屋租赁登记管理条例、估价师注册制度、中介管理制度、物业管理办法等配套法规也陆续出台，使住房市场运行开始走上法制化轨道。从1996年7月开始，房地产作为国民经济新增长点的产业逐渐受到社会各方面的关注，国家明确提出“要加快发展那些市场需求量大、产业关联度高、科技含量多、经济效益好、带动作用强的产业和产品，使它们形成国民经济新的增长点和成长链”。在深化住房制度改革、加大经济适用住房投资力度、启动住宅消费市场等一系列政策措施引导下，住房市场开始出现了逐渐活跃并全面快速的发展趋势。

二、乌鲁木齐微观政策力促住宅市场旧貌换新颜

1955年新疆维吾尔自治区成立，同年，乌鲁木齐市房地产交易所成立。机关、团体购买民房，必须经市人民政府审查批准。据市住房保障和房产管理局史志记载，1950年全市各类房屋建筑面积173万平方米，人均居住面积4.36平方米。

1982年至1985年，乌鲁木齐开始对全市公房和私房进行普查，据相关史志记载，1985年全市房屋总量2365万平方米，人均居住面积6.26平方米。乌鲁木齐直管公房面积从1951年初的约8万平方米增至1985年的61.37万平方米。

1992年之前，乌鲁木齐市的房改工作基本处于探索阶段，作为新疆维吾尔自治区的首府，乌鲁木齐在房改政策的普及实施方面一直走在全疆各地、州、市的前列，乌鲁木齐住房制度改革工作始于1988年，经过多年发展，逐步实现了“集资建房”“全面推行住房公积金制度”“停止福利分房”等实质性房改目标成果，但落后于内地其他省份尤其是房改政策试点地区。自80年代初邓小平同志提出出售公房，调整租金，提倡各人建房买房的改革总体设想以来，城镇住房制度改革逐步在各地展开。国务院在城镇住房制度改革方面依次推出了宣传、引导、局部试点试行等相关政策，旨在将改革之前我国实行的“统一管理，统一分配，以租养房”的公有住房实物分配制度过渡到公有住房优惠出售的分配体系。但由于长久以来已经形成的住房习惯，市民对住公房提租以及购买公房居住的改革模式短时间内难以快速接受，导致这一阶段乌鲁木齐住房制度改革进展缓慢。

20世纪90年代，乌鲁木齐市住房制度改革不断深入，促进了城市大规模的基础建设和房地产开发建设。据市住房保障和房产管理局保存的档案材料显示，乌鲁木齐房地产开发建设始于1992年。1992年10月，根据《国务院关于印发在全国城镇分期分批推行住房制度改革实施方案的通知》（国发[1988]11号）和《国务院办公厅关于转发国务院住房制度改革领导小组鼓励职工购买公有旧住房意见的通知》

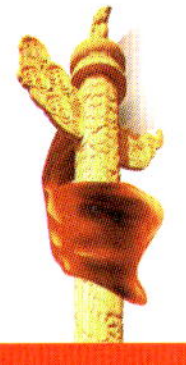

(国办发[1988]13号)等文件及自治区第二次房改会议精神，乌鲁木齐制定并出台《乌鲁木齐市住房制度改革实施方案》。11月，又根据此《方案》制定并印发了《〈乌鲁木齐住房制度改革实施方案〉细则》，1993年乌鲁木齐市房地产市场形成，在市场经济条件下，以新的房地产市场运行管理机制，对房地产转让、出租、抵押、评估、商品房预售等环节进行管理。1993年底，乌鲁木齐市房改办根据《细则》完成了全市第一批公有住房出售工作，出售的产权比例为52%，后政策性调整为67%。自此，乌鲁木齐市的住房制度改革进入了实际推进阶段。1994年，根据内地部分省份的住房制度改革经验，乌鲁木齐市建立了住房公积金制度以增强职工的购房能力。1995年起乌鲁木齐市房改办根据逐年调整的《细则》逐批推进公有住房出售工作，住房公积金贷款业务也逐步推进。

1996年3月，乌鲁木齐市制定《乌鲁木齐市深化住房制度改革实施方案》并印发了《〈乌鲁木齐市深化住房制度改革实施方案〉细则》。1998年，国务院《关于进一步深化住房制度改革加快住房建设的通知》(国发〔1998〕23号)下发，由于通知明确规定要停止住房实物分配，实行住房分配货币化，而当时乌鲁木齐市房地产市场已初具规模，房地产市场价格与优惠售房的成本价形成鲜明对比，市民踊跃购买单位公房，以期赶上房改末班车，自治区属、乌鲁木齐市属各行政事业单位纷纷申请对存量公房进行优惠出售，同时还申请立项新建职工住宅楼以解决所属职工的住房困难。为此，新疆维吾尔自治区、乌鲁木齐市两级政府将优惠售房政策给予顺延。

2004年3月，根据国务院《关于进一步深化城镇住房制度改革和加快住房建设的通知》(国发〔1998〕23号)和自治区《关于进一步深化城镇住房制度改革和加快住房建设的通知》(新政发〔1999〕39号)的文件精神，乌鲁木齐市住房制度改革领导小组制定并印发了《乌鲁木齐市机关事业单位住房补贴试行办法》，自此，乌鲁木齐市住房改革由实物分配进入了货币补贴阶段，但货币补贴中的基准补贴额为370元/平方米，远低于房地产市场价。后经反复调研论证，2005年，乌鲁木齐市将基准补贴额调整为480元/平方米。之后逐年逐批推进住房货币补贴试行工作。2008年起，因相关政策的调整，乌鲁木齐市住房货币补贴试行工作滞缓。

2008年12月，为应对国际金融危机和国内房地产销量下降的情况，国务院发布《关于促进房地产市场健康发展的若干意见》，体现政府态度，地方政府纷纷出台救市措施，乌鲁木齐房地产开发也逐渐步入了快车道发展。根据乌鲁木齐市统计年鉴资料显示，乌鲁木齐2008年房地产开发投资总额已达到100.3亿元，2012年突破200.0亿，达216.3亿元，之后仅用了两年时间就突破了300.0亿，2014年房地产开发投资额达到359.4亿元，2017年又突破400.0亿达到428.7亿元。

三、市民居住环境发生巨变

(一)建成区面积和主城区居住人口连年增长

乌鲁木齐作为新疆维吾尔自治区首府，全疆政治、经济、文化中心，全市辖7区1县(天山区、沙依巴克区、新市区、水磨沟

区、头屯河区、达坂城区、米东区、乌鲁木齐县)，总面积14216平方千米，其中建成区面积365.88平方千米。截至2016年，年末常住人口351.96万人。

(二)人均居住面积和居住消费支出逐年攀升

根据国家统计局乌鲁木齐调查队历史数据显示，1978年城市居民人均居住面积仅有3.3平方米；1980年为4.1平方米；1985年为5.3平方米；1986年为6.6平方米；1990年为7.3平方米；1994年末，乌鲁木齐市各类房屋建筑面积达3040万平方米，其中住宅面积1541万平方米，人均居住面积7.8平方米。到了2006年增加至24.7平方米，2017年增加至32.4平方米。乌鲁木齐市城镇居民人均居住消费支出从1986年的16.3元，发展到2006年的618.7元，到了2017年跃升至5732.1元。从以上这组数据中可以清晰地看到，乌鲁木齐市城镇居民人均居住面积不断增加，居民生活水平稳步提高，居住消费支出稳步上涨，城镇居民居住水平不断提升。

(三)房地产开发与销售连年递增

随着房地产市场的蓬勃发展，购买商品房逐步成为居民获取住房的首选渠道。根据乌鲁木齐统计年鉴的数据显示，1995年乌鲁木齐房地产开发投资总额为11亿元，到了2001年时乌鲁木齐房地产开发投资总额达到62亿元，是1995年的近六倍。

1995年商品房竣工53.6万平方米，销售面积24.4万平方米，仅仅5年时间到2000年时竣工面积达200.9万平方米，销售面积145.8万平方米；

2011年竣工面积311.1万平方米，销售面积突破400万平方米；2013年销售面积549.6万平方米；2014年竣工面积突破700万平方米；2017年房屋销售面积突破600万平方米，达到622.7万平方米。

(四)房地产企业数量逐年增加

1992年，乌鲁木齐市第一家具有企业性质的房地产公司正式成立，此后,一批赶早涉足房地产开发的企业，如新疆广汇、新疆康普、宏大等逐渐发展壮大起来。截至1995年，乌鲁木齐市房地产企业增加到150多家。2010年乌鲁木齐市房地产开发企业个数增长至365家，其中国有控股42家，私人控股312家，2016年时乌鲁木齐市房地产开发企业个数达419个，其中国有控股61家，私人控股328家。房地产企业的发展壮大，为乌鲁木齐市提供的商品住房越来越多，可供居住选购的房源也不断扩大。

四、保障性住房让困难家庭实现“忧居”到“宜居”

十九大报告提出：保障和改善民生要抓住人民最关心最直接最现实的利益问题，既尽力而为，又量力而行，一件事情接着一件事情办，一年接着一年干。棚户区改造是我国政府为改造城镇危旧住房、改善困难家庭住房条件而推出的一项民心工程，是改善民生的重大举措，实施棚户区改造，对加快解决中低收入群众的住房困难，完善社会主义住房保障体系，改善人居环境，提高城市品位，密切党和人民群众的关系，增强人民群众的向心力和凝聚力具有重要意义。

乌鲁木齐市通过老城区(棚户区)改造提升工程针对性地做好规划统筹、城市功能

结构优化、人口疏解等具体工作，实现政治效益、经济效益、生态效益相统一，用城市环境面貌大改善、城市管理服务水平大提升赢得全市各族市民的认可和支持。

自2010年始，乌鲁木齐在全疆范围内率先推进棚户区改造进程，棚户区改造提升与城市人文内涵相结合，与老城肌理相结合，因地制宜，突出地域、现代、宜居特色，通过“穿靴戴帽换服装”的方式，加大推进棚户区改造力度。据调查资料显示，2010年—2017年首府已完成近12万户棚户区改造工作，2017年截至目前已完成棚户区改造任务52708户。近年来，乌鲁木齐棚户区改造工作在促进经济发展、实现功能提升、塑造城市形象、改善人居环境、盘活存量土地、挖掘开发潜力、惠顾弱势群体、维护社会稳定、建设和谐社会、打造宜居宜业之城等方面发挥了巨大作用。

按照国家、自治区关于棚户区改造安置补偿鼓励货币安置为主的要求，乌鲁木齐市将商品房去库存与棚户区改造安置有效结合，通过自主购买、团购商品住房等方式进行安置棚户区改造居民，不断加大棚户区改造货币化安置工作力度，切实减轻政府安置住房和配套基础设施建设的压力，既满足了居民多样化需求，又降低了补偿安置成本，取得了较为显著的成效。“十二五”期间，乌鲁木齐市货币化安置12000户，货币化安置比例为30%；2016年乌鲁木齐市棚户区改造货币化安置积极采取购买存量商品房方式加快安置速度，已利用国家开发银行贷款通过政府采购方式购买3600套，34.5万平方米存量房作为棚改安置用房，全年完成征收15431户，其中货币化安置9132户，货币化安置比例达到6成；2017年各区根据《乌鲁木齐市国有土地上房屋征收与补偿实施办法》，大力推进货币化安置工作，各区货币化补偿户已达95%，实物补偿不足5%,并且拆迁资金补偿款的发放也严格按照相关程序，结合房屋评估公司的估价进行货币补偿。由于2017年乌鲁木齐棚户区改造征收工作以货币化补偿安置为主，安置对象可选择满足自身生活习惯、公共服务设施、房屋户型等需求的各区域存量安置房、商品房及二手房，从而促进了乌鲁木齐市房地产市场新建商品住宅、二手房住宅销售价格上涨。据调查了解，今后乌鲁木齐棚户区改造货币化安置补偿，一方面推进了供给侧改革中房地产去库存措施的有效落实，同时，也减少了新建安置房及相关配套设施，降低了棚户区改造安置补偿成本。

乌鲁木齐住房改革经过七十年的发展，从旧社会的片瓦遮头到如今的高楼大厦，从改革开放前的公房分配到如今面对人民群众不同需求的多样化住宅，从蜗居斗室到如今绿草茵茵、配备商业教育车库的小区环境，无一不体现了这七十年来党和政府对乌鲁木齐房地产事业蓬勃发展的正确指引，带领乌鲁木齐人民实现了住有所居，安居乐业的中国梦。

作者：安芹

单位：国家统计局乌鲁木齐调查队

新中国成立70周年

1949-2019

新疆人民生活

调查数据篇

一、各类价格指数（1951-2018年）

表1-1 居民消费价格总指数(上年价格=100)

年份	总指数	城市	农村
1951	110.5		
1952	97.7		
1953	96.5		
1954	104.3		
1955	98.3		
1956	92.1		
1957	101.4		
1958	98.8		
1959	100.4		
1960	102.5		
1961	119.0		
1962	98.4		
1963	95.9		
1964	96.1		
1965	96.0		
1966	97.1		
1967	99.2		
1968	100.0		
1969	99.4		
1970	99.7		
1971	99.9		
1972	100.3		
1973	99.9		
1974	100.5		
1975	100.2		
1976	99.7		
1977	99.9		
1978	101.2		
1979	102.2		
1980	104.8		
1981	102.4		
1982	100.1		
1983	102.2		
1984	102.4		
1985	107.8	109.5	106.4

表1-1 续表1

年份	总指数	城 市	农 村
1986	107.3	106.8	107.6
1987	107.2	108.5	105.1
1988	114.7	117.0	111.7
1989	116.0	114.5	118.3
1990	105.0	104.5	105.9
1991	108.6	109.3	107.9
1992	108.6	109.3	107.6
1993	113.0	113.6	110.8
1994	126.7	127.7	125.6
1995	119.7	118.4	122.5
1996	110.5	110.4	110.6
1997	103.7	103.5	103.9
1998	100.2	99.9	100.8
1999	97.4	97.7	96.8
2000	99.4	100.1	97.6
2001	104.0	104.0	103.8
2002	99.4	98.9	100.9
2003	100.4	100.5	100.2
2004	102.7	102.1	104.5
2005	100.7	100.6	101.2
2006	101.3	101.0	102.0
2007	105.5	104.6	107.2
2008	108.1	107.3	109.5
2009	100.7	100.2	102.0
2010	104.3	103.6	105.8
2011	105.9	105.5	106.8
2012	103.8	103.4	104.7
2013	103.9	103.8	104.1
2014	102.1	102.3	101.7
2015	100.6	100.5	100.6
2016	101.4	101.4	101.3
2017	102.2	102.4	101.8
2018	102.0	101.8	102.4

注：本表居民消费价格指数1985年及以前为职工生活费用价格指数。

表1-2 商品零售价格总指数(上年价格=100)

年份	总指数	城　市	农　村
1951	105.5		
1952	96.9		
1953	97.0		
1954	102.1		
1955	98.5		
1956	93.9		
1957	98.7		
1958	98.6		
1959	100.5		
1960	101.0		
1961	124.6	120.7	124.7
1962	98.2	97.8	98.6
1963	94.8	96.1	92.1
1964	96.1	96.0	96.1
1965	96.8	97.0	96.7
1966	97.3	97.2	97.3
1967	98.0	99.3	97.5
1968	99.9	100.0	99.7
1969	99.1	99.3	98.9
1970	99.7	99.7	99.9
1971	100.0	99.9	100.0
1972	100.0	100.3	100.0
1973	100.0	99.9	100.1
1974	100.0	100.3	99.9
1975	99.9	100.2	99.8
1976	99.7	99.7	99.9
1977	99.9	99.6	100.0
1978	101.4	101.5	101.4
1979	103.5	104.0	103.5
1980	104.2	106.1	103.0
1981	101.6	102.6	101.2
1982	100.2	100.1	100.6
1983	101.5	102.2	101.0
1984	103.1	102.1	103.7

表 1-2 续表 1

年份	总指数	城 市	农 村
1985	108.1	110.0	106.9
1986	106.7	107.0	106.6
1987	107.1	108.8	104.3
1988	114.6	118.1	111.0
1989	116.7	115.2	118.7
1990	104.1	103.2	105.3
1991	108.0	108.9	106.8
1992	108.1	108.6	107.1
1993	112.6	113.4	110.1
1994	125.7	126.2	125.3
1995	116.7	115.7	118.3
1996	108.8	108.7	109.0
1997	101.8	101.3	102.5
1998	99.7	99.6	99.9
1999	96.2	96.6	95.6
2000	98.3	98.9	97.4
2001	102.5	102.7	102.3
2002	97.9	97.5	99.3
2003	99.2	99.1	99.5
2004	100.7	99.4	103.2
2005	99.4	99.5	99.3
2006	101.8	100.9	103.5
2007	105.1	104.7	105.9
2008	108.5	108.3	108.8
2009	100.4	99.9	101.6
2010	104.6	103.9	106.4
2011	105.1	104.5	106.6
2012	103.3	103.0	104.0
2013	103.3	103.3	103.1
2014	101.7	102.0	101.0
2015	99.6	99.5	99.8
2016	100.5	100.5	100.5
2017	100.9	100.9	101.3
2018	100.9	100.8	102.0

表1-3 商品零售价格分类指数(上年价格=100)

年份	总指数	食品类	饮料、烟酒类	服装鞋帽类	纺织品类	中西药品类	燃料类
1979	103.5	103.5				101.3	100.2
1980	104.2	106.0				102.6	100.0
1981	101.6	102.3				100.1	100.0
1982	100.2	102.0				100.2	100.3
1983	101.5	101.3				103.7	101.7
1984	103.1	101.8				104.8	108.0
1985	108.1	113.0				103.1	102.5
1986	106.7	110.0				101.6	108.6
1987	107.1	109.6				105.2	106.4
1988	114.6	120.3				113.4	103.3
1989	116.7	113.1				121.9	104.7
1990	104.1	101.5				105.0	107.4
1991	108.0	111.5				103.7	113.4
1992	108.1	111.7				106.4	110.9
1993	112.6	116.9				115.7	123.8
1994	125.7	138.7	115.7	117.1	116.5	121.7	143.0
1995	116.7	126.6	108.3	119.0	117.9	113.1	115.5
1996	108.8	111.3	104.6	109.8	109.3	110.2	108.7
1997	101.8	98.5	101.8	104.7	102.0	106.5	114.1
1998	99.7	99.7	99.4	100.6	100.4	101.4	101.6
1999	96.2	92.6	98.1	98.5	96.9	100.0	100.0
2000	98.3	96.4	96.9	99.8	97.1	102.6	109.3
2001	102.5	106.1	97.3	100.1	100.3	99.8	109.2
2002	97.9	96.0	99.7	100.0	97.7	98.4	103.4
2003	99.2	99.9	99.1	99.7	99.5	93.7	105.7
2004	100.7	103.3	98.7	99.1	100.3	99.9	108.4
2005	99.4	98.2	99.5	98.1	100.5	99.6	114.1
2006	101.8	104.2	100.9	97.3	99.2	97.5	115.3
2007	105.1	112.8	102.6	100.2	99.8	100.2	107.7
2008	108.5	118.9	102.9	98.5	100.1	103.4	112.7
2009	100.4	101.7	101.5	98.0	100.8	103.6	97.0
2010	104.6	110.6	101.7	98.0	103.5	102.6	107.7
2011	105.1	112.5	103.5	99.5	101.8	103.5	109.6
2012	103.3	107.9	105.9	101.5	101.8	104.1	103.8
2013	103.3	108.2	102.0	99.8	102.4	102.5	102.0
2014	101.7	104.0	101.1	101.6	102.0	101.8	100.1
2015	99.6	99.3	102.2	102.9	99.5	102.4	91.8
2016	100.5	102.1	101.6	100.6	99.3	101.7	97.4
2017	100.9	101.5	101.8	100.1	97.5	102.8	105.9
2018	100.9	102.7	102.4	98.4	95.9	101.4	107.7

表 1-4 居民消费价格分类指数(上年价格=100)

年份	居民消费价格总指数	食品类	粮食	油脂类	肉禽及其制品类	水产品	菜类	烟草类
1994	126.7	135.9	142.1	188.5	139.3	123.1	139.2	108.8
1995	119.7	124.9	134.3	112.1	128.2	114.6	125.4	103.7
1996	110.5	110.3	116.4	89.0	100.4	102.0	128.0	102.9
1997	103.7	99.1	105.4	103.4	97.2	104.2	92.3	101.6
1998	100.2	99.4	96.9	101.4	93.4	99.6	109.5	98.9
1999	97.4	93.2	94.5	96.4	89.8	86.6	90.4	99.3
2000	99.4	95.9	88.5	84.4	96.1	93.4	107.1	96.3
2001	104.0	104.3	99.1	93.9	113.6	100.1	107.0	98.8
2002	99.4	97.3	97.8	97.0	99.4	92.8	83.3	99.2
2003	100.4	102.5	96.7	114.8	98.1	93.0	129.1	99.8
2004	102.7	105.8	116.3	106.1	108.8	115.5	100.3	100.3
2005	100.7	98.5	101.9	91.8	96.2	106.0	93.8	99.3
2006	101.3	102.4	102.0	97.9	97.9	98.6	112.7	100.5
2007	105.5	112.6	108.5	134.9	125.7	109.0	101.4	102.4
2008	108.1	119.1	111.9	131.6	133.5	116.1	112.9	103.1
2009	100.7	102.1	102.9	77.0	100.8	100.2	108.7	101.5
2010	104.3	110.7	108.9	107.6	113.0	107.4	120.0	102.0
2011	105.9	112.6	108.7	112.6	120.1	110.7	104.6	103.3
2012	103.8	107.6	107.3	105.3	105.9	105.2	117.6	105.6
2013	103.9	108.5	106.3	103.4	114.9	107.0	105.8	101.7
2014	102.1	103.6	103.3	97.3	99.1	103.3	101.6	100.6
2015	100.6	99.2	101.7	97.7	93.5	98.3	101.3	102.0
2016	101.4	101.5	101.2	100.6		98.2	108.7	102.9
2017	102.2	100.8	100.7	99.5		103.4	96.0	100.1
2018	102.0	102.8	100.0	99.3		107.1	99.6	100.2

表 1-4 续表 1

年份	酒和饮料	交通和通信	衣着类	家庭设备用品及维修服务	医疗保健和个人用品	娱乐教育文化用品及服务	居住
1994	122.4	109.3	117.9	115.8	123.4	114.9	122.1
1995	109.4	101.1	117.2	109.7	114.3	106.9	121.2
1996	104.9	98.9	109.5	107.3	111.8	109.8	114.6
1997	107.5	100.8	103.7	101.2	107.0	106.3	111.6
1998	100.7	96.4	100.3	98.1	100.1	97.9	103.6
1999	98.2	95.7	98.7	99.0	100.7	99.5	101.7
2000	97.8	94.2	99.7	98.9	102.9	97.1	103.9
2001	100.8	105.2	98.7	100.2	116.1	101.6	102.6
2002	99.0	101.7	99.5	98.4	101.4	99.2	102.9
2003	99.4	99.1	99.2	98.9	94.8	99.1	104.2
2004	99.3	99.4	99.4	98.4	101.8	98.6	108.3
2005	98.9	99.5	98.4	99.1	109.3	98.6	107.3
2006	103.1	100.5	98.0	99.3	100.0	99.8	105.7
2007	102.3	100.9	100.8	100.8	101.3	100.1	106.2
2008	101.8	100.2	99.4	102.5	103.5	100.0	106.4
2009	101.7	99.0	98.6	101.9	101.9	99.9	99.9
2010	101.7	100.0	99.2	101.2	102.0	101.2	102.7
2011	102.6	100.5	101.1	102.4	104.3	101.1	105.4
2012	104.4	99.5	101.9	101.9	102.9	100.1	102.8
2013	103.9	100.1	99.8	101.3	101.4	101.1	103.4
2014	102.3	100.4	101.9	101.1	101.3	100.4	101.9
2015	102.6	99.3	103.4	100.6	101.5	100.9	102.0
2016		99.3	101.3	100.6	102.7	101.6	101.2
2017		100.8	101.3	101.5	109.6	102.7	100.4
2018		101.2	98.9	102.3	112.5	101.3	97.9

注：①2001年(包括2001年)以后医疗保健用品类包括医疗保健和个人用品，“烟草类”改为“烟酒及用品”，“酒和饮料”改为“茶及饮料”，各大类指数均包含该类的服务项目价格指数。

②2015年始指标“烟酒及用品”改为“烟酒”，“医疗保健和个人用品”改为“医疗保健”，“家庭设备用品及维修服务”改为“生活用品及服务”。

表 1-5 城市居民消费价格分类指数(上年价格=100)

年份	总指数	食品类	烟酒及用品	衣着类	家庭设备用品及维修服务	医疗保健和个人用品	交通和通信	娱乐教育文化用品及服务	居住
1994	127.7	136.5		118.6	116.3	126.5	106.2	115.5	122.0
1995	118.4	122.9		116.9	109.2	113.9	99.6	106.6	114.8
1996	110.4	110.4		109.3	106.7	109.8	98.6	110.7	118.0
1997	103.5	98.4		103.4	100.7	99.6	101.3	104.8	117.9
1998	99.9	99.7		100.0	97.5	101.3	97.2	96.6	103.5
1999	97.7	93.4		98.9	100.3	101.5	97.1	99.7	104.5
2000	100.1	96.4		100.1	99.4	100.7	94.1	98.2	104.0
2001	104.0	103.0	99.1	98.3	100.2	120.2	106.3	101.7	102.5
2002	98.9	96.6	99.0	99.5	98.4	100.1	102.7	98.9	101.3
2003	100.5	103.4	99.7	99.1	98.9	93.1	99.1	98.5	104.8
2004	102.1	104.7	100.1	99.1	98.2	101.4	99.2	98.2	108.3
2005	100.6	98.8	99.3	97.6	98.9	108.7	99.0	98.1	108.1
2006	101.0	102.6	100.7	97.5	98.8	99.2	99.5	99.5	105.6
2007	104.6	111.6	103.4	100.2	100.4	100.6	100.2	99.7	105.3
2008	107.3	118.9	104.2	98.7	102.5	103.2	98.8	99.9	104.8
2009	100.2	101.6	102.2	97.5	101.7	101.9	98.6	99.5	98.3
2010	103.6	109.5	102.6	98.2	100.9	102.0	99.7	101.4	101.7
2011	105.5	112.4	103.6	100.8	102.1	103.6	99.9	100.1	104.9
2012	103.4	107.3	104.3	101.8	100.9	102.5	99.0	99.5	102.3
2013	103.8	108.5	101.1	99.5	100.9	101.2	100.0	100.7	103.9
2014	102.3	104.1	101.0	101.7	101.0	101.2	100.6	100.2	101.9
2015	100.5	99.0	101.7	103.3	100.6	101.6	99.1	100.8	102.4
2016	101.4	101.7	102.0	100.9	100.6	101.8	99.1	101.5	101.6
2017	102.4	100.8	101.7	100.9	101.7	111.1	100.5	103.5	100.2
2018	101.8	102.8	102.1	98.1	102.4	113.2	101.2	101.5	97.3

表1-6 农村居民消费价格分类指数(上年价格=100)

年份	总指数	食品类	烟酒及用品	衣着类	家庭设备用品及维修服务	医疗保健和个人用品	交通和通信	娱乐教育文化用品及服务	居住
1994	125.6	135.8		115.1	114.5	117.0	111.5	113.6	122.2
1995	122.5	129.2		118.3	110.7	114.8	103.5	107.7	127.3
1996	110.6	110.2		110.1	108.9	114.3	99.3	106.3	108.8
1997	103.9	100.3		104.3	101.9	103.3	100.2	109.5	106.8
1998	100.8	99.1		100.9	98.8	106.7	95.4	100.2	103.2
1999	96.8	92.7		98.3	96.2	98.8	93.2	99.2	99.1
2000	97.6	94.5		98.5	97.3	100.8	94.4	94.0	103.5
2001	103.8	107.3	98.4	100.0	99.6	105.1	100.0	101.4	102.6
2002	100.9	99.0	99.7	99.8	98.0	105.4	97.1	100.0	105.5
2003	100.2	99.5	99.9	99.7	98.7	100.5	99.3	101.0	102.7
2004	104.5	109.3	100.9	100.6	98.8	102.8	99.8	99.9	108.1
2005	101.2	97.9	99.5	100.4	99.4	111.1	101.1	100.0	105.6
2006	102.0	102.1	100.2	99.6	100.3	101.3	102.5	100.7	106.0
2007	107.2	114.7	100.7	102.2	101.7	102.4	102.3	101.1	107.9
2008	109.5	119.6	100.9	101.1	102.4	104.1	102.9	100.4	109.7
2009	102.0	103.1	100.1	101.5	102.2	102.0	99.8	101.0	103.1
2010	105.8	113.1	100.8	101.8	101.9	101.9	100.5	100.7	104.7
2011	106.8	112.7	102.9	101.8	102.9	105.7	101.5	103.1	106.2
2012	104.7	108.1	107.8	102.1	103.9	103.8	100.4	101.2	103.7
2013	104.1	108.4	102.6	100.6	102.1	101.7	100.3	101.9	102.5
2014	101.7	102.5	99.9	102.4	101.3	101.4	99.9	100.8	101.8
2015	100.6	99.5	102.6	103.5	100.5	101.3	99.5	101.1	101.3
2016	101.3	101.3	101.6	102.2	100.7	104.1	99.7	101.8	100.4
2017	101.8	100.7	101.0	102.2	100.9	107.3	101.5	100.8	100.8
2018	102.4	102.9	100.8	100.7	102.0	111.3	101.2	100.8	99.2

表 1-7 农业生产资料价格分类指数(上年价格=100)

年份	农业生产资料价格指数	农用手工工具	饲料类	产品畜(幼禽家畜)	役畜(大牲畜)	半机械化农具
1992	108.0	108.5				104.8
1993	110.1	129.7				117.7
1994	126.8	131.5	131.0	129.0	138.7	126.8
1995	126.6	124.0	161.3	137.1	148.2	109.4
1996	115.5	113.6	125.7	108.9	104.6	118.4
1997	106.5	103.0	100.3	116.2	96.2	102.9
1998	100.8	109.0	104.9	94.0	90.6	101.6
1999	97.0	95.9	99.4	90.6	96.2	97.9
2000	97.9	99.1	93.5	94.4	99.7	97.8
2001	103.0	101.1	106.4	139.5	112.7	100.0
2002	99.6	100.8	104.2	108.4	116.4	98.7
2003	101.1	105.4	100.6	105.9	104.2	98.8
2004	107.3	108.3	116.4	111.1	103.9	102.0
2005	105.3	104.9	101.3	89.4	97.3	100.9
2006	102.5	109.3	96.6	100.1		102.9
2007	106.2	106.9	114.7	163.3		100.8
2008	112.3	102.9	116.7	150.9		100.7
2009	99.5	100.5	110.4	108.4		100.7
2010	103.1	101.0	114.0	127.1		101.7
2011	106.6	100.8	106.7	120.7		102.5
2012	106.2	101.5	107.7	109.6		101.2
2013	102.6	102.4	106.6	112.3		101.0
2014	97.7	102.5	101.6	96.9		100.3
2015	98.6	102.2	99.3	95.5		99.8
2016	98.2	100.5	95.0	109.8		99.5
2017	100.8	103.6	100.2	92.8		99.9
2018	104.9	102.6	102.2	98.5		100.5

表 1-7 续表 1

年 份	机械化农 具	化学肥料	农药及农药械	农机用油	其他农业生产资料	农业生产服 务
1992	107.2	110.7	102.8	109.4	106.6	
1993	112.6	105.0	99.7	125.6	107.4	
1994	118.2	113.9	100.4	164.1	107.2	
1995	122.3	130.4	103.9	126.9	116.3	
1996	113.3	119.9	112.6	106.0	127.9	
1997	103.8	109.7	114.6	109.8	106.6	
1998	97.9	100.4	110.0	104.7	104.6	
1999	95.1	97.4	103.5	98.9	95.3	
2000	97.7	92.8	98.5	110.3	98.4	
2001	98.1	98.0	99.3	114.3	100.4	
2002	95.2	100.9	97.4	94.7	98.5	
2003	97.6	102.9	97.6	101.4	98.8	98.3
2004	99.9	109.7	100.7	112.8	102.8	99.9
2005	102.5	110.2	102.8	111.0	105.5	108.3
2006	100.2	104.7	101.3	114.9	100.3	100.6
2007	100.6	99.0	100.6	105.9	102.5	109.1
2008	101.6	111.5	103.9	112.9	108.0	107.0
2009	102.3	93.2	105.4	101.1	96.1	102.0
2010	100.1	95.3	101.7	110.1	100.7	102.0
2011	104.2	102.1	100.1	111.7	118.3	105.8
2012	101.6	107.6	100.7	103.2	108.0	105.4
2013	100.5	98.3	101.0	101.9	103.5	106.8
2014	100.2	88.4	100.4	99.2	104.1	106.2
2015	99.9	96.4	100.0	92.2	100.0	103.8
2016	99.7	92.2	101.6	95.4	99.4	100.8
2017	99.9	101.1	102.1	110.2	99.5	102.7
2018	100.6	111.9	101.7	112.4	101.1	105.4

注:2015 年始指标“产品畜(幼禽家畜)”改为“仔畜幼禽及产品畜”。

表1-8 农业生产资料价格分类指数(1992年价格=100)

年 份	农业生产资料价格指数	农用手工工具	半机械化农具	机械化农具
1992	100.0	100.0	100.0	100.0
1993	110.1	129.7	117.7	112.6
1994	139.6	170.6	149.2	133.1
1995	176.7	211.5	163.2	162.8
1996	204.1	240.3	193.2	184.5
1997	217.4	247.5	198.8	191.5
1998	219.1	269.8	202.0	187.5
1999	212.5	258.7	197.8	178.3
2000	208.0	256.4	193.4	174.2
2001	214.2	259.2	193.4	170.9
2002	213.3	261.3	190.9	162.7
2003	215.6	275.4	188.6	158.8
2004	231.3	298.3	192.4	158.6
2005	243.6	312.9	194.1	162.6
2006	249.7	342.0	199.7	162.9
2007	265.2	365.6	201.3	163.9
2008	297.8	376.2	202.7	166.5
2009	296.3	378.1	204.1	170.3
2010	305.5	381.9	207.6	170.5
2011	325.7	385.0	212.8	177.7
2012	345.9	390.8	215.4	180.5
2013	354.9	400.2	217.6	181.4
2014	346.7	410.2	218.3	181.8
2015	341.8	419.2	217.9	181.6
2016	335.6	421.3	216.8	181.1
2017	338.3	436.5	216.6	180.9
2018	354.9	447.8	217.7	182.0

表 1-8 续表 1

年 份	化学肥料	农药及农药械	农机用油	其他农业生产资料
1992	100.0	100.0	100.0	100.0
1993	105.0	99.7	125.6	107.4
1994	119.6	100.1	206.1	115.1
1995	156.0	104.0	261.5	133.9
1996	187.0	117.1	277.2	171.3
1997	205.1	134.2	304.4	182.6
1998	205.9	147.6	318.7	191.0
1999	200.5	152.8	315.2	182.0
2000	186.1	150.5	347.7	179.1
2001	182.4	149.4	397.4	179.8
2002	184.0	145.5	376.3	177.1
2003	189.3	142.0	381.6	175.0
2004	207.7	143.0	430.4	179.9
2005	228.9	147.0	477.7	189.8
2006	239.7	148.9	548.9	190.4
2007	237.3	149.8	581.3	195.2
2008	264.6	155.6	656.3	210.8
2009	246.6	164.0	663.5	202.6
2010	235.0	166.8	730.5	204.0
2011	239.9	167.0	816.0	241.3
2012	258.1	168.2	842.1	260.6
2013	253.7	169.9	858.1	269.7
2014	224.3	170.6	851.2	280.8
2015	216.2	170.6	784.8	280.8
2016	199.3	173.3	748.7	279.1
2017	201.5	176.9	825.1	277.7
2018	225.5	179.9	927.4	280.8

表1-9 工业生产者出厂价格指数(上年价格=100)

年份	工业生产者出厂价格指数(上年价格=100)	轻工业	重工业	生产资料	生活资料
1992	108.5	105.2	111.5	110.5	105.6
1993	126.2	111.4	139.5	137.0	109.9
1994	118.4	127.9	110.2	110.8	129.7
1995	117.0	127.3	109.1	112.6	124.7
1996	104.9	107.0	103.1	104.2	105.9
1997	103.0	100.4	104.4	103.6	101.5
1998	95.8	96.2	95.7	95.6	96.5
1999	100.2	92.3	103.2	102.6	92.3
2000	129.4	97.3	141.8	138.0	96.6
2001	96.3	98.4	95.6	95.6	101.0
2002	97.3	94.8	98.3	97.0	99.5
2003	115.1	102.4	121.4	117.3	101.3
2004	116.4	106.6	119.9	117.7	105.9
2005	116.6	99.6	122.5	118.4	101.3
2006	114.4	103.6	117.1	115.4	103.5
2007	106.3	105.6	106.4	106.1	108.4
2008	116.4	111.2	117.7	116.3	116.9
2009	85.5	97.5	83.3	84.5	98.5
2010	125.3	108.9	128.7	127.1	104.1
2011	114.8	110.1	115.6	115.6	106.4
2012	96.9	94.1	97.4	96.6	100.8
2013	96.5	99.6	96.0	96.0	101.5
2014	96.2	98.3	95.9	95.8	100.3
2015	82.4	98.7	79.7	80.9	98.6
2016	94.5	101.8	93.4	94.0	100.5
2017	113.7	102.5	115.4	115.1	99.9
2018	111.2	99.8	112.8	112.3	99.3

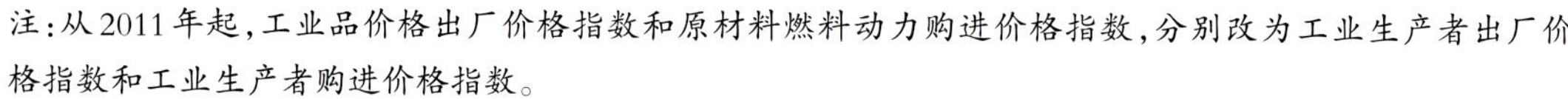
注：从2011年起，工业品价格出厂价格指数和原材料燃料动力购进价格指数，分别改为工业生产者出厂价格指数和工业生产者购进价格指数。

表1-10 工业生产者购进价格指数(上年价格=100)

年份	工业生产者出厂价格指数(上年价格=100)	燃料、动力类	黑色金属材料类	有色金属材料和电线类	化工原料类
1992	121.3	135.2	121.8	96.8	104.3
1993	136.4	138.7	162.3	130.5	109.8
1994	110.1	109.0	97.7	111.8	109.5
1995	116.9	117.0	96.1	125.1	125.4
1996	107.4	109.8	99.5	106.1	100.7
1997	105.1	113.2	99.7	93.4	96.9
1998	95.6	97.6	95.0	91.5	95.2
1999	98.2	110.6	94.0	101.4	97.9
2000	115.2	137.9	100.5	112.2	104.4
2001	99.0	96.5	100.7	95.9	98.4
2002	94.9	99.5	97.8	97.2	99.1
2003	114.8	121.3	108.8	105.0	103.8
2004	118.2	120.6	127.8	115.5	106.6
2005	110.7	132.0	113.8	108.5	113.0
2006	111.1	124.0	99.8	117.7	108.9
2007	103.8	102.4	105.7	103.8	104.1
2008	117.8	125.2	136.9	96.2	106.0
2009	90.6	82.0	82.6	78.5	100.0
2010	123.9	137.6	105.0	139.6	106.8
2011	117.8	132.9	109.4	111.9	106.7
2012	97.9	98.6	91.5	95.3	99.7
2013	97.8	96.6	95.4	96.2	99.1
2014	97.5	97.0	95.2	96.9	98.5
2015	84.3	69.9	88.7	91.5	96.4
2016	95.5	92.5	99.5	95.4	99.5
2017	112.8	118.1	117.8	107.9	105.4
2018	109.2	112.4	111.9	101.0	105.2

表1-10 续表1

年份	木材及纸浆类	建筑材料类	非金属矿类	农副产品类	纺织原料类
1992	111.0	113.6	106.3	103.1	101.6
1993	123.0	159.7	145.3	109.2	100.5
1994	112.2	99.1	106.8	131.8	108.0
1995	100.9	95.5	103.2	151.9	125.1
1996	113.6	102.1	103.5	116.5	100.9
1997	94.5	99.5	101.0	98.0	51.4
1998	98.4	99.1	95.7	94.7	90.6
1999	101.9	102.6	97.5	84.0	78.3
2000	100.5	100.4	111.4	97.2	95.2
2001	102.0	100.4	106.4	100.4	97.1
2002	100.7	99.4	99.8	88.5	84.2
2003	101.8	98.1	100.3	119.6	113.3
2004	103.9	100.1	112.0	121.1	117.9
2005	102.0	103.9	105.5	91.9	93.0
2006	102.6	103.5	106.3	105.3	95.5
2007	102.2	103.7	108.4	104.6	103.4
2008	107.2	109.4	116.8	110.0	107.8
2009	98.9	105.8	97.7	99.3	96.1
2010	104.0	103.0	101.1	118.7	144.2
2011	103.7	104.0	102.9	109.6	118.3
2012	103.3	98.9	98.8	98.9	94.3
2013	99.1	97.8	98.5	102.7	99.0
2014	98.8	98.7	98.7	99.2	99.1
2015	99.7	98.1	97.1	94.1	95.3
2016	97.4	98.6	98.5	98.7	101.4
2017	107.9	102.7	103.2	102.3	108.5
2018	128.0	107.1	102.4	98.0	103.4

注:1.从2011年起,“工业品价格出厂价格指数”和“原材料燃料动力购进价格指数”,分别改为“工业生产者出厂价格指数”和“工业生产者购进价格指数”。

2.2017年起“建筑材料类”改为“建筑材料及非金属类”;“非金属矿类”改为“其他工业原料及半成品类”。

表1-11 固定资产投资价格指数(上年价格=100)

年份	固定资产投资价格指数	建筑安装工程	设备、工器具	其他费用
1991	114.8	115.7	110.8	117.7
1992	117.0	118.6	109.8	121.0
1993	126.5	132.0	123.6	70.6
1994	112.3	112.3	106.3	124.1
1995	106.2	105.1	112.7	125.0
1996	105.6	105.1	102.0	116.4
1997	103.2	104.7	97.3	107.1
1998	102.0	103.0	96.7	102.7
1999	99.0	99.9	97.6	96.6
2000	103.6	105.5	97.4	103.2
2001	102.5	103.0	99.5	103.2
2002	100.2	99.8	100.5	102.0
2003	103.4	104.0	100.6	100.9
2004	104.5	105.8	101.9	100.7
2005	102.8	102.7	104.8	100.0
2006	102.2	102.2	102.0	102.0
2007	104.4	105.5	101.6	102.8
2008	111.2	114.0	105.0	105.1
2009	98.0	98.1	95.0	103.5
2010	104.6	105.9	100.4	105.2
2011	107.1	110.3	98.4	103.7
2012	100.6	101.5	97.3	101.1
2013	100.5	100.5	99.5	103.5
2014	100.3	100.2	99.3	103.7
2015	98.3	97.6	99.1	102.6
2016	99.9	99.9	99.3	101.7
2017	103.5	104.5	100.8	100.3
2018	103.7	104.5	101.1	100.2

注：国家统计局从1993年开始编制固定资产投资价格指数。

表1-12 农产品集贸市场价格指数(上年价格=100)

年份	2012年	2013年	2014年	2015年	2016年	2017年	2018年
粳稻(中等)	102.5	101.1	98.4	102.7	101.3	99.7	101.81
小麦(中等)	110.3	106.8	107.2	101.9	92.0	97.6	104.88
玉米(中等)	111.0	101.9	101.4	100.0	84.9	105.9	99.49
大豆(中等)	105.1	114.3	105.7	94.6	99.9	100.7	99.46
粳米(中等)	102.5	100.9	98.5	102.6	101.5	99.6	101.81
棉花[籽棉](中准级)	86.6	103.0	93.4	70.6	106.5	113.3	106.03
花生仁(中等)	107.0	94.1	89.7	106.7	99.6	97.8	96.84
油菜籽(普通)	103.1	105.0	100.0	100.0	97.6	116.6	106.14
活猪(中等)	99.3	101.1	80.8	103.4	119.6	84.6	87.21
仔猪(普通)	103.8	101.1	64.7	100.8	167.6	81.2	72.79
猪肉(去骨统肉)	97.6	103.2	85.1	101.9	119.2	88.1	88.72
活牛(中等)	108.0	149.4	103.2	89.5	96.7	107.8	107.99
牛肉(去骨统肉)	107.9	143.9	103.2	89.5	96.8	107.8	107.99
活羊(中等)	109.4	143.5	98.1	83.0	90.5	108.1	106.32
羊肉(去骨统肉)	109.4	126.7	98.1	83.0	90.5	108.1	106.32
活鸡(普通肉鸡)	102.9	107.1	106.2	94.1	99.0	100.4	108.77
鸡蛋(普通鲜蛋)	96.0	113.0	102.4	89.6	98.1	99.8	118.44
草鱼(0.5-1公斤)	99.6	121.1	94.2	88.1	93.6	107.9	110.46
鲤鱼(0.5-1公斤)	97.5	105.1	107.2	98.6	90.6	99.4	116.51
鲢鱼(0.5-1公斤)	101.0	108.2	97.3	98.3	96.2	98.6	111.12
带鱼(0.5-1公斤)	107.2	98.9	104.3	98.9	106.7	112.2	105.55
大白菜(中等)	119.8	122.9	88.1	107.2	100.4	98.0	95.58
黄瓜(中等)	116.6	113.6	105.6	100.3	98.4	98.5	103.72
西红柿(中等)	129.9	104.1	103.2	104.5	95.8	102.2	96.81
菜椒(中等)	123.5	97.5	99.0	95.6	99.9	100.1	105.34
四季豆(中等)	124.3	103.7	110.2	91.1	109.4	98.8	107.46
红富士苹果(中等)	121.5	102.1	108.8	97.7	86.7	101.4	111.99
香蕉(中等)	89.5	105.3	134.3	71.0	96.6	100.0	122.09
橙子(中等)	118.0	122.8	95.1	117.5	96.8	107.7	101.09

新中国成立70周年

1949-2019

新疆人民生活

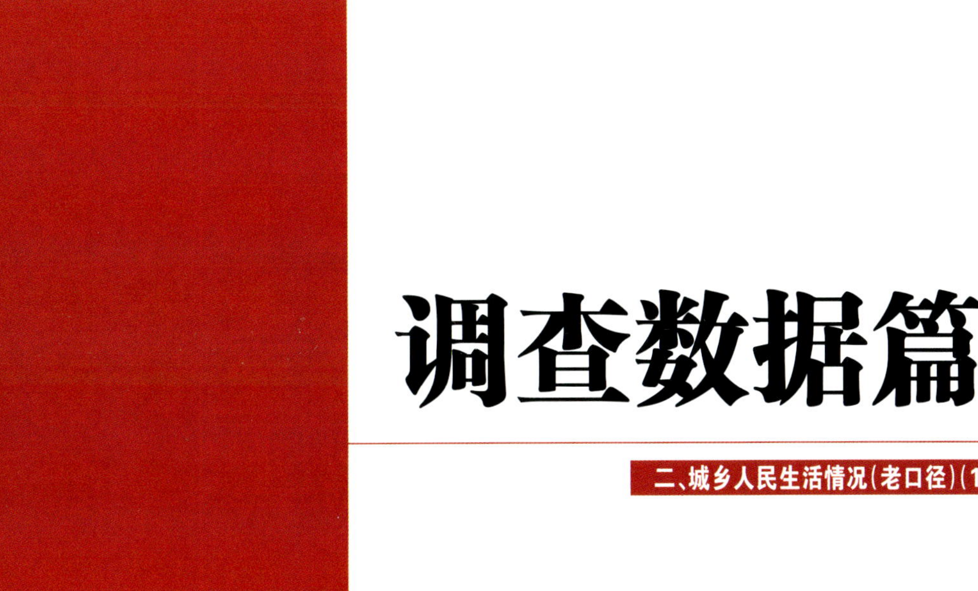

调查数据篇

二、城乡人民生活情况（老口径）（1978-2012年）

表2-1 城乡居民家庭收入(1978-2012年)

年份	农村居民家庭人均纯收入		城镇居民家庭人均可支配收入	
	绝对数(元)	指数(1978=100)	绝对数(元)	指数(1978=100)
1978	119	100.0	319	100.0
1979	143	120.2		
1980	201	168.9	427	133.9
1981	236	198.2	482	151.2
1982	277	233.0	513	160.8
1983	307	258.2	548	171.7
1984	363	304.7	649	203.4
1985	394	331.1	735	230.4
1986	420	352.8	843	264.2
1987	453	380.4	920	288.5
1988	496	417.2	1068	334.7
1989	546	458.5	1176	368.6
1990	684	574.8	1314	411.8
1991	703	590.8	1476	462.6
1992	740	621.8	1952	549.6
1993	778	653.8	2423	682.2
1994	936	786.6	3170	892.6
1995	1137	955.5	4163	1172.3
1996	1290	1084.1	4650	1309.2
1997	1500	1260.5	4845	1364.1
1998	1600	1344.5	5001	1408.0
1999	1473	1238.0	5320	1497.8
2000	1618	1359.3	5645	1589.4
2001	1710	1437.0	6215	1749.9
2002	1863	1564.9	6554	1979.1
2003	2106	1768.3	7006	2115.7
2004	2245	1885.0	7503	2265.9
2005	2482	2084.0	7990	2483.0
2006	2737	2300.0	8871	2679.0
2007	3183	2674.8	10313	3232.9
2008	3503	2943.7	11432	3583.7
2009	3883	3263.0	12257	3842.3
2010	4643	3901.7	13643	4276.8
2011	5442	4573.1	15513	4863.0
2012	6394	5373.1	17920	5617.6

表2-2 城镇居民家庭基本情况（1978-2012年）

年份	平均每户家庭人口(人)	平均每户就业人口(人)	平均每户就业面(%)	平均每一就业者负担人数(包括就业者本人)(人)
1978				
1980	4.99	2.09	41.9	2.38
1985	4.60	2.14	46.5	2.15
1986	4.53	2.08	45.9	2.18
1987	4.46	2.08	46.7	2.14
1988	4.16	2.00	48.0	2.08
1989	3.98	1.87	46.8	2.13
1990	3.92	1.86	47.4	2.11
1991	3.85	2.03	52.7	1.90
1992	3.65	1.93	53.0	1.89
1993	3.48	1.84	52.9	1.89
1994	3.45	1.88	54.5	1.83
1995	3.37	1.85	55.0	1.82
1996	3.30	1.75	53.0	1.89
1997	3.23	1.75	54.2	1.85
1998	3.20	1.74	54.4	1.84
1999	3.16	1.64	51.9	1.93
2000	3.15	1.55	49.2	2.03
2001	3.08	1.59	51.6	1.94
2002	2.99	1.58	52.8	1.90
2003	3.02	1.61	53.3	1.87
2004	3.04	1.62	53.3	1.88
2005	3.02	1.48	49.0	2.04
2006	2.98	1.55	52.0	1.92
2007	3.02	1.60	53.0	1.89
2008	2.99	1.51	50.5	1.98
2009	3.00	1.55	51.7	1.94
2010	2.98	1.54	51.7	1.94
2011	2.91	1.49	51.2	1.95
2012	2.91	1.49	51.2	1.95

表2-2 续表1

年份	平均每人全年总收入(元)	#可支配收入	平均每人全年总支出(元)	#消费性支出
1978				
1980	553.32	427.08	459.72	418.44
1985	797.26	734.82	714.12	650.80
1986	920.56	842.75	797.71	721.96
1987	1010.65	920.42	873.43	789.59
1988	1160.88	1067.65	1047.36	955.53
1989	1271.84	1174.20	1072.62	976.52
1990	1432.38	1313.54	1218.12	1104.42
1991	1626.48	1475.59	1409.36	1265.98
1992	1961.10	1951.90	1725.04	1490.54
1993	2433.72	2422.97	2143.46	1834.72
1994	3184.46	3170.27	3115.31	2478.51
1995	4183.81	4163.44	3707.04	3186.76
1996	4689.08	4649.86	3962.89	3457.14
1997	4878.52	4844.72	4580.71	3887.06
1998	5041.67	5000.79	5101.36	3714.10
1999	5359.70	5319.76	5204.98	4163.98
2000	5686.52	5644.86	5276.72	4422.93
2001	6275.06	6215.00	5940.04	4931.40
2002	7080.13	6553.83	7160.12	5636.44
2003	7683.22	7006.09	7141.62	5540.61
2004	8201.82	7503.42	7425.28	5773.62
2005	8693.67	7990.15	7822.35	6207.52
2006	9689.07	8871.27	8583.77	6730.01
2007	11378.32	10313.44	10514.36	7874.27
2008	12478.61	11432.10	11363.63	8669.36
2009	13602.18	12257.52	12601.37	9327.55
2010	15421.59	13643.77	13980.30	10197.09
2011	17631.15	15513.62	16057.60	11839.40
2012	20194.55	17920.68	18447.93	13891.72

表2-3 城镇居民家庭人均收入情况(1978-2012年)

单位:元

年份	家庭总收入	工资性收入	#工资及补贴收入	#其他劳动收入
1978				
1980	553.32	491.88		
1985	797.26	692.47	684.84	7.63
1986	920.56	813.55	804.79	8.76
1987	1010.65	871.50	863.48	8.02
1988	1160.88	953.52	923.40	30.12
1989	1271.84	1048.02	1030.68	17.34
1990	1432.38	1166.64	1146.15	20.49
1991	1626.48	1371.72	1361.58	10.14
1992	1961.10	1636.03	1620.54	15.49
1993	2433.72	1896.62	1875.50	21.12
1994	3184.46	2539.22	2507.08	32.14
1995	4183.81	3509.20	3468.37	40.83
1996	4689.08	3759.39	3730.74	28.65
1997	4878.52	3783.12	3741.62	41.50
1998	5041.67	3970.07	3929.32	40.75
1999	5359.70	3964.50	3909.93	54.57
2000	5686.52	4128.29	4027.36	100.93
2001	6275.06	4767.86	4650.13	117.73
2002	7080.13	5382.38	5227.18	155.20
2003	7683.22	6074.54	5933.22	141.32
2004	8201.82	6394.40	6245.29	149.11
2005	8693.67	6553.47	6331.74	221.73
2006	9689.07	7490.69	7335.50	155.19
2007	11378.32	9012.19	8901.01	111.18
2008	12478.61	9422.22	9303.90	118.32
2009	13602.18	10232.91	10139.46	93.45
2010	15421.59	11327.91	11208.19	119.73
2011	17631.15	12653.43	12551.87	101.65
2012	20194.55	14432.12	14273.38	158.74

表2-3 续表1

单位:元

年份	经营净收入	财产性收入	转移性收入	#养老金或离退休金	可支配收入
1978					
1980			61.44		427.08
1985	49.14		55.65	6.06	734.82
1986	44.54		62.47	21.44	842.75
1987	44.78		94.37	48.91	920.42
1988	22.44	4.08	180.84	111.60	1067.65
1989	18.28	4.90	200.65	135.13	1174.20
1990	21.75	8.81	235.18	150.54	1313.54
1991	55.32	11.02	188.42	103.79	1475.59
1992	65.92	20.47	238.68	175.10	1951.90
1993	91.94	66.73	378.44	312.62	2422.97
1994	102.08	50.35	492.81	351.16	3170.27
1995	97.26	54.94	522.41	405.53	4163.44
1996	219.88	73.87	635.94	510.97	4649.86
1997	168.06	77.06	850.27	685.50	4844.72
1998	149.73	44.42	877.43	743.89	5000.79
1999	173.40	45.00	1176.81	945.61	5319.76
2000	235.04	38.03	1285.16	1105.39	5644.86
2001	232.22	40.32	1234.66	1050.66	6215.00
2002	230.29	50.70	1416.77	1151.40	6553.83
2003	284.82	74.24	1249.62	943.52	7006.09
2004	371.83	62.95	1372.63	1049.53	7503.42
2005	522.14	54.51	1563.54	1300.65	7990.15
2006	594.81	58.39	1545.18	1275.18	8871.27
2007	681.66	67.97	1616.49	1435.03	10313.44
2008	938.15	141.75	1976.49	1722.28	11432.10
2009	974.62	115.77	2278.88	2016.16	12257.52
2010	1131.78	151.94	2809.96	2447.01	13643.77
2011	1412.32	149.06	3416.35	3043.39	15513.62
2012	1633.22	145.50	3983.71	3649.34	17920.68

表2-4 城镇居民家庭人均收入构成情况(1978-2012年)

单位:%

年份	家庭总收入	工资性收入	#工资及补贴收入	#其他劳动收入
1978				
1980	100	88.9		
1985	100	86.9	85.9	1.0
1986	100	88.4	87.4	1.0
1987	100	86.2	85.4	0.8
1988	100	82.1	79.5	2.6
1989	100	82.4	81.0	1.4
1990	100	81.4	80.0	1.4
1991	100	84.3	83.7	0.6
1992	100	83.4	82.6	0.8
1993	100	77.9	77.1	0.9
1994	100	79.7	78.7	1.0
1995	100	83.9	82.9	1.0
1996	100	80.2	79.6	0.6
1997	100	77.5	76.7	0.9
1998	100	78.7	77.9	0.8
1999	100	74.0	73.0	1.0
2000	100	72.6	70.8	1.8
2001	100	76.0	74.1	1.9
2002	100	76.0	73.8	2.2
2003	100	79.1	77.2	1.8
2004	100	78.0	76.1	1.8
2005	100	75.4	72.8	2.6
2006	100	77.3	75.7	1.6
2007	100	79.2	78.2	1.0
2008	100	75.5	74.6	0.9
2009	100	75.2	74.5	0.7
2010	100	73.5	72.7	0.8
2011	100	71.8	71.2	0.6
2012	100	71.4	70.7	0.8

表2-4 续表1

单位:%

年份	经营净收入	财产性收入	转移性收入	#养老金或离退休金	可支配收入
1978					
1980			11.1		77.2
1985	6.2		7.0	0.8	92.2
1986	4.8		6.8	2.3	91.5
1987	4.4		9.3	4.8	91.1
1988	1.9	0.4	15.6	9.6	92.0
1989	1.4	0.4	15.8	10.6	92.3
1990	1.5	0.6	16.4	10.5	91.7
1991	3.4	0.7	11.6	6.4	90.7
1992	3.4	1.0	12.2	8.9	99.5
1993	3.8	2.7	15.5	12.8	99.6
1994	3.2	1.6	15.5	11.0	99.6
1995	2.3	1.3	12.5	9.7	99.5
1996	4.7	1.6	13.6	10.9	99.2
1997	3.4	1.6	17.4	14.1	99.3
1998	3.0	0.9	17.4	14.8	99.2
1999	3.2	0.8	22.0	17.6	99.3
2000	4.1	0.7	22.6	19.4	99.3
2001	3.7	0.6	19.7	16.7	99.0
2002	3.3	0.7	20.0	16.3	92.6
2003	3.7	1.0	16.3	12.3	91.2
2004	4.5	0.8	16.7	12.8	91.5
2005	6.0	0.6	18.0	15.0	91.9
2006	6.1	0.6	15.9	13.2	91.6
2007	6.0	0.6	14.2	12.6	90.6
2008	7.5	1.1	15.8	13.8	91.6
2009	7.2	0.9	16.8	14.8	90.1
2010	7.3	1.0	18.2	15.9	88.5
2011	8.0	0.8	19.4	17.3	88.0
2012	8.1	0.7	19.7	18.1	88.7

表2-5 城镇居民家庭人均消费性支出(1978-2012年)

单位:元

年份	消费性支出	食品	衣着	家庭设备用品及服务	医疗保健
1978					
1980	418.44	239.64	68.88	27.00	4.44
1985	650.81	304.67	115.64	70.90	7.11
1986	721.96	333.86	132.81	68.00	11.79
1987	789.59	381.89	133.61	83.97	12.40
1988	955.53	468.60	164.28	122.28	14.52
1989	976.52	504.19	138.16	101.38	24.74
1990	1104.42	527.74	172.17	121.51	27.39
1991	1265.98	609.66	199.46	127.85	23.08
1992	1490.54	732.13	240.67	112.50	37.89
1993	1834.72	907.34	294.73	135.05	50.17
1994	2478.51	1144.38	403.60	190.95	98.16
1995	3186.76	1428.47	562.41	225.98	133.84
1996	3457.14	1531.88	600.41	231.70	155.85
1997	3887.06	1681.77	599.42	248.46	188.80
1998	3714.10	1647.07	567.77	245.46	197.04
1999	4163.98	1608.82	536.05	372.76	235.82
2000	4422.92	1609.17	577.40	335.47	330.54
2001	4931.40	1716.80	690.14	440.37	302.82
2002	5636.44	1912.77	780.93	361.26	341.06
2003	5540.61	1987.42	783.54	271.14	357.64
2004	5773.62	2083.13	766.73	292.14	375.18
2005	6207.52	2257.44	825.98	309.97	499.16
2006	6730.01	2386.97	953.03	364.11	472.35
2007	7874.27	2760.69	1183.69	475.23	598.78
2008	8669.36	3235.77	1245.02	535.31	643.48
2009	9327.55	3386.33	1357.05	552.50	684.01
2010	10197.09	3694.81	1513.42	669.87	708.16
2011	11839.40	4537.46	1715.94	791.43	912.99
2012	13891.72	5238.89	2031.14	950.17	1027.60

表2-5 续表1

单位:元

年份	交通通讯	教育文化娱乐服务	居 住	其他商品和服务
1978				
1980	4.08	28.20	19.44	26.76
1985	8.39	99.06	23.01	22.03
1986	11.27	92.45	34.01	37.77
1987	12.03	87.49	35.05	43.15
1988	14.16	90.36	35.40	46.08
1989	13.27	109.49	39.83	45.45
1990	17.88	123.95	51.22	62.56
1991	23.27	159.14	57.43	66.08
1992	41.52	157.45	88.44	79.94
1993	70.10	190.92	111.60	74.81
1994	98.39	275.32	145.56	122.15
1995	175.95	328.93	201.15	130.02
1996	191.48	377.27	207.27	161.28
1997	207.52	534.98	265.11	161.00
1998	212.30	490.59	221.46	132.41
1999	250.28	592.33	404.55	163.37
2000	331.03	670.31	418.66	150.34
2001	406.72	626.58	474.61	273.37
2002	643.18	880.98	515.61	200.65
2003	601.13	806.53	499.93	233.28
2004	615.19	840.59	566.99	233.66
2005	757.09	741.35	571.72	244.80
2006	765.72	819.72	698.66	269.45
2007	890.30	896.79	736.99	331.80
2008	1003.89	812.36	781.90	411.63
2009	1198.65	855.53	856.78	436.70
2010	1255.87	1012.37	898.38	444.20
2011	1377.67	1122.18	888.16	493.56
2012	1660.27	1280.81	1166.59	536.24

表2-6 城镇居民人均消费性支出构成（1978-2012年）

单位：%

年份	食品	衣着	家庭设备用品及服务	医疗保健
1978				
1980	57.3	16.5	6.5	1.1
1985	46.8	17.8	10.9	1.1
1986	46.2	18.4	9.4	1.6
1987	48.4	16.9	10.6	1.6
1988	49.0	17.2	12.8	1.5
1989	51.6	14.1	10.4	2.5
1990	47.8	15.6	11.0	2.5
1991	48.2	15.8	10.1	1.8
1992	49.1	16.1	7.5	2.5
1993	49.5	16.1	7.4	2.7
1994	46.2	16.3	7.7	4.0
1995	44.8	17.6	7.1	4.2
1996	44.3	17.4	6.7	4.5
1997	43.3	15.4	6.4	4.9
1998	44.3	15.3	6.6	5.3
1999	38.6	12.9	9.0	5.7
2000	36.4	13.1	7.6	7.5
2001	34.8	14.0	8.9	6.1
2002	33.9	13.9	6.4	6.1
2003	35.9	14.1	4.9	6.5
2004	36.1	13.3	5.1	6.5
2005	36.4	13.3	5.0	8.0
2006	35.5	14.2	5.4	7.0
2007	35.1	15.0	6.0	7.6
2008	37.3	14.4	6.2	7.4
2009	36.3	14.5	5.9	7.3
2010	36.2	14.8	6.6	6.9
2011	38.3	14.5	6.7	7.7
2012	37.7	14.6	6.8	7.4

表 2-6 续表 1

单位:%

年份	交通通讯	教育文化娱乐服务	居住	其他商品和服务
1978				
1980	1.0	6.7	4.6	6.4
1985	1.3	15.2	3.5	3.4
1986	1.6	12.8	4.7	5.2
1987	1.5	11.1	4.4	5.5
1988	1.5	9.5	3.7	4.8
1989	1.4	11.2	4.1	4.7
1990	1.6	11.2	4.6	5.7
1991	1.8	12.6	4.5	5.2
1992	2.8	10.6	5.9	5.4
1993	3.8	10.4	6.1	4.1
1994	4.0	11.1	5.9	4.9
1995	5.5	10.3	6.3	4.1
1996	5.5	10.9	6.0	4.7
1997	5.3	13.8	6.8	4.1
1998	5.7	13.2	6.0	3.6
1999	6.0	14.2	9.7	3.9
2000	7.5	15.2	9.5	3.4
2001	8.2	12.7	9.6	5.5
2002	11.4	15.6	9.1	3.6
2003	10.8	14.6	9.0	4.2
2004	10.7	14.6	9.8	4.0
2005	12.2	11.9	9.2	3.9
2006	11.4	12.2	10.4	4.0
2007	11.3	11.4	9.4	4.2
2008	11.6	9.4	9.0	4.8
2009	12.9	9.2	9.2	4.7
2010	12.3	9.9	8.8	4.4
2011	11.6	9.5	7.5	4.2
2012	12.0	9.2	8.4	3.9

表2-7 城镇居民家庭人均食品类消费性支出(1978-2012年)

单位:元

年份	食 品	粮油类	#粮 食	肉禽蛋水产品类	#肉 类
1978					
1980	239.64	81.55	68.40	53.99	45.78
1985	304.67	73.63	51.07	85.33	55.31
1986	333.86	79.62	53.90	102.31	67.83
1987	381.89	81.29	56.43	113.28	80.29
1988	468.60	102.12	66.36	164.04	101.76
1989	504.19	101.22	67.96	183.74	121.15
1990	527.74	103.33	67.55	186.59	121.98
1991	609.66	106.43	69.51	212.63	139.19
1992	732.13	147.79	101.79	248.53	167.87
1993	907.34	196.25	132.45	317.16	213.33
1994	1144.38	260.42	166.79	388.88	261.34
1995	1428.47	307.66	208.09	490.37	323.42
1996	1531.88	333.36	236.28	513.41	342.79
1997	1681.77	362.20	254.89	568.77	371.43
1998	1647.07	350.15	235.83	518.81	329.69
1999	1608.82	353.21	231.57	491.01	300.01
2000	1609.17	290.83	196.02	477.29	304.02
2001	1716.80	287.90	198.15	521.00	337.14
2002	1912.77	275.76	187.62	519.21	329.83
2003	1987.42	302.59	189.65	511.02	331.31
2004	2083.13	325.13	209.72	510.96	336.76
2005	2257.44	377.72	252.41	553.85	366.56
2006	2386.97	380.84	256.71	541.27	361.13
2007	2760.69	428.58	269.59	684.88	474.61
2008	3235.77	566.53	347.67	836.11	587.75
2009	3386.33	528.35	339.64	887.46	626.98
2010	3694.81	571.82	362.74	972.04	684.07
2011	4537.46	685.22	441.69	1234.21	884.04
2012	5238.89	767.72	494.46	1412.22	1031.19

表 2-7 续表 1

单位:元

年份	蔬菜类	干鲜瓜果类	糕点、奶及奶制品类	#奶及奶制品类
1978				
1980	27.35	11.98	8.26	4.24
1985	28.74	30.36	13.36	6.75
1986	32.65	30.59	15.89	8.47
1987	35.25	35.56	13.85	6.09
1988	57.00	35.40	19.08	10.68
1989	54.82	43.14	22.35	13.06
1990	53.43	48.72	24.81	14.20
1991	66.26	53.48	28.32	15.53
1992	69.86	65.37	36.28	21.49
1993	92.14	72.21	44.66	26.46
1994	117.37	89.31	55.75	30.28
1995	159.40	120.78	68.50	39.59
1996	175.80	126.14	79.50	45.92
1997	185.24	138.27	88.70	54.20
1998	183.14	140.37	93.43	58.09
1999	162.28	142.05	90.08	56.95
2000	157.92	148.13	96.68	59.95
2001	165.09	158.60	107.22	67.62
2002	166.23	181.53	130.29	84.00
2003	182.13	177.18	157.47	110.10
2004	197.59	190.31	165.53	117.28
2005	205.68	200.17	163.66	113.75
2006	230.53	226.60	178.78	123.65
2007	243.77	267.00	192.80	132.77
2008	305.59	290.98	216.13	148.52
2009	313.42	326.42	228.33	151.64
2010	363.33	363.77	241.61	164.52
2011	427.51	462.68	290.20	197.70
2012	499.33	549.88	342.11	237.05

表2-8 城镇居民家庭人均食品类消费性支出构成（1978-2012年）

单位:%

年份	食 品	粮油类	#粮 食	肉禽蛋水产品类	#肉 类
1978					
1980	100	34.0	28.5	22.5	19.1
1985	100	24.2	16.8	28.0	18.2
1986	100	23.8	16.1	30.6	20.3
1987	100	21.3	14.8	29.7	21.0
1988	100	21.8	14.2	35.0	21.7
1989	100	20.1	13.5	36.4	24.0
1990	100	19.6	12.8	35.4	23.1
1991	100	17.5	11.4	34.9	22.8
1992	100	20.2	13.9	33.9	22.9
1993	100	21.6	14.6	35.0	23.5
1994	100	22.8	14.6	34.0	22.8
1995	100	21.5	14.6	34.3	22.6
1996	100	21.8	15.4	33.5	22.4
1997	100	21.5	15.2	33.8	22.1
1998	100	21.3	14.3	31.5	20.0
1999	100	22.0	14.4	30.5	18.6
2000	100	18.1	12.2	29.7	18.9
2001	100	16.8	11.5	30.3	19.6
2002	100	14.4	9.8	27.1	17.2
2003	100	15.2	9.5	25.7	16.7
2004	100	15.6	10.1	24.5	16.2
2005	100	16.7	11.2	24.5	16.2
2006	100	16.0	10.8	22.7	15.1
2007	100	15.5	9.8	24.8	17.2
2008	100	17.5	10.7	25.8	18.2
2009	100	15.6	10.0	26.2	18.5
2010	100	15.5	9.8	26.3	18.5
2011	100	15.1	9.7	27.2	19.5
2012	100	14.7	9.4	27.0	19.7

表2-8 续表1

单位:%

年份	蔬菜类	干鲜瓜果类	糕点、奶及奶制品类	#奶及奶制品类
1978				
1980	11.4	5.0	3.4	1.8
1985	9.4	10.0	4.4	2.2
1986	9.8	9.2	4.8	2.5
1987	9.2	9.3	3.6	1.6
1988	12.2	7.6	4.1	2.3
1989	10.9	8.6	4.4	2.6
1990	10.1	9.2	4.7	2.7
1991	10.9	8.8	4.6	2.5
1992	9.5	8.9	5.0	2.9
1993	10.2	8.0	4.9	2.9
1994	10.3	7.8	4.9	2.6
1995	11.2	8.5	4.8	2.8
1996	11.5	8.2	5.2	3.0
1997	11.0	8.2	5.3	3.2
1998	11.1	8.5	5.7	3.5
1999	10.1	8.8	5.6	3.5
2000	9.8	9.2	6.0	3.7
2001	9.6	9.2	6.2	3.9
2002	8.7	9.5	6.8	4.4
2003	9.2	8.9	7.9	5.5
2004	9.5	9.1	7.9	5.6
2005	9.1	8.9	7.2	5.0
2006	9.7	9.5	7.5	5.2
2007	8.8	9.7	7.0	4.8
2008	9.4	9.0	6.7	4.6
2009	9.3	9.6	6.7	4.5
2010	9.8	9.8	6.5	4.5
2011	9.4	10.2	6.4	4.4
2012	9.5	10.5	6.5	4.5

表2-9 城镇居民家庭人均非食品类消费性支出(1978-2012年)

单位:元

年份	非食品	衣着	#服务	#家庭设备日用品及服务
1978				
1980	178.80	68.88	16.90	27.00
1985	346.14	115.64	32.80	70.90
1986	388.10	132.81	42.73	68.00
1987	407.70	133.61	36.75	83.97
1988	487.08	164.28	40.92	122.28
1989	472.32	138.16	43.57	101.38
1990	576.68	172.17	57.49	121.51
1991	656.31	199.46	72.56	127.85
1992	758.41	240.67	120.76	112.50
1993	927.38	294.73	150.45	135.05
1994	1334.13	403.60	229.54	190.95
1995	1758.28	562.41	335.11	225.98
1996	1925.26	600.41	352.17	231.70
1997	2205.29	599.42	355.31	248.46
1998	2067.03	567.77	352.16	245.46
1999	2555.16	536.05	333.03	372.76
2000	2813.75	577.40	369.73	335.47
2001	3214.61	690.14	451.26	440.37
2002	3723.67	780.93	541.98	361.26
2003	3553.19	783.54	550.10	271.14
2004	3690.48	766.73	536.28	292.14
2005	3950.07	825.98	578.27	309.97
2006	4343.04	953.03	665.28	364.11
2007	5113.58	1183.69	833.30	475.23
2008	5433.59	1245.02	877.73	535.31
2009	5941.22	1357.05	963.30	552.50
2010	6502.28	1513.42	1073.12	669.87
2011	7301.93	1715.94	1209.04	791.43
2012	8652.83	2031.14	1458.13	950.17

表2-9 续表1

单位:元

年份	医疗保健	#药品费	#医疗费	教育文化	#教　育
1978					
1980	4.44	2.40	2.04	28.20	4.92
1985	7.11	5.11	2.00	99.06	9.97
1986	11.79	9.03	2.76	92.45	12.96
1987	12.40	8.69	3.71	87.49	15.13
1988	14.52	10.92	3.60	90.36	20.52
1989	24.74	18.72	6.03	109.49	33.16
1990	27.39	21.17	6.22	123.95	36.80
1991	23.08	18.67	4.42	159.14	46.34
1992	37.89	23.46	8.17	157.45	74.39
1993	50.17	33.44	10.69	190.92	84.53
1994	98.16	73.38	17.57	275.32	98.67
1995	133.84	91.37	29.26	328.93	162.78
1996	155.85	113.37	21.40	377.27	170.19
1997	188.80	138.22	35.14	534.98	212.46
1998	197.04	145.01	39.82	490.59	232.82
1999	235.82	163.87	53.35	592.33	298.47
2000	330.54	234.50	62.41	670.31	332.21
2001	302.82	223.51	60.76	626.58	381.21
2002	341.06	210.16	101.06	880.98	479.04
2003	357.64	196.71	116.40	806.53	504.87
2004	375.18	193.82	136.84	840.59	521.11
2005	499.16	241.14	206.99	741.35	456.25
2006	472.35	238.20	190.50	819.72	461.98
2007	598.78	288.11	261.36	896.79	489.01
2008	643.48	293.57	290.08	812.36	417.06
2009	684.01	289.51	313.36	855.53	403.95
2010	708.16	313.14	298.15	1012.37	433.34
2011	912.99	381.91	436.87	1122.18	514.57
2012	1027.60	434.72	472.39	1280.81	600.01

表2-9 续表2

单位:元

年份	居住	#住房	交通和通讯	#交通	#通讯
1978					
1980	19.44	2.64	4.08	3.12	0.96
1985	23.01	6.97	8.39	7.06	1.33
1986	34.01	14.16	11.27	9.93	1.34
1987	35.05	15.51	12.03	10.46	1.57
1988	35.40	12.72	14.16	12.12	2.04
1989	39.83	12.90	13.27	10.85	2.42
1990	51.22	14.85	17.88	15.43	2.45
1991	57.43	20.71	23.27	20.71	2.56
1992	88.44	35.89	41.52	35.68	5.84
1993	111.60	46.02	70.10	60.96	9.14
1994	145.56	67.58	98.39	65.89	32.50
1995	201.15	110.91	175.95	104.04	71.91
1996	207.27	88.86	191.48	89.21	102.27
1997	265.11	137.98	207.52	102.14	105.38
1998	221.46	64.98	212.30	94.95	117.35
1999	404.55	226.51	250.28	115.32	134.96
2000	418.66	189.12	331.03	133.70	197.33
2001	474.61	183.66	406.72	146.42	260.30
2002	515.61	186.19	643.18	246.45	347.58
2003	499.93	115.31	601.13	239.45	361.65
2004	566.99	113.99	615.19	246.45	368.73
2005	571.72	125.16	757.09	375.77	381.32
2006	698.66	194.32	765.72	344.70	421.03
2007	736.99	224.08	890.30	449.70	440.60
2008	781.90	196.14	1003.89	552.94	450.95
2009	856.78	259.91	1198.65	743.58	455.07
2010	898.38	256.17	1255.87	742.61	513.26
2011	888.16	200.17	1377.67	813.19	564.48
2012	1166.59	402.96	1660.27	1030.83	629.45

表2-10 城镇居民家庭人均非食品类消费性支出构成(1978-2012年)

单位:%

年份	非食品	衣　着	#服　装	家庭设备用品及服务
1978	100			
1980	100	38.5	9.5	15.1
1985	100	33.4	9.5	20.5
1986	100	34.2	11.0	17.5
1987	100	32.8	9.0	20.6
1988	100	33.7	8.4	25.1
1989	100	29.3	9.2	21.5
1990	100	29.9	10.0	21.1
1991	100	30.4	11.1	19.5
1992	100	31.7	15.9	14.8
1993	100	31.8	16.2	14.6
1994	100	30.3	17.2	14.3
1995	100	32.0	19.1	12.9
1996	100	31.2	18.3	12.0
1997	100	27.2	16.1	11.3
1998	100	27.5	17.0	11.9
1999	100	21.0	13.0	14.6
2000	100	20.5	13.1	11.9
2001	100	21.5	14.0	13.7
2002	100	21.0	14.6	9.7
2003	100	22.1	15.5	7.6
2004	100	20.8	14.5	7.9
2005	100	20.9	14.6	7.8
2006	100	21.9	15.3	8.4
2007	100	23.1	16.3	9.3
2008	100	22.9	16.2	9.9
2009	100	22.8	16.2	9.3
2010	100	23.3	16.5	10.3
2011	100	23.5	16.6	10.8
2012	100	23.5	16.9	11.0

表2-10 续表1

单位:%

年份	医疗保健	#药品费	#医疗费	教育文化	#教　育
1978					
1980	2.5	1.3	1.1	15.8	2.8
1985	2.1	1.5	0.6	28.6	2.9
1986	3.0	2.3	0.7	23.8	3.3
1987	3.0	2.1	0.9	21.5	3.7
1988	3.0	2.2	0.7	18.6	4.2
1989	5.2	4.0	1.3	23.2	7.0
1990	4.7	3.7	1.1	21.5	6.4
1991	3.5	2.8	0.7	24.2	7.1
1992	5.0	3.1	1.1	20.8	9.8
1993	5.4	3.6	1.2	20.6	9.1
1994	7.4	5.5	1.3	20.6	7.4
1995	7.6	5.2	1.7	18.7	9.3
1996	8.1	5.9	1.1	19.6	8.8
1997	8.6	6.3	1.6	24.3	9.6
1998	9.5	7.0	1.9	23.7	11.3
1999	9.2	6.4	2.1	23.2	11.7
2000	11.7	8.3	2.2	23.8	11.8
2001	9.4	7.0	1.9	19.5	11.9
2002	9.2	5.6	2.7	23.7	12.9
2003	10.1	5.5	3.3	22.7	14.2
2004	10.2	5.3	3.7	22.8	14.1
2005	12.6	6.1	5.2	18.8	11.6
2006	10.9	5.5	4.4	18.9	10.6
2007	11.7	5.6	5.1	17.5	9.6
2008	11.8	5.4	5.3	15.0	7.1
2009	11.5	4.9	5.3	14.4	6.8
2010	10.9	4.8	4.6	15.6	6.7
2011	12.5	5.2	6.0	15.4	7.0
2012	11.9	5.0	5.5	14.8	6.9

表2-10 续表2

单位:%

年份	居　住	#住　房	交通和通讯	#交　通	#通　讯
1978					
1980	10.9	1.5	2.3	1.7	0.5
1985	6.6	2.0	2.4	2.0	0.4
1986	8.8	3.6	2.9	2.6	0.3
1987	8.6	3.8	3.0	2.6	0.4
1988	7.3	2.6	2.9	2.5	0.4
1989	8.4	2.7	2.8	2.3	0.5
1990	8.9	2.6	3.1	2.7	0.4
1991	8.8	3.2	3.5	3.2	0.4
1992	11.7	4.7	5.5	4.7	0.8
1993	12.0	5.0	7.6	6.6	1.0
1994	10.9	5.1	7.4	4.9	2.4
1995	11.4	6.3	10.0	5.9	4.1
1996	10.8	4.6	9.9	4.6	5.3
1997	12.0	6.3	9.4	4.6	4.8
1998	10.7	3.1	10.3	4.6	5.7
1999	15.8	8.9	9.8	4.5	5.3
2000	14.9	6.7	11.8	4.8	7.0
2001	14.8	5.7	12.7	4.6	8.1
2002	13.8	5.0	17.3	6.6	9.3
2003	14.1	3.2	16.9	6.7	10.2
2004	15.4	3.1	16.7	6.7	10.0
2005	14.5	3.2	19.2	9.5	9.7
2006	16.1	4.5	17.6	7.9	9.7
2007	14.4	4.4	17.4	8.8	8.6
2008	14.4	3.6	18.5	10.2	8.3
2009	14.4	4.4	20.2	12.5	7.7
2010	13.8	3.9	19.3	11.4	7.9
2011	12.2	2.7	18.9	11.1	7.7
2012	13.5	4.7	19.2	11.9	7.3

表2-11 城镇居民家庭人均现金收入情况(1978-2012年)

单位:元

年份	家庭总收入	工资性收入	#工资及补贴收入	#其他劳动收入	经营净收入
1978					
1980	553.32	491.88			
1985	797.26	692.47	684.84	7.63	49.14
1986	920.56	813.55	804.79	8.76	44.54
1987	1010.65	871.50	863.48	8.02	44.78
1988	1160.88	953.52	923.40	30.12	22.44
1989	1271.84	1048.02	1030.68	17.34	18.28
1990	1432.38	1166.64	1146.15	20.49	21.75
1991	1626.48	1371.72	1361.58	10.14	55.32
1992	1961.10	1636.03	1620.54	15.49	65.92
1993	2433.72	1896.62	1875.50	21.12	91.94
1994	3184.46	2539.22	2507.08	32.14	102.08
1995	4183.81	3509.20	3468.37	40.83	97.26
1996	4689.08	3759.39	3730.74	28.65	219.88
1997	4878.52	3783.12	3741.62	41.50	168.06
1998	5041.67	3970.07	3929.32	40.75	149.73
1999	5359.70	3964.50	3909.93	54.57	173.40
2000	5686.52	4128.29	4027.36	100.93	235.04
2001	6275.06	4767.86	4650.13	117.73	232.22
2002	7080.13	5382.38	5227.18	155.20	230.29
2003	7683.22	6074.54	5933.22	141.32	284.82
2004	8201.82	6394.40	6245.29	149.11	371.83
2005	8693.67	6553.47	6331.74	221.73	522.14
2006	9689.07	7490.69	7335.50	155.19	594.81
2007	11378.32	9012.19	8901.01	111.18	681.66
2008	12478.61	9422.22	9303.90	118.32	938.15
2009	13602.18	10232.91	10139.46	93.45	974.62
2010	15421.59	11327.91	11208.19	119.73	1131.78
2011	17631.15	12653.43	12551.87	101.56	1412.32
2012	20194.55	14432.12	14273.38	158.74	1633.22

表2-11 续表1

单位:元

年份	财产性收入	转移性收入	#养老金或离退休金	出售财物收入
1978				
1980		61.44		
1985		55.65	6.06	11.77
1986		62.47	21.44	6.99
1987		94.37	48.91	4.66
1988	4.08	180.84	111.60	5.76
1989	4.90	200.65	135.13	5.56
1990	8.81	235.18	150.54	0.58
1991	11.02	188.42	103.79	4.69
1992	20.47	238.68	175.10	7.21
1993	66.73	378.44	312.62	7.03
1994	50.35	492.81	351.16	10.16
1995	54.94	522.41	405.53	20.70
1996	73.87	635.94	510.97	4.62
1997	77.06	850.27	685.50	10.00
1998	44.42	877.43	743.89	6.29
1999	45.00	1176.81	945.61	71.69
2000	38.03	1285.16	1105.39	41.61
2001	40.32	1234.66	1050.66	29.36
2002	50.70	1416.77	1151.40	12.26
2003	74.24	1249.62	943.52	12.88
2004	62.95	1372.63	1049.53	45.89
2005	54.51	1563.54	1300.65	48.35
2006	58.39	1545.18	1275.18	3.95
2007	67.97	1616.49	1435.03	74.01
2008	141.75	1976.49	1722.28	11.87
2009	115.77	2278.88	2016.16	43.34
2010	151.94	2809.96	2447.01	73.33
2011	149.06	3416.35	3043.39	23.17
2012	145.50	3983.71	3649.34	1.59

表2-11 续表2

单位:元

年份	借贷收入	#借入款	#住房贷款	可支配收入
1978				
1980	53.28	23.88		427.08
1985	136.28	27.23		734.82
1986	121.84	24.49		842.75
1987	132.50	19.90		920.42
1988	207.72	35.28		1067.65
1989	187.95	34.65		1174.20
1990	213.91	28.59		1313.54
1991	250.82	39.63		1475.59
1992	359.21	47.16		1951.90
1993	444.32	54.57	1.06	2422.97
1994	783.03	134.03	0.96	3170.27
1995	721.14	122.77	0.05	4163.44
1996	659.99	97.12		4649.86
1997	973.32	136.00	17.18	4844.72
1998	1479.77	240.34	179.38	5000.79
1999	1407.18	220.43	108.80	5319.76
2000	1270.20	156.77	73.91	5644.86
2001	1715.64	213.08	71.41	6215.00
2002	2193.55	169.70	7.96	6553.83
2003	1456.87	119.62	39.85	7006.09
2004	1417.75	111.70	57.33	7503.42
2005	1980.77	119.70	10.11	7990.15
2006	2093.22	82.42	17.70	8871.27
2007	2793.76	193.17	77.65	10313.44
2008	2752.07	173.81	60.32	11432.10
2009	2958.94	87.25	97.74	12257.52
2010	3510.09	143.18	34.19	13643.77
2011	3658.66	190.17	0.07	15513.62
2012	4079.71	111.84	24.90	17920.68

表2-12 城镇居民家庭人均现金支出情况(1978-2012年)

单位:元

年份	家庭总支出	消费性支出	#服务性消费支出	购房与建房支出
1978				
1980	459.72	418.44	35.28	
1985	714.12	650.80	45.82	
1986	797.71	721.96	61.58	
1987	873.43	789.59	74.75	
1988	1047.36	955.53	87.60	
1989	1072.62	976.52	103.71	0.07
1990	1218.12	1104.42	135.34	
1991	1409.36	1265.98	163.27	
1992	1725.04	1490.54	256.31	19.50
1993	2143.46	1834.72	315.47	83.14
1994	3115.31	2478.51	442.62	301.71
1995	3707.04	3186.76	605.94	159.98
1996	3962.89	3457.14	721.03	59.97
1997	4580.71	3887.06	862.68	167.59
1998	5101.36	3714.10	856.23	796.92
1999	5204.98	4163.98	1113.32	466.16
2000	5276.72	4422.92	1291.09	247.92
2001	5940.04	4931.40	1524.33	308.06
2002	7160.12	5636.44	1567.40	192.48
2003	7141.62	5540.61	1543.79	105.02
2004	7425.28	5773.62	1667.94	210.93
2005	7822.35	6207.52	1727.01	133.30
2006	8583.77	6730.01	1845.52	170.00
2007	10514.36	7874.27	2109.35	427.43
2008	11363.63	8669.36	2128.48	374.02
2009	12601.37	9327.55	2244.91	623.63
2010	13980.30	10197.09	2529.71	512.66
2011	16057.60	11839.40	2868.32	576.28
2012	18447.93	13891.72	3368.16	486.93

表2-12 续表2

单位:元

年份	转移性支出	财产性支出	社会保障支出	借贷支出
1978				
1980	41.28			106.20
1985	63.31			198.57
1986	75.75			221.99
1987	83.84			250.28
1988	90.84	0.96		288.72
1989	94.81	1.22		367.02
1990	112.32	1.38		385.95
1991	142.87	0.51		413.48
1992	213.81	1.19		543.05
1993	223.42	2.17		696.54
1994	333.57	1.52		745.55
1995	358.24	2.07		1105.90
1996	439.88	5.88		1244.93
1997	524.40	1.66		1099.58
1998	589.32	1.02		1269.01
1999	572.40	2.45		1339.83
2000	595.75	10.13		1449.84
2001	695.96	4.62		2061.01
2002	843.79	0.84	486.57	2318.06
2003	860.53	2.59	632.87	1979.60
2004	802.63	0.63	637.46	1987.97
2005	817.99	2.03	661.51	2546.03
2006	907.29	2.59	773.88	2958.37
2007	1276.36	4.13	932.18	3498.78
2008	1331.51	2.72	986.02	3566.20
2009	1359.33	38.71	1252.15	3791.57
2010	1613.04	36.24	1621.27	4728.35
2011	1658.38	59.26	1924.28	4839.68
2012	1869.11	57.17	2143.00	5460.77

表2-13 城镇居民家庭平均每百户年末耐用消费品拥有量（1978-2012年）

年份	成套家具(套)	摩托车(辆)	自行车(辆)	家用汽车(辆)	洗衣机(台)
1978					
1980			88.18		
1985	1.20	1.20	134.30		52.20
1986	0.80	1.40	152.00		59.60
1987	1.32	1.66	160.69		62.35
1988	4.69	2.71	173.50		76.21
1989	4.92	1.86	171.19		77.29
1990	9.83	3.22	185.08		79.66
1991	13.90	1.53	186.27		84.07
1992	19.27	2.82	181.61		87.84
1993	23.23	3.92	193.09		87.44
1994	33.75	8.09	182.44		90.34
1995	38.34	6.33	184.51		92.10
1996	42.90	7.31	185.28		92.80
1997	50.36	8.54	169.93	0.99	88.12
1998	53.20	7.97	171.39	0.99	89.92
1999	54.27	7.65	164.46	1.11	91.29
2000	48.52	8.53	137.63	0.82	95.48
2001	52.14	9.34	146.28	0.78	95.60
2002	68.07	12.89	135.92	0.47	91.03
2003	65.00	14.34	137.44	0.51	91.93
2004	70.11	19.10	133.58	0.79	91.46
2005	62.72	16.04	96.83	0.81	88.53
2006	63.52	16.59	95.42	1.08	92.97
2007		19.99		1.80	93.02
2008		14.95		4.62	91.63
2009		17.31		7.61	93.57
2010		18.53		8.63	93.43
2011		13.79		12.32	96.10
2012		14.22		15.58	97.63

表2-13 续表1

年份	电风扇(台)	电冰箱(台)	冰柜(台)	彩色电视机(台)	影碟机(台)
1978					
1980	2.27				
1985	15.90	8.60		35.10	
1986	17.80	9.60		42.90	
1987	25.06	16.48		48.65	
1988	25.61	18.89		54.71	
1989	29.66	22.88		61.53	
1990	31.86	32.20		67.80	
1991	37.97	40.85		73.22	
1992	37.88	47.34		77.48	
1993	40.31	49.50	0.53	80.43	
1994	41.44	57.19	0.97	85.32	
1995	42.44	60.36	0.69	85.50	
1996	44.12	64.86	1.12	89.93	
1997	40.38	74.11	2.17	97.74	5.99
1998	42.04	76.62	2.17	100.91	10.66
1999	44.79	77.97	3.89	104.08	22.56
2000	51.30	81.76	3.20	102.41	33.56
2001	55.37	82.15	2.77	107.56	41.05
2002	58.74	86.46	3.93	111.41	53.42
2003	58.94	84.33	3.14	112.39	55.12
2004	57.77	83.52	3.75	111.95	56.19
2005	53.39	79.72	7.71	105.70	61.73
2006	55.60	82.65	7.33	107.97	66.53
2007		88.34		105.34	
2008		87.53		104.49	
2009		89.75		104.64	
2010		90.20		105.61	
2011		94.34		106.42	
2012		96.99		106.72	

表2-13 续表2

年份	录音机（台）	录放像机（台）	家用电脑（台）	组合音响（套）	摄像机（架）
1978					
1980	3.64				
1985	51.40				
1986	60.60				
1987	62.89				
1988	76.85				
1989	77.46	0.30			
1990	77.80	1.69		0.51	
1991	83.56	2.88		1.53	
1992	83.27	8.87		3.35	
1993	84.80	11.16		6.21	
1994	75.86	15.08		6.30	
1995	75.15	13.78		7.38	
1996	75.20	15.33		8.46	
1997	69.83	20.33	0.99	15.71	1.46
1998	72.09	21.60	1.13	16.04	0.71
1999	71.85	20.46	2.09	16.39	1.03
2000	53.69	18.71	5.68	17.53	1.02
2001	55.58	17.33	7.79	17.52	1.13
2002	62.71	18.77	13.40	18.58	1.04
2003	64.02	16.07	15.81	19.68	1.09
2004	59.80	16.26	17.84	18.29	1.16
2005	50.05	13.43	23.86	16.10	3.12
2006	47.81	12.98	28.70	18.86	3.12
2007			34.70	21.12	3.58
2008			41.32	14.61	4.50
2009			45.19	14.97	4.28
2010			47.68	15.06	4.57
2011			61.20	15.10	7.98
2012			65.75	15.99	8.52

表 2-13 续表 3

年份	照相机(架)	钢琴(架)	其他中高档乐器(件)	固定电话(部)	移动电话(部)	微波炉(台)
1978						
1980	2.27					
1985	8.20		5.70			
1986	9.40		8.60			
1987	12.42		10.10			
1988	16.01		16.50			
1989	16.27		13.39			
1990	20.00		11.53			
1991	23.90		10.34			
1992	24.81	0.53	11.55	6.10		
1993	27.58	0.53	13.66	8.98		
1994	36.39	1.19	12.21	15.25		
1995	37.15	1.20	11.84	23.05		
1996	36.08	0.78	10.13	25.50		
1997	36.66	0.71	8.45	50.63		1.70
1998	38.98	0.99	8.59	54.75	0.43	1.46
1999	34.94	0.72	7.31	56.88	1.38	3.66
2000	33.71	1.38	9.09	37.45	4.81	5.39
2001	34.14	1.80	9.20	79.60	13.72	5.95
2002	40.69	1.93	13.04	91.87	52.54	12.37
2003	39.93	2.37	13.57	92.73	72.36	12.96
2004	40.33	2.51	12.24	91.69	87.13	14.29
2005	37.42	2.23	5.97	87.23	108.61	19.68
2006	39.15	1.96	6.78	87.70	126.56	24.15
2007	33.39	1.38	7.02	90.15	140.12	27.80
2008	25.31	1.95	4.82	82.19	144.40	32.40
2009	26.29	2.23	6.63	82.80	154.47	33.76
2010	26.83	2.04	6.54	82.42	159.79	34.84
2011	29.24	1.36	5.05	77.15	181.54	37.75
2012	33.79	2.63	6.21	78.33	192.21	41.58

表2-13 续表4

年份	空调器(台)	电炊具(台)	淋浴热水器(台)	排油烟机(台)	吸尘器(台)	健身器材(套)
1978						
1980						
1985	0.20	5.90				
1986	0.60	8.60				
1987	0.50	19.83				
1988	1.34	26.99				
1989	1.02	33.90				
1990	0.17	39.83				
1991	0.34	49.83				
1992	0.40	62.26	18.34	16.01	9.26	
1993	0.26	75.30	22.18	21.12	10.45	
1994	0.79	73.24	30.55	35.32	12.12	
1995	0.93	72.57	32.46	38.06	15.64	
1996	1.17	75.20	33.36	38.85	15.07	
1997	2.41	83.77	39.64	50.32	16.53	0.99
1998	2.55	92.22	41.58	54.00	17.10	1.42
1999	2.00	92.23	41.09	56.99	17.30	2.52
2000	2.78	82.07	47.91	64.75	17.43	2.35
2001	2.64	87.14	51.67	70.57	16.42	2.30
2002	4.93	88.15	61.08	78.32	16.73	3.55
2003	4.92	86.02	61.83	76.36	17.30	3.22
2004	6.15	76.99	61.46	75.98	16.59	2.72
2005	7.02	77.97	59.58	76.68	16.24	3.89
2006	8.62	83.37	65.73	78.22	16.79	3.33
2007	6.70		69.63			2.58
2008	11.18		69.98			2.88
2009	11.22		72.55			2.44
2010	12.42		74.27			2.65
2011	11.87		76.53			1.08
2012	13.73		79.50			1.36

表2-14 城镇居民家庭住房情况(1978-2012年)

年份	家庭居住人口(人/户)	住房建筑面积(平方米/人)	住房使用面积(平方米/人)	装修状况(%)		有自来水(%)
				有装修	无装修	
1978						
1980						
1985	4.59	14.27	10.70			91.2
1986	4.48	15.89	11.92			86.5
1987	4.45	16.04	12.03			87.8
1988	4.15	16.41	12.31			88.2
1989	3.98	17.27	12.95			90.7
1990	3.92	18.07	13.55			91.3
1991	3.84	19.19	14.39			91.7
1992	3.60	21.11	15.83			90.3
1993	3.47	22.43	16.82			90.7
1994	3.45	21.41	16.06			88.9
1995	3.37	22.09	16.57			90.9
1996	3.29	23.48	17.61			91.0
1997	3.23	18.16	13.62			95.1
1998	3.20	25.27	18.95			95.4
1999	3.16	26.35	19.76			92.2
2000	3.15	26.75	20.06			94.0
2001	3.09	27.47	20.60			95.0
2002	2.99	23.78	18.17	46.0	54.0	96.9
2003	3.03	23.36	17.91	45.9	54.1	96.7
2004	3.04	24.44	18.82	44.6	55.4	97.5
2005	3.03	26.02	20.15	50.9	49.1	98.0
2006	3.00	26.31	20.33	54.4	45.6	98.3
2007	3.02	27.17	20.38	55.1	44.9	98.0
2008	2.99	27.29	20.52	58.7	41.3	99.1
2009	2.99	27.16	20.42	61.6	38.4	95.8
2010	2.97	27.25	20.48	61.8	38.2	96.5
2011	2.89	28.92	21.70	64.6	35.4	97.6
2012	2.91	29.03	21.80	67.6	32.4	98.6

表2-14 续表1

年份	卫生设备(%)			取暖设备(%)		
	无卫生设备	有厕所浴室	有厕所无浴室	无取暖设备	暖　气	其　它
1978						
1980						
1985	68.2	3.1	23.5		28.6	71.4
1986	73.5	3.5	21.2		29.0	71.0
1987	60.2	4.1	25.9		35.9	64.1
1988	59.3	4.2	29.8		38.7	61.3
1989	61.8	4.8	29.5		40.9	59.1
1990	55.7	5.6	31.7		42.9	57.1
1991	56.3	6.6	29.8		51.2	48.8
1992	55.8	18.1	24.1		54.9	45.1
1993	52.5	25.4	19.5		57.8	42.2
1994	44.3	36.5	17.5		67.8	33.2
1995	41.9	31.2	23.6		69.5	30.5
1996	40.9	29.7	26.1		71.0	29.0
1997	30.2	36.1	33.7		71.9	28.1
1998	24.8	42.4	32.4		74.8	25.3
1999	27.8	50.3	20.0		72.4	27.6
2000	25.2	54.2	19.5		73.5	26.6
2001	20.7	56.0	21.6		76.2	23.8
2002	11.4	54.4	28.3		83.4	16.6
2003	11.3	55.0	25.6		80.7	19.3
2004	9.6	55.4	27.0		82.0	18.0
2005	7.2	61.9	23.9		82.5	17.5
2006	6.0	62.7	25.3		84.8	15.2
2007	4.8	68.1	21.3		84.7	15.3
2008	5.8	68.9	20.4		83.7	16.1
2009	5.7	71.1	20.0		85.3	14.5
2010	5.7	72.7	18.4		85.1	14.7
2011	4.8	76.1	17.1		89.4	10.5
2012	4.4	79.2	15.2		89.8	0.2

表2-14 续表2

年份	炊用燃料情况(%)			通信设备使用情况		
	管道天然气	罐装液化石油气	煤 炭	固定电话(部/百户)	移动电话(部/百户)	使用互联网(条/百户)
1978						
1980						
1985		23.9	73.9			
1986		21.8	78.2			
1987		24.5	75.5			
1988		31.9	68.1			
1989		34.3	65.7			
1990		34.5	65.6			
1991		39.8	60.0			
1992		48.3	51.7	6.10		
1993		49.0	50.9	8.98		
1994		61.3	38.7	15.25		
1995		62.7	37.3	23.05		
1996		64.8	35.3	32.37		
1997	5.6	76.8	17.6	50.68		
1998	4.2	77.0	18.8	54.75		
1999	3.5	78.7	17.8	56.88		
2000	3.7	85.1	11.3	76.20		
2001	6.4	79.3	14.2	79.60		
2002	9.4	82.4	8.0	91.87	45.20	0.05
2003	12.2	77.6	10.0	92.73	72.36	0.06
2004	16.0	72.9	9.8	91.69	87.13	0.06
2005	30.6	54.4	13.6	87.23	108.61	7.96
2006	38.2	48.8	12.0	87.70	126.56	16.09
2007	53.3	37.3	7.9	90.15	140.12	23.18
2008	52.2	34.2	13.6	82.19	144.40	28.14
2009	54.4	34.2	11.1	82.80	154.47	31.40
2010	53.2	34.3	12.1	82.42	159.79	32.20
2011	62.5	25.6	11.7	77.20	181.50	48.20
2012	67.3	23.0	9.5	78.30	192.21	51.93

表2-15 农村居民家庭基本情况（1978–2012年）

年份	调查户数(户)	调查户常住人口(人)	平均每户整半劳动力(人)	整半劳动力占常住人口比重(%)	劳动力中	
					文盲或半文盲比重(%)	小学程度比重(%)
1978	158	886	2.36	42.1		
1980	160	925	2.29	39.6		
1985	1240	6475	2.61	50.0	26.1	47.7
1986	1240	6597	2.62	49.3	30.5	42.0
1987	1238	6644	2.64	49.2	28.1	44.1
1988	1240	6651	2.67	49.8	28.8	42.3
1989	1240	6667	2.73	50.8	26.6	43.6
1990	1240	6659	2.76	51.4	25.2	43.4
1991	1550	8796	2.86	50.4	17.5	49.0
1992	1550	8787	2.86	50.4	16.7	49.0
1993	1550	8778	2.95	52.1	17.3	48.0
1994	1550	8754	2.99	52.9	15.7	47.7
1995	1550	8711	3.06	54.4	15.1	46.2
1996	1500	8154	2.93	53.9	13.1	47.1
1997	1500	8125	2.92	53.9	12.4	47.1
1998	1500	8104	2.95	54.6	11.1	47.1
1999	1500	8032	2.89	54.0	10.4	46.4
2000	1500	7999	3.06	57.4	9.1	46.2
2001	1550	7991	2.98	57.8	7.3	45.3
2002	1550	7959	3.00	58.4	7.1	44.4
2003	1550	7922	3.12	61.0	7.2	42.8
2004	1550	7922	3.15	61.6	7.6	41.8
2005	1550	7315	2.92	61.9	4.6	40.1
2006	1550	7309	2.91	61.7	4.5	39.6
2007	1550	7239	2.96	63.4	4.2	38.6
2008	1550	7219	2.97	63.7	4.0	37.1
2009	1550	7183	3.10	66.8	4.0	35.7
2010	1550	7169	3.14	68.0	4.2	34.6
2011	1550	6644	2.85	66.5	2.4	30.5
2012	1550	6639	2.85	66.6	2.4	29.9

表2-15 续表1

年份	劳动力中			
	初中程度比重(%)	高中程度比重(%)	中专程度比重(%)	大专及以上比重(%)
1978				
1980				
1985	19.0	6.8	0.5	
1986	21.4	5.4	0.8	
1987	21.7	5.3	0.8	
1988	22.5	5.6	0.8	
1989	23.6	5.5	0.7	0.1
1990	24.6	6.0	0.8	0.1
1991	26.5	6.3	0.7	0.1
1992	27.3	6.3	0.6	0.1
1993	26.9	7.7		0.1
1994	28.6	6.8	1.0	0.2
1995	29.7	7.6	1.2	0.3
1996	31.8	6.1	1.5	0.5
1997	32.8	6.1	1.1	0.5
1998	33.9	6.0	1.5	0.4
1999	35.0	6.1	1.7	0.4
2000	35.9	6.5	1.7	0.6
2001	38.5	6.8	1.8	0.4
2002	39.4	6.7	2.0	0.5
2003	40.8	6.6	2.0	0.5
2004	40.6	7.8	1.7	0.5
2005	45.0	7.3	2.1	0.9
2006	46.7	6.1	2.5	0.7
2007	46.9	7.2	2.3	0.9
2008	48.6	7.1	2.2	1.0
2009	49.1	7.5	2.3	1.4
2010	49.5	7.5	2.6	1.5
2011	56.4	5.9	2.5	2.3
2012	57.0	5.9	2.5	2.3

表2-15 续表2

年份	年内新建房屋价值（元/平方米）	年末住房面积（平方米/人）		
			砖木结构面积	钢筋混泥土结构面积
1978				
1980		11.00		
1985	19.93	15.49	1.63	0.05
1986	31.60	15.92	2.73	0.04
1987	25.27	16.39	3.21	0.13
1988	35.24	16.99	3.90	0.13
1989	33.95	17.78	4.04	0.10
1990	52.78	18.09	3.97	0.29
1991	57.31	17.79	4.90	0.22
1992	65.15	18.31	5.07	0.28
1993	67.76	16.21	6.63	0.44
1994	78.77	16.33	6.23	0.25
1995	140.33	16.12	6.71	0.30
1996	120.55	16.12	6.27	0.54
1997	201.09	16.13	6.43	0.85
1998	153.06	16.20	5.63	1.03
1999	68.34	16.90	4.24	0.96
2000	169.37	17.25	2.75	0.53
2001	153.85	18.04	3.89	0.63
2002	202.31	18.55	4.24	0.79
2003	167.13	18.62	4.87	0.77
2004	190.74	19.10	4.89	0.64
2005	225.89	21.13	6.48	0.98
2006	215.67	21.95	7.63	1.14
2007	289.79	22.45	8.60	1.18
2008	331.71	22.79	9.35	1.34
2009	390.04	23.45	10.34	1.51
2010	480.18	24.00	11.00	1.80
2011	669.26	26.14	13.47	2.30
2012	685.79	27.18	14.19	2.80

表2-15 续表3

年份	年末生产固定资产原值(元/户)				
		农业原值	工业原值	建筑业原值	交通运输业原值
1978					
1980					
1985	1143.67				
1986	1340.08	306.63	22.83		305.17
1987	1684.06	385.89	27.77		422.52
1988	2187.53	473.21	37.25		613.17
1989	2454.85	693.85	38.12		588.74
1990	2735.10	760.90	41.93		694.74
1991	3147.45	957.56	43.59		728.24
1992	3363.32	1056.43	44.57		764.26
1993	3649.50	1096.06	64.39		814.66
1994	4880.20	1352.85	54.09		961.83
1995	5283.17	1654.17	91.14		909.72
1996	7483.18	2953.12	73.45		1542.43
1997	7814.32	3543.97	73.13		965.37
1998	8077.50	4493.20	63.90		821.92
1999	8088.97	4365.77	54.89		983.04
2000	7994.76	6964.28	135.65		627.57
2001	8158.12	7277.85	94.90	13.13	582.97
2002	8724.90	7649.96	125.26	52.05	671.87
2003	9756.94	5525.79	64.55	51.61	545.52
2004	10737.17	6455.24	68.16	52.65	519.45
2005	11978.32	6896.37	34.89		544.90
2006	12509.73	7507.16	41.79		626.65
2007	14676.67	8338.49	47.79	32.26	1180.26
2008	16883.07	8904.94	46.50	32.26	1194.13
2009	18849.44	9768.77	78.76	32.26	1824.87
2010	23394.41	12381.46	63.92	32.26	1882.70
2011	30377.17	15991.15	151.58	440.16	2535.90
2012	35070.37	18340.35	155.02	1434.19	2310.52

表2-16 农村居民家庭主要产品生产、出售情况（1978-2012年）

年份	生产粮食（千克/人）	生产油料（千克/人）	生产蔬菜（千克/人）	生产水果（千克/人）	出售粮食（千克/人）	出售油料（千克/人）
1978						
1980						
1985	555.38	10.32	84.16	25.50	201.49	27.63
1986	573.82	63.53	339.78	49.71	195.66	36.45
1987	633.47	59.98	335.55	66.07	234.93	34.44
1988	641.95	51.62	391.12	62.36	240.72	26.83
1989	657.17	47.35	356.99	68.34	229.97	26.92
1990	738.44	56.29	356.25	72.39	296.82	35.53
1991	668.29	56.18	307.20	88.33	262.08	32.63
1992	679.05	48.81	329.70	91.37	261.88	29.25
1993	686.18	51.76	316.07	117.64	215.10	31.22
1994	603.65	75.98	255.56	87.42	211.36	48.78
1995	668.89	66.23	269.19	103.19	224.27	33.15
1996	746.00	29.56	231.28	106.28	297.88	19.28
1997	765.38	28.40	248.77	87.33	349.07	16.45
1998	769.39	45.35	251.46	117.69	290.72	27.54
1999	765.29	63.50	276.86	120.13	299.81	35.79
2000	750.64	62.77	303.37	135.10	316.30	36.52
2001	720.61	39.05	226.13	136.57	267.51	27.99
2002	828.14	40.15	230.97	151.14	348.48	30.48
2003	756.68	49.73	199.89	121.51	320.00	34.37
2004	804.34	43.17	191.29	142.66	304.73	30.72
2005	918.35	27.13	277.87	193.95	487.23	21.54
2006	879.94	20.38	288.04	215.11	442.98	18.11
2007	861.91	33.17	261.26	207.87	422.09	28.13
2008	870.26	56.97	277.78	183.88	424.18	26.88
2009	1021.05	52.30	294.24	250.72	564.81	68.21
2010	1097.54	39.39	297.28	190.06	628.05	33.52
2011	1314.36	68.71	251.72	160.02	812.64	35.68
2012	1393.49	67.07	322.61	170.74	1001.19	66.21

表2-16 续表1

年份	出售蔬菜（千克/人）	出售水果（千克/人）	出售肉猪(头/户)	出售肉牛(头/户)	出售菜羊(只/户)
1978					
1980					
1985	191.56	7.56	0.10	0.19	1.94
1986	249.86	18.44	0.11	0.06	1.76
1987	215.62	28.09	0.15	0.11	1.57
1988	256.54	23.35	0.02	0.02	0.28
1989	226.55	33.93	0.16	0.12	1.42
1990	242.38	33.98			
1991	197.31	44.69			
1992	189.72	45.74			
1993	198.02	56.86	0.08	0.38	3.00
1994	173.85	59.82	0.18	0.22	2.34
1995	179.65	59.24	0.17	0.22	2.21
1996	155.20	65.14	0.24	0.14	2.19
1997	154.67	58.51	0.11	0.16	2.74
1998	167.27	78.40	0.07	0.15	3.47
1999	199.01	78.73	0.08	0.25	3.89
2000	208.37	85.98			
2001	154.97	78.19			
2002	145.79	86.45	0.11	0.35	4.61
2003	152.95	94.99	0.20	0.35	4.16
2004	150.59	106.58	0.13	0.32	4.84
2005	243.57	163.01	0.11	0.41	6.06
2006	256.03	156.11	0.06	0.60	7.25
2007	221.27	137.74	0.03	0.65	6.03
2008	237.96	125.01	0.11	0.56	4.92
2009	263.09	205.78	0.10	0.43	4.53
2010	259.65	143.28	0.12	0.38	4.32
2011	228.09	137.24	0.43	0.41	4.47
2012	297.63	154.67	0.22	0.52	4.73

表2-16 续表2

年份	出售家禽(只/户)	出售牛羊奶(千克/户)	出售禽蛋(千克/户)	出售羊毛(千克/户)	出售水产品(千克/户)
1978					
1980					
1985	3.29	5.68	7.67	6.86	0.07
1986	3.69	13.76	12.82	6.46	0.09
1987	6.12	17.40	15.04	7.14	0.05
1988	4.66	17.63	12.65	9.86	1.07
1989	5.21	13.83	7.82	8.02	0.01
1990		18.47	8.25	9.63	0.01
1991		19.20	5.92	5.77	1.60
1992		19.57	13.51	3.56	0.85
1993	3.69	24.31	23.42	4.10	1.14
1994	5.97	38.66	33.23	5.58	3.01
1995	11.69	26.76	17.28	5.80	7.47
1996	1.98	12.35	3.08	3.18	5.69
1997	3.00	11.48	3.51	4.16	
1998	2.14	17.96	4.30	2.23	0.48
1999	2.70	12.75	9.23	1.67	
2000		21.32	21.27	1.81	
2001		39.78	31.63	1.44	
2002	6.64	55.33	34.55	1.95	
2003	7.25	74.14	33.55	1.81	
2004	7.62	77.50	3.01	1.86	
2005	9.12	118.06	46.51	4.54	
2006	7.68	91.42	68.19	5.19	
2007	7.31	124.75	38.11	5.43	
2008	6.35	149.05	59.54	3.28	
2009	9.63	119.28	63.91	3.06	
2010	6.12	129.76	33.01	2.88	
2011	7.17	71.60	54.03	4.71	
2012	9.85	133.87	39.97	2.97	

表2-17 农村居民家庭总收入来源情况(1978-2012年)

单位:元/人

年份	全年总收入	工资性收入	家庭经营收入	农业收入	林业收入
1978					
1980	221.00	138.22	65.37		
1985	588.07	39.63	530.09	394.02	7.93
1986	640.65	40.44	585.17	430.98	12.56
1987	721.59	40.27	666.63	481.91	10.47
1988	851.54	42.41	788.79	550.55	13.72
1989	916.01	51.47	842.40	602.26	16.54
1990	1112.01	56.53	1034.69	830.68	14.07
1991	1205.21	57.20	1124.43	875.84	15.84
1992	1317.31	72.07	1224.43	920.13	18.55
1993	1440.31	39.31	1362.10	979.22	22.34
1994	1974.29	47.18	1836.18	1345.26	21.21
1995	2414.59	64.47	2238.71	1645.78	35.23
1996	2807.75	55.46	2616.49	1998.36	26.83
1997	3161.87	72.26	2974.76	2355.47	19.35
1998	3400.73	84.78	3232.00	2601.96	21.67
1999	2917.09	109.19	2734.26	2081.34	28.78
2000	3129.35	104.58	2926.75	2260.63	31.53
2001	3129.68	131.87	2935.84	2058.81	28.61
2002	3239.57	142.10	3010.18	2082.76	39.10
2003	3564.10	140.27	3319.61	2451.75	37.33
2004	3777.91	138.23	3485.40	2575.87	38.12
2005	4604.90	195.51	4252.96	3109.18	69.84
2006	5166.20	254.07	4737.37	3510.94	97.66
2007	6068.79	330.75	5482.77	4009.38	123.92
2008	6709.19	422.82	5974.82	4080.42	120.07
2009	7269.49	461.49	6444.07	4522.77	148.28
2010	8806.87	556.26	7795.26	5636.32	192.22
2011	11590.94	804.73	9988.44	7324.47	249.72
2012	13675.26	1007.94	11473.81	8327.85	248.75

表 2-17 续表 1

单位：元/人

年份	牧业收入	渔业收入	工业收入	建筑业收入	交通运输业收入
1978					
1980	25.19				
1985	86.39	0.15	2.14	4.56	15.85
1986	93.70	0.08	0.88	4.79	21.37
1987	121.57	0.96	1.67	5.67	17.20
1988	158.17	0.81	3.08	3.50	28.12
1989	157.43	0.13	3.42	3.73	27.41
1990	121.75	0.01	2.70	2.90	30.69
1991	165.18	1.77	6.15	4.71	29.38
1992	198.97	1.30	3.81	4.57	33.70
1993	241.24	1.03	6.12	5.12	22.78
1994	314.41	5.00	4.37	4.21	38.25
1995	382.64	10.31	5.19	5.92	38.44
1996	350.86	10.10	9.66	6.76	50.07
1997	348.87		7.20	7.67	53.10
1998	368.02	0.80	5.06	6.59	54.53
1999	414.15		5.61	6.63	47.97
2000	434.32		10.60	7.01	45.18
2001	525.71		25.31	9.19	70.76
2002	604.69		28.04	12.90	58.77
2003	569.91		20.61	14.95	70.16
2004	619.08		20.35	15.91	52.61
2005	720.00		26.58	18.50	78.12
2006	754.09		33.72	16.26	81.02
2007	892.93		58.12	19.76	144.36
2008	1319.53		46.20	20.63	133.73
2009	1309.27		32.27	25.42	173.16
2010	1415.96		42.90	32.31	220.95
2011	1680.31	1.60	86.11	57.26	182.09
2012	1965.10	0.06	78.12	146.08	236.41

表2-17 续表2

单位：元/人

年份				财产及转移性收入
	批发零售贸易餐饮业收入	社会服务业收入	其他家庭经营收入	
1978				
1980				17.41
1985	10.19	4.03	6.97	18.35
1986	11.50	3.94	5.37	15.04
1987	12.84	6.00	8.32	14.68
1988	17.76	5.20	7.88	20.34
1989	20.32	5.84	5.32	22.14
1990	18.12	6.83	6.94	20.79
1991	13.93	4.65	12.25	18.31
1992	19.97	5.83	17.60	20.81
1993	20.91	9.80	53.54	38.90
1994	44.92	15.55	43.00	90.93
1995	32.20	27.35	55.65	111.41
1996	35.68	29.68	98.49	135.80
1997	35.88	25.28	121.94	114.85
1998	41.35	29.09	102.93	83.95
1999	35.71	19.74	94.33	73.64
2000	29.03	19.38	89.07	98.02
2001	60.18	26.16	131.11	61.97
2002	37.54	23.98	122.40	87.29
2003	55.25	28.46	71.20	104.23
2004	76.15	23.53	63.78	154.28
2005	152.27	11.36	67.11	156.43
2006	140.73	30.10	72.84	174.77
2007	119.55	34.05	80.70	255.26
2008	142.70	32.77	78.77	311.55
2009	143.50	20.92	64.40	363.92
2010	177.11	23.91	51.08	455.35
2011	299.23	32.04	75.62	797.76
2012	315.47	84.31	39.75	1193.51

表2-18 农村居民家庭分行业纯收入情况(1978-2012年)

单位:元/人

年份	全年纯收入	工资性收入	家庭经营收入		
				农业收入	林业收入
1978	119.17	92.51	24.20		
1980	200.77	135.52	47.85		
1985	394.30	39.63	343.07	279.81	4.79
1986	419.88	40.44	370.89		
1987	452.72	40.27	404.29		
1988	496.49	42.41	440.38		
1989	545.61	51.47	478.65		
1990	683.47	56.53	612.70	541.84	8.80
1991	703.17	57.20	633.95	512.55	11.26
1992	740.44	67.10	658.60	517.03	13.09
1993	777.62	39.31	704.87		
1994	935.52	47.18	803.71		
1995	1136.45	64.47	967.59	724.06	27.69
1996	1290.01	55.46	1106.25	817.34	19.51
1997	1504.43	72.26	1325.53	1016.33	15.69
1998	1600.14	84.78	1400.35	1124.38	17.66
1999	1473.17	109.19	1299.46	920.87	24.59
2000	1618.08	104.58	1451.33	1109.39	22.51
2001	1710.44	131.87	1542.05	1060.16	23.57
2002	1863.26	142.10	1665.06	1151.19	32.93
2003	2106.19	140.27	1875.03	1351.71	33.90
2004	2244.93	138.23	1970.36	1386.38	34.55
2005	2482.15	195.51	2140.76	1618.33	61.65
2006	2737.28	254.07	2323.01	1750.73	82.33
2007	3182.97	330.75	2625.66	1943.59	106.45
2008	3502.90	422.82	2784.94	1801.25	108.47
2009	3883.10	461.49	3069.57	2141.05	132.01
2010	4642.67	556.26	3649.98	2670.60	172.01
2011	5442.15	804.73	3887.15	2662.94	186.72
2012	6393.70	1007.94	4239.16	3048.71	171.37

表2-18 续表1

单位:元/人

年份	牧业收入	渔业收入	工业收入	建筑业收入	交通运输业收入
1978					
1980					
1985	34.75		1.23	3.86	8.35
1986					
1987					
1988					
1989					
1990	25.39	-0.03	1.05	2.51	12.29
1991	70.42	1.10	3.26	4.15	10.67
1992	83.79	0.54	1.20	3.75	11.48
1993					
1994					
1995	113.88	3.49	0.73	4.33	12.09
1996	115.29	1.53	6.12	3.60	19.90
1997	128.73	-0.02	4.75	0.82	21.83
1998	119.36	-1.50	2.48	3.68	33.27
1999	179.64	-0.55	3.73	4.88	28.29
2000	171.18		6.35	4.31	26.48
2001	268.47		10.12	4.27	34.69
2002	312.78		18.71	6.60	27.91
2003	322.12		11.56	9.51	31.47
2004	372.88		13.17	10.49	23.24
2005	245.10		18.84	15.22	30.06
2006	261.54		26.15	10.02	29.50
2007	322.58		47.54	12.16	28.53
2008	576.52		35.96	11.51	49.12
2009	517.83		22.42	18.12	69.33
2010	469.08		34.65	22.71	94.88
2011	646.78	1.56	46.53	30.42	72.01
2012	553.95	0.06	21.12	70.25	94.71

表2-18 续表1

单位:元/人

年份				财产及转移性收入
	批发零售贸易餐饮业收入	社会服务业收入	其他家庭经营收入	
1978				2.46
1980				17.40
1985	6.15	2.53	1.60	11.60
1986				8.55
1987				8.16
1988				13.70
1989				15.49
1990	14.13	4.17	2.55	14.24
1991	10.36	3.80	6.38	12.02
1992	12.87	4.21	10.64	14.74
1993				33.44
1994				84.63
1995	15.93	23.80	41.59	104.39
1996	19.80	26.18	76.98	128.30
1997	27.93	19.28	90.19	106.64
1998	25.02	21.34	72.21	75.01
1999	26.83	15.85	70.92	64.52
2000	23.80	15.01	72.30	62.17
2001	45.48	19.52	75.77	36.52
2002	25.14	17.28	72.52	56.10
2003	29.22	22.94	62.60	90.90
2004	54.85	20.14	54.66	136.34
2005	86.86	9.43	55.27	145.88
2006	77.99	23.76	61.01	160.20
2007	75.49	29.26	60.06	226.56
2008	113.21	27.33	61.57	295.14
2009	101.14	17.33	50.34	352.04
2010	128.47	22.70	34.89	436.43
2011	186.35	23.22	30.61	750.26
2012	200.58	59.95	10.38	1146.59

表2-19 农村居民家庭总支出情况(1978-2012年)

单位:元/人

年份	全年总支出	家庭经营费用支出	农业生产支出	林业生产支出	牧业生产支出	渔业生产支出
1978						
1980	179.73	16.80	3.77		8.07	
1985	513.58	155.40	93.22	2.52	44.89	0.34
1986	564.32	170.36	98.90	3.21	55.20	
1987	672.43	212.40	120.53	3.24	71.75	0.49
1988	831.74	282.36	157.19	3.55	99.58	
1989	858.23	289.12	169.83	3.54	91.29	0.05
1990	971.46	325.97	211.71	3.96	85.06	0.04
1991	1129.96	381.38	249.42	4.58	94.76	0.67
1992	1241.68	443.49	306.25	3.02	99.47	0.66
1993	1404.76	516.01	351.45	2.95	127.33	1.01
1994	2033.38	831.56	539.08	9.38	210.13	2.35
1995	2363.45	1035.08	768.21	3.80	208.43	5.73
1996	3073.09	1233.63	969.74	4.47	198.48	7.49
1997	3160.65	1330.68	1086.93	1.58	182.78	0.02
1998	3368.77	1452.27	1181.90	1.73	210.01	2.21
1999	2818.15	1138.61	911.08	1.08	189.64	0.05
2000	2819.77	1198.23	934.15	7.32	213.52	
2001	2879.17	1170.46	837.60	4.23	215.76	
2002	2900.12	1122.21	781.24	5.18	244.81	
2003	3082.75	1209.87	939.71	3.09	189.83	
2004	3419.60	1311.53	1052.80	3.33	194.43	
2005	4302.26	1928.63	1383.89	7.94	414.69	
2006	4758.17	2226.80	1646.71	15.15	433.47	
2007	5774.06	2630.31	1937.71	17.09	501.01	
2008	6242.55	2938.91	2143.96	11.53	650.90	
2009	6847.48	3100.89	2239.43	16.26	693.42	
2010	8241.28	3800.24	2782.53	20.17	821.54	
2011	11250.23	5620.97	4407.09	62.74	871.55	0.04
2012	13541.28	6682.45	4989.68	76.76	1242.77	0.00

表2-19 续表1

单位:元/人

年份	工业生产支出	建筑业支出	交通运输业支出	餐饮业支出	社会服务业支出	其他经营支出
1978						
1980						4.96
1985	0.74	0.35	6.27	3.24	1.18	2.65
1986	0.21	0.83	7.63	2.79	0.33	2.26
1987	0.32	0.15	8.01	3.33	1.36	3.22
1988	0.47	0.22	11.79	5.17	1.28	3.11
1989	0.52	0.40	16.46	2.84	1.20	2.99
1990	1.40	0.12	15.55	2.29	2.02	3.82
1991	2.89	0.56	18.71	3.57	0.85	5.37
1992	2.39	0.15	20.37	5.02	0.95	5.21
1993	2.02	2.78	14.07	3.88	2.30	8.22
1994	3.13	1.25	25.81	25.16	6.60	8.68
1995	3.83	0.98	22.29	12.87	0.67	8.27
1996	2.52	2.44	24.89	12.12	0.37	11.11
1997	1.68	6.02	25.59	4.11	3.30	18.67
1998	2.05	2.22	15.54	11.99	4.70	19.92
1999	1.27	1.04	14.49	5.01	1.75	13.20
2000	3.43	2.18	15.62	4.36	3.65	14.00
2001	12.93	4.19	30.63	12.48	5.64	47.00
2002	7.63	5.72	27.56	11.27	6.10	32.70
2003	7.11	4.73	31.02	22.40	5.31	6.66
2004	6.09	4.72	22.50	18.49	1.58	7.60
2005	7.17	3.26	37.95	63.60	1.17	8.94
2006	6.97	6.18	41.68	60.74	5.49	10.41
2007	9.86	6.99	93.09	42.10	4.67	17.78
2008	9.52	8.66	67.51	28.12	4.60	14.11
2009	8.72	6.83	77.53	40.84	2.97	14.89
2010	7.28	9.10	97.42	46.27	1.20	14.73
2011	37.19	19.85	70.51	105.26	6.01	40.73
2012	36.88	53.51	105.73	105.23	22.34	28.87

表2-19 续表2

单位：元/人

年份	购置生产性固定资产支出	税费支出	交通运输业支出			
				食　品	衣　着	居　住
1978						
1980	2.70	0.72	152.39	90.64	31.82	13.06
1985	28.20	27.02	290.38	168.03	47.11	33.11
1986	37.84	27.15	317.48	180.43	51.35	42.98
1987	60.99	29.09	359.83	201.13	59.30	44.47
1988	81.35	38.87	414.27	217.94	70.87	54.01
1989	50.38	44.19	452.67	235.09	70.25	68.14
1990	57.71	62.07	506.82	272.14	77.80	69.14
1991	66.24	77.40	579.55	316.36	83.81	87.98
1992	68.04	87.76	610.66	341.34	88.71	77.23
1993	59.84	97.15	703.56	366.91	91.04	103.43
1994	128.83	143.30	850.24	429.69	104.21	120.47
1995	144.33	173.36	941.58	471.54	119.90	121.22
1996	211.21	184.84	1351.71	618.49	160.32	220.18
1997	163.60	222.38	1395.03	669.31	148.54	224.09
1998	169.33	239.71	1450.29	713.34	148.06	200.13
1999	156.12	195.48	1282.49	686.37	119.81	147.52
2000	115.19	177.24	1236.45	618.17	114.26	170.89
2001	157.18	117.84	1350.23	679.92	120.34	187.85
2002	162.31	110.69	1411.73	691.32	127.52	220.25
2003	222.32	107.45	1465.31	667.11	135.65	254.63
2004	238.61	63.45	1689.91	763.43	138.88	304.81
2005	258.78	14.36	1924.41	803.82	171.40	333.19
2006	294.73	10.70	2032.36	810.74	187.03	371.56
2007	457.72	17.30	2350.58	939.03	218.18	445.02
2008	339.13	9.30	2683.93	1140.33	218.61	491.28
2009	470.14	2.45	2950.63	1225.93	261.26	514.72
2010	568.14	7.83	3458.14	1394.65	303.66	695.17
2011	775.98	7.84	4397.82	1589.46	372.10	1025.28
2012	1014.37	6.35	5245.28	1890.96	429.92	1298.44

表2-19 续表3

单位：元/人

年份	家庭设备、用品及服务	医疗保健	交通和通讯	文教娱乐	其他商品和服务	财产及转移性支出
1978						
1980	13.62			3.25		7.12
1985	19.98	7.78	2.70	11.42	0.25	12.58
1986	20.47	7.49	2.61	11.28	0.87	11.49
1987	25.51	9.93	4.00	12.62	2.87	10.12
1988	34.76	11.90	4.18	17.83	2.78	14.89
1989	32.95	14.15	5.07	23.55	3.47	21.87
1990	35.50	16.15	5.68	26.95	3.46	18.89
1991	34.23	17.77	5.29	28.35	5.76	25.39
1992	35.32	22.16	7.11	31.14	7.65	31.73
1993	37.81	29.71	19.43	43.88	11.35	28.20
1994	46.51	42.41	23.19	54.41	29.35	79.45
1995	56.26	47.96	35.69	64.90	24.11	69.10
1996	76.01	66.25	62.39	99.17	48.90	91.70
1997	69.94	67.30	64.29	93.27	58.29	48.96
1998	66.73	99.69	74.82	102.16	45.36	57.17
1999	50.84	72.84	59.03	107.75	38.33	45.45
2000	45.74	73.67	61.04	105.98	46.70	92.66
2001	47.73	86.60	65.13	102.21	60.45	83.46
2002	48.10	99.81	73.06	105.85	45.82	93.18
2003	50.92	116.48	99.04	112.93	28.54	77.81
2004	56.03	141.97	131.59	126.92	26.28	116.10
2005	68.03	169.28	183.00	159.32	36.38	176.07
2006	73.04	189.69	209.46	157.00	33.85	193.58
2007	91.45	210.69	234.70	166.27	45.25	318.15
2008	97.58	244.59	276.31	168.99	46.24	271.28
2009	107.28	316.55	319.39	158.13	47.37	323.37
2010	137.69	314.73	382.14	170.15	59.94	406.93
2011	198.57	376.87	530.59	229.66	75.28	447.63
2012	219.10	444.15	646.37	206.15	110.20	588.87

表2-20 农村居民家庭现金收入情况（1978-2012年）

年份	全年现金收入	工资性收入	家庭经营收入	农业收入	林业收入
1978					
1980	114.87	62.10	37.34		
1985	397.78	42.21	342.75	233.69	6.00
1986	425.58	40.24	368.48	246.12	7.48
1987	494.43	39.56	437.96	290.66	7.49
1988	626.94	41.32	564.71	364.19	9.02
1989	690.56	49.88	615.35	406.50	11.42
1990	830.88	55.50	750.34	574.81	8.98
1991	919.65	56.43	840.99	626.88	11.06
1992	965.97	68.92	873.39	629.50	13.77
1993	1042.70	38.51	963.51	628.85	13.78
1994	1508.54	45.67	1405.86	970.06	14.16
1995	1847.87	64.41	1700.95	1217.49	13.94
1996	2132.04	54.81	1971.18	1456.86	14.32
1997	2510.55	72.02	2311.36	1770.93	15.84
1998	2652.61	84.39	2470.92	1941.26	19.61
1999	2145.36	109.09	1957.80	1407.53	18.80
2000	2444.30	104.46	2245.31	1647.29	27.72
2001	2316.72	131.27	2122.60	1341.21	23.18
2002	2500.97	140.90	2278.54	1437.39	32.39
2003	2930.35	140.18	2704.49	1917.86	36.12
2004	2945.19	138.23	2660.93	1847.19	32.77
2005	3921.17	195.51	3580.43	2504.64	64.25
2006	4465.32	254.07	4052.15	2896.29	90.92
2007	5248.76	330.75	4675.59	3296.89	109.60
2008	5657.57	422.61	4936.11	3147.43	110.51
2009	6231.81	461.34	5445.81	3683.80	126.78
2010	7517.22	556.26	6525.27	4517.45	172.18
2011	10258.65	804.57	8682.46	6155.46	213.96
2012	12596.05	1007.94	10422.49	7423.52	234.65

表 2-20 续表 1

年份	牧业收入	渔业收入	工业收入	建筑业收入	交通运输、邮电业收入
1978					
1980					
1985	65.05	0.18		4.59	15.86
1986	68.46	0.08	0.85	4.12	20.93
1987	89.15	0.94	1.38	5.22	16.83
1988	126.52	0.81	3.08	3.49	27.81
1989	130.31	0.01	3.41	3.38	26.95
1990	99.98		2.63	2.90	30.10
1991	131.68	1.36	6.13	4.71	29.02
1992	148.03	0.67	3.81	4.58	33.63
1993	201.83	0.98	6.06	5.12	22.78
1994	264.69	3.09	4.36	4.21	38.25
1995	296.54	10.05	5.09	5.92	38.44
1996	258.84	10.06	9.67	6.76	50.07
1997	263.18		7.24	7.67	53.10
1998	253.05		5.06	6.59	54.53
1999	301.14		5.61	6.63	47.97
2000	344.60		10.60	7.01	45.18
2001	422.35		25.30	9.19	70.76
2002	503.10		28.04	12.90	58.77
2003	489.88		20.61	14.95	70.16
2004	528.64		20.35	15.91	52.61
2005	657.61		26.58	18.50	78.12
2006	690.27		33.72	16.26	81.02
2007	812.56		58.12	19.76	144.36
2008	1223.36		46.20	20.63	133.73
2009	1171.56		32.27	25.42	173.16
2010	1284.88		42.90	32.31	220.95
2011	1579.19	1.51	86.11	57.26	182.09
2012	1832.23	0.05	78.12	146.08	236.41

表2-20 续表2

年份				
				财产及转移性收入
	批发零售贸易餐饮业收入	社会服务业收入	其他家庭经营收入	
1978				
1980			9.67	15.43
1985	10.09	3.96	3.33	12.82
1986	11.41	3.92	5.11	16.86
1987	12.59	6.10	7.60	16.91
1988	17.76	4.93	7.10	20.91
1989	20.29	5.74	7.34	25.33
1990	18.04	6.81	6.09	25.04
1991	13.86	4.65	11.64	22.23
1992	18.74	5.74	14.92	23.66
1993	20.91	9.79	53.41	40.68
1994	44.92	15.54	46.58	57.01
1995	29.90	27.35	56.23	82.51
1996	35.60	29.68	99.32	106.05
1997	35.88	25.28	132.24	127.17
1998	41.35	29.09	120.38	97.30
1999	35.71	19.74	114.67	78.47
2000	29.03	19.38	114.50	94.53
2001	60.18	26.16	144.27	62.85
2002	37.54	23.98	144.43	81.53
2003	55.25	28.46	70.64	85.68
2004	76.15	23.53	63.78	146.03
2005	152.27	11.36	67.11	145.22
2006	140.73	30.10	72.84	159.11
2007	119.55	34.05	80.70	242.41
2008	142.70	32.77	78.79	298.86
2009	143.50	20.92	64.32	324.66
2010	177.11	23.91	51.08	435.69
2011	299.23	32.04	75.62	771.62
2012	315.47	84.31	39.75	1165.61

表2-21 农村居民家庭现金支出情况（1978-2012年）

年份	全年现金支出	生产费用支出	家庭经营费用支出	#农业生产支出	#牧业生产支出	购置生产用固定资产支出
1978						
1980	98.03	5.49				
1985	358.73	136.77	108.27	64.27	27.32	28.50
1986	389.20	151.25	114.60	67.98	31.05	36.65
1987	475.24	203.00	142.74	84.71	40.18	60.25
1988	628.65	288.67	207.67	120.25	64.12	81.00
1989	653.87	264.84	214.65	135.87	53.28	50.19
1990	716.73	294.07	236.36	168.79	42.29	57.71
1991	840.53	359.36	296.62	208.97	54.52	62.74
1992	940.02	426.64	353.60	259.52	64.32	68.04
1993	1103.04	503.81	443.97	312.09	98.10	59.84
1994	1627.53	862.95	734.24	491.32	163.95	128.71
1995	2009.15	1084.73	940.40	723.34	158.97	144.33
1996	2595.43	1311.60	1100.39	918.64	120.67	211.21
1997	2703.08	1366.93	1203.33	1029.63	116.16	163.60
1998	2888.95	1507.99	1338.66	1130.05	152.55	169.33
1999	2343.23	1177.44	1021.32	860.42	127.05	156.12
2000	2353.45	1215.62	1100.43	893.44	159.79	115.19
2001	2387.22	1235.55	1078.36	804.23	165.28	157.19
2002	2437.19	1199.79	1037.48	750.93	195.67	162.31
2003	2599.41	1308.15	1085.83	823.64	181.86	222.32
2004	2904.92	1443.57	1204.95	995.66	145.00	238.61
2005	3855.34	2082.73	1823.95	1348.91	345.00	258.78
2006	4317.56	2416.95	2122.21	1608.12	367.48	294.73
2007	5289.98	2988.95	2531.23	1900.97	438.68	457.72
2008	5669.83	3148.72	2809.58	2099.51	566.02	339.14
2009	6218.92	3435.01	2964.87	2189.44	607.39	470.14
2010	7464.48	4211.42	3643.29	2727.24	719.88	568.14
2011	10585.98	6241.38	5465.40	4367.47	755.61	775.98
2012	12877.65	7553.79	6535.47	4954.11	1131.35	1014.37

表2-21续表1

年份	税费支出	生活消费支出			
			食品	衣着	居住
1978					
1980		81.86	25.08	30.72	9.66
1985	24.77	179.64	65.31	46.05	16.25
1986	24.26	194.93	66.09	49.54	36.74
1987	26.24	226.84	79.89	56.75	35.68
1988	35.40	281.47	96.53	68.72	45.22
1989	41.03	314.02	108.25	68.38	58.32
1990	58.19	333.88	110.78	75.44	60.07
1991	73.35	367.67	119.65	80.60	76.02
1992	83.08	382.40	128.17	83.75	67.67
1993	94.71	459.54	142.98	86.24	90.39
1994	131.80	582.38	188.19	102.21	96.81
1995	172.55	682.13	233.37	116.85	103.49
1996	184.44	1003.50	307.77	154.99	188.26
1997	221.80	1019.34	307.81	145.08	213.37
1998	239.71	1027.80	315.92	135.35	187.78
1999	195.40	874.52	290.65	116.66	138.42
2000	177.22	871.37	270.54	110.85	156.86
2001	117.77	950.58	307.73	115.52	165.22
2002	110.35	1033.87	332.46	125.20	203.57
2003	106.27	1108.04	331.60	125.23	244.27
2004	63.33	1283.90	384.25	134.81	283.78
2005	14.36	1582.17	476.09	166.90	324.04
2006	10.70	1696.40	494.47	182.85	358.29
2007	17.30	1965.58	591.82	211.69	418.61
2008	9.30	2240.55	726.52	215.06	468.74
2009	2.45	2459.08	759.88	257.25	495.79
2010	7.83	2838.29	850.35	301.17	625.91
2011	7.78	3889.69	1138.12	368.37	976.36
2012	6.35	4728.78	1391.06	426.57	1289.21

表2-21续表2

年份	家庭设备、用品及服务	医疗保健	交通和通讯	文教娱乐	其他商品和服务	财产及转移性支出
1978						
1980	13.15			3.25		10.68
1985	17.51	7.78	2.70	10.60	13.44	17.55
1986	20.32	7.47	2.61	9.91	2.25	18.76
1987	25.18	9.96	4.00	12.52	2.86	19.17
1988	34.52	11.90	4.18	17.81	2.59	23.11
1989	32.84	14.15	5.07	23.54	3.47	33.98
1990	35.35	16.15	5.41	26.95	3.73	30.59
1991	34.20	17.70	5.28	28.35	5.87	40.15
1992	34.97	22.13	7.10	30.98	7.63	47.90
1993	37.53	28.25	19.36	43.62	11.17	44.98
1994	45.81	42.41	23.19	54.41	29.35	50.40
1995	55.78	47.96	35.67	64.90	24.11	69.74
1996	75.77	66.25	62.39	99.17	48.90	95.89
1997	69.94	67.30	64.29	93.27	58.28	95.01
1998	66.73	99.69	74.82	102.16	45.35	113.45
1999	50.84	72.84	59.03	107.75	38.33	95.87
2000	45.74	73.67	61.04	105.98	46.69	89.24
2001	47.71	86.60	65.13	102.21	60.46	83.32
2002	48.10	99.81	73.06	105.85	45.82	93.18
2003	49.94	116.48	99.04	112.93	28.54	76.96
2004	54.32	141.97	131.59	126.92	26.28	114.11
2005	67.17	169.28	183.00	159.32	36.38	176.07
2006	70.79	189.69	209.46	157.00	33.85	193.51
2007	86.56	210.69	234.70	166.27	45.25	318.15
2008	94.10	244.59	276.31	168.99	46.24	271.27
2009	104.72	316.55	319.39	158.13	47.37	322.38
2010	133.90	314.73	382.14	170.15	59.94	406.93
2011	194.43	376.87	530.59	229.66	75.28	447.13
2012	215.07	444.15	646.37	206.15	110.20	588.73

表2-22 农村居民家庭非收入所得现金(1978-2012年)

年份	非收入所得现金	#银行信用社得到的贷款	#借入款	#收回借出款	#从银行信用社取回存款
1978					
1980	9.80		2.66	1.10	6.04
1985	82.14	23.96	18.16	6.43	10.64
1986	80.11	25.75	18.14	4.37	11.44
1987	103.58	34.23	28.20	4.48	10.05
1988	131.80	36.18	33.14	6.83	19.63
1989	120.69	25.82	37.59	7.67	25.04
1990	115.56	31.22	21.85	6.67	22.97
1991	183.55	50.62	35.41	13.72	50.94
1992	188.86	49.86	43.09	26.21	39.88
1993	243.06	40.66	87.99	39.01	48.38
1994	381.72	100.37	103.04	74.61	51.72
1995	356.61	161.79	85.77	34.35	45.95
1996	646.41	186.31	151.40	85.26	138.25
1997	718.70	227.22	138.47	127.00	165.08
1998	816.08	283.95	154.28	99.39	186.78
1999	580.27	258.23	105.33	72.13	115.62
2000	448.14	187.72	90.91	49.31	92.52
2001	561.05	247.54	121.02	49.37	117.08
2002	583.75	222.43	139.55	77.09	102.93
2003	680.70	344.44	118.81	57.19	79.67
2004	842.25	351.36	171.40	42.85	141.23
2005	1013.33	447.10	174.55	91.56	147.55
2006	1217.22	559.35	210.33	40.86	228.73
2007	1386.19	662.95	219.14	48.37	253.26
2008	1613.40	758.55	194.40	84.56	283.17
2009	1764.83	934.07	278.25	74.07	256.71
2010	2247.95	1245.65	292.07	78.85	339.16
2011	3427.34	1909.14	389.21	168.55	466.98
2012	4546.01	2183.53	804.15	145.15	621.30

表2-23 农村居民家庭非消费性现金支出(1978-2012年)

年份	非消费性现金支出	#归还银行信用社贷款	#归还借款	#存入银行信用社款	期末银行存款	期末手存现金
1978						
1980	14.16					
1985	53.58	16.66	13.20	12.76	39.25	131.89
1986	45.15	20.59	12.08	9.50	35.38	195.37
1987	84.98	28.59	17.88	29.54	57.58	224.65
1988	76.63	26.84	17.36	25.85	66.56	265.96
1989	100.63	25.32	21.53	47.31	91.40	321.87
1990	97.22	29.77	14.92	47.63	116.69	450.78
1991	103.73	33.29	20.03	44.17	135.21	348.86
1992	114.97	34.35	21.73	50.50	148.79	453.10
1993	95.37	27.50	34.59	24.08	128.61	507.26
1994	192.83	50.85	43.14	86.20	174.45	562.19
1995	168.36	45.71	23.32	92.79	227.89	585.02
1996	262.03	87.72	52.81	99.95	363.78	518.65
1997	304.79	112.98	55.13	118.71	379.27	736.75
1998	458.11	157.72	71.34	210.06	481.98	870.52
1999	342.97	104.83	46.22	170.00	551.79	913.80
2000	427.52	162.99	66.12	183.30	600.06	715.37
2001	361.28	149.15	79.16	121.36	472.97	485.35
2002	469.41	153.80	97.15	206.55	538.00	645.13
2003	545.76	231.83	101.47	147.25	677.24	1318.55
2004	809.91	261.03	177.93	274.93	824.98	677.89
2005	742.68	310.47	147.20	148.96	591.62	536.51
2006	1025.21	469.23	161.85	210.92	908.53	510.17
2007	1295.13	566.06	173.74	297.90	992.37	587.46
2008	1342.32	657.64	172.70	314.59	954.38	667.91
2009	1440.31	719.67	174.57	257.29	1361.94	737.50
2010	2027.17	958.70	232.43	506.72	1658.03	804.61
2011	3098.09	1374.34	476.22	652.65	2088.54	904.03
2012	3376.81	1552.89	607.58	604.46	2503.68	961.67

表2-24 农村居民家庭粮食收支情况（1978-2012年）

单位：千克/人

年份	年内粮食收入合计	家庭经营生产	购　入	借　入	收回借出粮	其他粮食收入
1978						
1980	215.53	82.00				
1985	592.92	555.38	28.01	1.61	4.40	2.73
1986	604.51	573.83	28.12	1.08	1.03	0.45
1987	677.27	633.47	39.39	2.04	1.22	1.15
1988	680.77	642.57	27.35	1.61	2.36	6.88
1989	684.24	657.17	23.06	2.57	0.76	0.68
1990	762.05	738.44	22.12	0.82	0.32	0.35
1991	698.00	668.29	27.49	1.36	0.39	0.47
1992	717.98	679.05	33.95	1.79	1.98	1.21
1993	740.31	686.99	45.25	4.52	3.52	0.03
1994	657.41	599.02	55.35	0.23	2.59	0.22
1995	709.31	667.56	40.33		1.07	0.35
1996	791.72	746.00	44.65	0.13	0.35	0.20
1997	814.29	765.38	47.83	0.20	0.84	0.04
1998	816.99	769.39	45.10	0.40	2.07	0.03
1999	811.03	765.29	44.67	0.51		0.56
2000	851.75	750.64	100.93	0.10		0.08
2001	842.75	720.61	122.07			0.07
2002	951.16	828.14	122.58			0.44
2003	886.14	769.34	64.99	47.42	3.62	0.76
2004	900.57	819.97	79.64	0.53	0.25	0.18
2005	1050.26	932.48	117.63			0.15
2006	996.15	887.11	108.00	0.70		0.34
2007	992.65	869.26	123.39			
2008	1006.10	877.55	128.55			
2009	1181.00	1033.71	145.06		2.23	
2010	1232.45	1107.13	125.32			
2011	1509.31	1314.36	194.41		0.54	0.01
2012	1604.23	1604.23	197.51			0.08

表2-24续表1

年份	年内粮食支出合计	#主食用粮	#其他生活用粮	#出　售
1978				
1980	212.99	212.99		
1985	523.33	216.58	2.37	201.35
1986	538.36	223.25	2.58	197.74
1987	613.76	229.47	3.64	234.93
1988	616.38	229.19	2.67	240.72
1989	631.74	241.27	4.65	229.97
1990	704.74	245.50	4.21	296.81
1991	625.82	230.56	4.19	261.85
1992	617.51	229.60	2.16	260.53
1993	581.86	258.15	2.57	214.43
1994	566.42	213.43	1.92	211.69
1995	581.96	236.27	1.39	224.07
1996	668.15	233.88		297.88
1997	708.75	233.87		349.07
1998	679.23	254.54		290.72
1999	690.52	243.48		299.81
2000	764.35	244.91	0.03	316.30
2001	694.92	243.72		267.51
2002	773.62	249.56		348.48
2003	730.48	236.69		331.15
2004	684.47	232.19		312.21
2005	901.95	235.66	7.73	497.60
2006	819.95	225.23		450.39
2007	793.03	222.02		430.36
2008	826.19	227.96		430.86
2009	985.09	232.28		577.98
2010	1030.76	236.10		636.61
2011	1264.17	236.81		812.64
2012	1441.09	227.62		1015.69

表2-24续表2

年份					年内粮食结存
	#饲　料	#借　出	#归还借粮	#其他粮食支出	
1978					
1980					
1985	53.45	0.62	0.81	4.10	226.36
1986	65.05	0.74	0.86	5.42	284.66
1987	86.55	1.43	1.60	9.39	364.74
1988	85.44	1.59	0.77	8.53	411.88
1989	92.86	1.17	2.19	12.06	442.10
1990	100.17	1.89	0.38	9.07	496.81
1991	79.76	0.33	0.67	4.56	309.10
1992	74.86	0.79	0.78	5.40	389.45
1993	68.49	0.05		2.89	517.90
1994	101.89	0.23	0.53	2.18	541.89
1995	83.95	0.61	0.22	0.66	604.51
1996	89.24	0.17	0.02	1.80	351.66
1997	85.27	0.02		3.11	440.10
1998	88.45	0.45	3.65	4.85	530.43
1999	103.36	0.69	0.40	4.26	554.22
2000	8.15			3.23	479.46
2001	138.13			8.77	326.22
2002	134.91	0.05	0.16	6.10	409.26
2003	131.72	0.28		4.42	408.71
2004	109.63			3.78	456.20
2005	126.56		0.09	1.75	471.86
2006	117.44			2.60	466.33
2007	114.54			2.08	472.01
2008	133.28			34.08	732.07
2009	127.63			3.69	433.52
2010	109.61			2.96	531.62
2011	172.04			42.68	434.77
2012	151.02			3.60	451.76

表2-25 农村居民家庭主要食物消费情况(1978-2012年)

年份	谷物和薯类（千克/人）	细　粮（千克/人）	蔬菜及制品（千克/人）	豆类及制品（千克/人）	植物油（千克/人）	动物油（千克/人）
1978	209.37	108.25	58.16			
1980	212.99	120.32	65.46		2.01	1.28
1990	249.71	214.76	121.56		7.41	0.46
2000	244.83	215.02	89.24	0.50	9.56	0.08
2001	243.16	205.92	77.75	0.97	8.63	0.08
2002	248.83	216.03	88.47	1.07	10.19	0.19
2003	236.39	208.31	75.12	0.55	9.24	0.13
2004	232.03	208.31	68.33	0.34	8.83	0.11
2005	235.05	208.31	67.89	0.83	10.79	0.11
2006	225.02	200.10	63.68	0.47	10.72	0.04
2007	221.92	200.00	70.77	0.37	10.79	0.03
2008	227.89	202.05	69.54	0.16	9.86	0.04
2009	232.16	210.49	71.54	0.44	11.07	0.04
2010	235.92	214.48	77.72	0.56	10.69	0.06
2011	236.81	222.99	77.93	0.32	12.74	0.03
2012	227.47	214.00	77.13	0.44	12.82	0.03

表2-25续表1

年份	猪肉（千克/人）	牛羊肉（千克/人）	奶及奶制品（千克/人）	家禽（千克/人）	水产品（千克/人）
1978				0.14	0.05
1980	1.85	8.08		0.22	0.04
1990	2.25	6.77	8.28	0.90	0.17
2000	1.95	8.98	2.78	1.36	0.47
2001	1.42	9.34	2.85	1.51	0.33
2002	1.29	9.75	3.87	1.36	0.35
2003	1.26	10.62	4.58	1.51	0.40
2004	0.89	10.81	3.64	1.55	0.33
2005	0.67	11.55	4.90	1.70	0.41
2006	0.60	12.94	5.94	1.39	0.42
2007	0.59	11.88	6.17	1.62	0.48
2008	0.62	10.21	6.37	1.90	0.46
2009	0.90	11.02	6.07	2.19	0.42
2010	1.04	11.50	5.34	2.27	0.44
2011	1.31	13.26	5.12	2.85	0.64
2012	1.33	16.08	3.90	3.00	0.59

表2-25续表2

年份	食糖（千克/人）	酒（千克/人）	糖果（元/人）	糕点（元/人）	水果（千克/人）
1978	0.69	0.36			
1980	1.05	0.46			
1990	0.63	1.04	0.36	0.22	41.94
2000	0.42	2.00	0.42	0.21	46.89
2001	0.28	2.21	0.48	0.18	49.15
2002	0.36	2.19	0.46	0.19	54.00
2003	0.40	1.27	3.58	1.63	28.10
2004	0.38	0.99	3.75	2.00	34.24
2005	0.45	1.27	4.07	2.50	23.78
2006	0.45	1.22	5.12	2.91	22.46
2007	0.39	1.18	5.65	3.34	22.19
2008	0.35	1.19	6.58	3.95	23.15
2009	0.36	1.09	6.18	4.40	29.87
2010	0.49	1.06	6.58	4.84	25.30
2011	0.40	1.59	10.24	8.44	22.64
2012	0.59	0.52			22.45

表2-26 农村居民家庭每百户主要耐用消费品拥有量(1978-2012年)

年份	自行车(辆)	电风扇(台)	洗衣机(台)	电冰箱(台)
1978	31.01			
1980	40.47			
1985	68.55	0.81	2.10	
1986	77.67	1.06	4.26	
1987	86.27	1.45	7.03	0.24
1988	96.00	2.00	10.00	
1989	100.97	2.50	10.81	0.24
1990	111.21	3.47	12.58	0.40
1991	120.58	3.74	14.90	0.84
1992	126.77	5.23	15.48	0.97
1993	134.34	5.16	17.03	1.16
1994	143.03	5.81	16.13	1.61
1995	151.29	7.10	16.39	2.26
1996	142.60	7.47	20.87	4.60
1997	146.60	9.13	20.13	6.20
1998	145.53	11.60	20.60	7.60
1999	143.40	11.00	20.87	8.53
2000	136.60	11.60	20.87	9.93
2001	122.26	15.94	22.13	11.29
2002	121.48	17.61	23.94	13.10
2003	120.06	16.06	24.90	14.19
2004	122.19	17.29	27.23	15.87
2005	80.97	17.03	28.26	20.13
2006	83.42	22.45	32.32	25.10
2007	84.06		36.65	28.32
2008	80.45		38.00	30.32
2009	80.39		42.71	36.26
2010	78.52		47.94	43.48
2011	62.58		72.77	63.94
2012	66.19	77.35	68.77	79.87

表2-26续表1

年 份	摩托车（辆）	彩色电视机（台）	收录机（台）	照相机（台）
1978				
1980				
1985			7.50	
1986	0.80	2.07	10.75	
1987	1.94	3.55	16.32	0.24
1988	1.00	3.00	23.00	1.00
1989	1.61	4.00	26.00	1.00
1990	1.37	5.16	31.77	0.73
1991	1.87	7.74	36.13	0.97
1992	2.32	8.65	38.90	1.16
1993	3.29	10.13	41.35	0.97
1994	3.42	12.13	45.29	0.97
1995	4.90	14.39	48.97	1.16
1996	10.27	22.20	57.20	2.13
1997	13.93	23.40	58.67	2.27
1998	17.53	25.93	61.00	2.07
1999	17.73	28.27	61.07	2.53
2000	18.33	31.87	54.87	2.20
2001	20.32	36.26	53.10	3.10
2002	23.29	38.90	56.06	2.84
2003	27.48	45.68	58.52	2.45
2004	33.48	51.35	60.39	2.32
2005	45.42	61.81	41.55	3.23
2006	49.29	68.32	44.13	3.55
2007	49.74	76.32		2.65
2008	50.77	77.03		2.71
2009	56.32	83.61		3.94
2010	62.84	89.87		3.29
2011	77.23	99.03		2.90
2012		96.90		3.42

表2-27 农村居民家庭每百人主要耐用消费品拥有量(1978-2012年)

年份	自行车(辆)	电风扇(台)	洗衣机(台)	电冰箱(台)
1978	5.53			
1980	7.00			
1985	13.13	0.15	0.40	
1986	14.60	0.20	0.80	
1987	16.07	0.27	1.31	0.04
1988	17.91	0.37	1.87	
1989	18.78	0.46	2.01	0.04
1990	20.71	0.65	2.34	0.07
1991	21.27	0.66	2.63	0.15
1992	22.36	0.92	2.73	0.17
1993	23.72	0.91	2.89	0.21
1994	25.33	1.03	2.86	0.29
1995	26.92	1.26	2.92	0.40
1996	26.23	1.37	3.84	0.85
1997	27.06	1.69	3.72	1.14
1998	26.94	2.15	3.81	1.41
1999	26.78	2.05	3.90	1.59
2000	25.62	2.18	3.91	1.86
2001	23.71	3.09	4.29	2.19
2002	23.66	3.43	4.66	2.55
2003	23.49	3.14	4.87	2.78
2004	23.91	3.38	5.33	3.11
2005	17.16	3.61	5.99	4.27
2006	17.69	4.76	6.85	5.32
2007	18.00		7.85	6.06
2008	17.27		8.16	6.51
2009	17.35		9.22	7.82
2010	16.98		10.36	9.40
2011	14.60		16.98	14.92
2012	15.45		18.06	16.06

表2-27续表1

年 份	摩托车（辆）	彩色电视机（台）	收录机（台）	照相机（台）
1978				
1980				
1985			1.44	
1986	0.15	0.39	2.02	
1987	0.36	0.66	3.04	0.04
1988	0.19	0.56	4.29	0.19
1989	0.30	0.70	4.90	0.78
1990	0.26	0.96	5.92	0.14
1991	0.33	1.37	6.37	0.17
1992	0.41	1.53	6.86	0.20
1993	0.58	1.79	7.30	0.17
1994	0.61	2.15	8.02	0.17
1995	0.87	2.56	8.71	0.21
1996	1.89	4.08	10.52	0.39
1997	2.57	4.32	10.83	0.42
1998	3.25	4.80	11.29	0.38
1999	3.31	5.28	11.40	0.47
2000	3.44	5.98	10.29	0.41
2001	3.94	7.03	10.30	0.60
2002	4.54	7.58	10.92	0.55
2003	5.38	8.94	11.45	0.48
2004	6.55	10.05	11.82	0.45
2005	9.62	13.10	8.80	0.68
2006	10.45	14.49	9.36	0.75
2007	10.65	16.34		0.57
2008	10.90	16.54		0.58
2009	12.15	18.04		0.85
2010	13.59	19.43		0.71
2011	18.02	23.11		0.68
2012	18.65	22.62		0.80

新中国成立70周年

1949-2019

新疆人民生活

调查数据篇

三、城乡人民生活情况（新口径）（2013-2018年）

表 3-1 全体居民家庭基本情况（2013–2018 年）

单位：人

指 标	2013年	2014年	2015年	2016年	2017年	2018年
户均人口	3.41	3.40	3.41	3.34	3.31	3.32
户均从业人口	1.88	1.84	1.82	1.76	1.71	1.60
平均每一从业人口负担人数（包括从业者本人）	1.81	1.85	1.87	1.90	1.94	2.08

表 3-2 城镇常住居民家庭基本情况（2013–2018 年）

单位：人

指 标	2013年	2014年	2015年	2016年	2017年	2018年
户均人口	2.82	2.79	2.85	2.80	2.78	2.80
户均从业人口	1.36	1.36	1.33	1.33	1.32	1.32
平均每一从业人口负担人数（包括从业者本人）	2.07	2.05	2.14	2.11	2.11	2.12

表 3-3 农村常住居民家庭生活基本情况（2013–2018 年）

单位：人

指 标	2013年	2014年	2015年	2016年	2017年	2018年
户均人口	4.08	4.09	4.03	3.96	3.91	3.93
户均从业人口	2.46	2.41	2.37	2.25	2.16	1.93
平均每一从业人口负担人数（包括从业者本人）	1.66	1.70	1.70	1.76	1.81	2.04

表3-4 全体居民收支情况(2013-2018年)

单位:人

指 标	2013年	2014年	2015年	2016年	2017年	2018年
居民人均可支配收入	**13670**	**15096**	**16859**	**18355**	**19975**	**21500**
工资性收入	6865	7810	9108	9968	10907	11655
经营净收入	4077	3997	4204	4434	4744	5153
财产净收入	576	674	676	695	739	784
转移净收入	2152	2615	2871	3257	3585	3908
居民人均消费支出	**11392**	**11903**	**12867**	**14066**	**15087**	**16189**
食品烟酒	3677	3854	4093	4213	4338	4692
衣 着	1174	1205	1274	1272	1305	1456
居 住	2160	2227	2228	2493	2698	2894
生活用品及服务	651	669	789	912	943	1083
交通通信	1510	1625	1842	2052	2383	2274
教育文化娱乐	1063	1101	1282	1471	1599	1762
医疗保健	913	979	1078	1333	1466	1593
其他用品及服务	244	243	281	320	353	435

表3-5 城镇常住居民收支情况（绝对额）（2013-2018年）

单位：元/人

指 标	2013年	2014年	2015年	2016年	2017年	2018年
居民人均可支配收入	**21091**	**23213**	**26275**	**28463**	**30775**	**32764**
工资性收入	14031	15405	17943	19173	20716	21953
经营净收入	2645	2491	2693	2941	3180	3414
财产净收入	1048	1240	1268	1279	1352	1434
转移净收入	3368	4077	4370	5070	5527	5963
居民人均消费支出	**16858**	**17682**	**19415**	**21229**	**22797**	**24191**
食品烟酒	5216	5528	5955	6179	6360	6900
衣 着	1909	1912	2013	1966	2025	2233
居 住	3114	3263	3167	3544	3955	4287
生活用品及服务	1047	1088	1286	1544	1590	1642
交通通信	2250	2407	2869	3074	3545	3425
教育文化娱乐	1682	1739	2105	2405	2629	2651
医疗保健	1212	1312	1517	1935	2066	2273
其他用品及服务	428	434	502	581	627	780

表3-6 农村常住居民收支情况（绝对额）（2013-2018年）

单位：元/人

指 标	2013年	2014年	2015年	2016年	2017年	2018年
居民人均可支配收入	**7847**	**8724**	**9425**	**10183**	**11045**	**11975**
工资性收入	1243	1848	2131	2527	2796	2945
经营净收入	5201	5179	5397	5642	6037	6624
财产净收入	205	229	209	223	233	235
转移净收入	1198	1468	1687	1791	1979	2170
居民人均消费支出	**7103**	**7365**	**7698**	**8277**	**8713**	**9421**
食品烟酒	2469	2540	2623	2624	2667	2824
衣 着	597	651	691	710	710	799
居 住	1412	1413	1487	1643	1660	1716
生活用品及服务	340	341	396	401	408	610
交通通信	929	1010	1032	1226	1421	1301
教育文化娱乐	577	601	632	716	747	1011
医疗保健	678	717	732	847	971	1018
其他用品及服务	100	92	106	109	127	143

表3-7 全体居民收支情况（比上年同期名义增长）（2013–2018年）

单位：%

指　标	2013年	2014年	2015年	2016年	2017年	2018年
居民人均可支配收入	**12.5**	**10.4**	**11.7**	**8.9**	**8.8**	**7.6**
工资性收入	11.8	13.8	16.6	9.4	9.4	6.9
经营净收入	10.2	-2.0	5.2	5.5	7.0	8.6
财产净收入	11.5	17.0	0.4	2.7	6.4	6.1
转移净收入	20.0	21.5	9.8	13.5	10.1	9.0
居民人均消费支出	**12.0**	**4.5**	**8.1**	**9.3**	**7.3**	**7.3**
食品烟酒	4.4	4.8	6.2	2.9	3.0	8.1
衣　着	3.3	2.7	5.7	-0.2	2.7	11.5
居　住	18.1	3.1	0.1	11.9	8.2	7.3
生活用品及服务	7.3	2.8	17.9	15.6	3.5	14.8
交通通信	23.3	7.6	13.4	11.4	16.1	-4.5
教育文化娱乐	21.5	3.7	16.4	14.8	8.7	10.2
医疗保健	22.0	7.2	10.2	23.6	10.0	8.6
其他用品及服务	6.7	-0.7	15.7	14.1	10.4	23.1

表3-8 城镇常住居民收支情况（比上年同期名义增长）（2013–2018年）

单位：%

指 标	2013年	2014年	2015年	2016年	2017年	2018年
居民人均可支配收入	**10.9**	**10.1**	**13.2**	**8.3**	**8.1**	**6.5**
工资性收入	8.8	9.8	16.5	6.9	8.0	6.0
经营净收入	11.2	−5.8	8.1	9.2	8.1	7.4
财产净收入	5.7	18.4	2.2	0.9	5.7	6.1
转移净收入	22.5	21.0	7.2	16.0	9.0	7.9
居民人均消费支出	**9.5**	**4.9**	**9.8**	**9.3**	**7.4**	**6.1**
食品烟酒	0.3	6.0	7.7	3.8	2.9	8.5
衣 着	−1.2	0.2	5.3	−2.3	3.0	10.3
居 住	14.4	4.8	−2.9	11.9	11.6	8.4
生活用品及服务	2.2	3.8	18.3	20.0	3.0	3.3
交通通信	31.8	7.0	19.2	7.1	15.3	−3.4
教育文化娱乐	23.8	3.4	21.0	14.2	9.3	0.8
医疗保健	13.7	8.2	15.7	27.5	6.8	10.0
其他用品及服务	8.9	1.3	15.6	15.9	7.8	24.4

表3-9 农村常住居民收支情况（比上年同期名义增长）（2013–2018年）

单位：%

指 标	2013年	2014年	2015年	2016年	2017年	2018年
居民人均可支配收入	**14.1**	**11.2**	**8.0**	**8.0**	**8.5**	**8.4**
工资性收入	30.7	48.7	15.3	18.6	10.6	5.3
经营净收入	10.3	−0.4	4.2	4.5	7.0	9.7
财产净收入	35.2	11.7	−8.7	6.7	4.5	1.0
转移净收入	13.2	22.5	14.9	6.2	10.5	9.7
居民人均消费支出	**15.4**	**3.7**	**4.5**	**7.5**	**5.3**	**8.1**
食品烟酒	10.5	2.9	3.3	0.0	1.6	5.9
衣 着	13.9	9.0	6.1	2.7	0.0	12.4
居 住	23.3	0.1	5.2	10.5	1.0	3.4
生活用品及服务	18.9	0.3	16.1	1.3	1.7	49.4
交通通信	8.8	8.7	2.2	18.8	15.9	−8.5
教育文化娱乐	14.6	4.2	5.2	13.3	4.3	35.2
医疗保健	34.5	5.8	2.1	15.7	14.6	4.8
其他用品及服务	−2.8	−8.0	15.2	2.8	16.5	12.3

表3-10 全体居民可支配收入及构成(2013-2018年)

指 标	单位	2013年	2014年	2015年	2016年	2017年	2018年
可支配收入	**元/人**	**13670**	**15096**	**16859**	**18355**	**19975**	**21500**
工资性收入	元/人	6865	7810	9108	9968	10907	11655
经营净收入	元/人	4077	3997	4204	4434	4744	5153
财产净收入	元/人	576	674	676	695	739	784
转移净收入	元/人	2152	2615	2871	3257	3585	3908
#养老金或离退休金	元/人	2173	2494	2685	3161	3678	3812
可支配收入构成	**%**	**100.0**	**100.0**	**100.0**	**100.0**	**100.0**	**100.0**
工资性收入	%	50.2	51.7	54.0	54.3	54.6	54.2
经营净收入	%	29.8	26.5	24.9	24.2	23.7	24.0
财产净收入	%	4.2	4.5	4.0	3.8	3.7	3.6
转移净收入	%	15.7	17.3	17.0	17.7	17.9	18.2
#养老金或离退休金	%	15.9	16.5	15.9	17.2	18.4	17.7

表3-11 城镇常住居民可支配收入及构成(2013-2018年)

指 标	单位	2013年	2014年	2015年	2016年	2017年	2018年
可支配收入	元/人	**21091**	**23213**	**26275**	**28463**	**30775**	**32764**
工资性收入	元/人	14031	15405	17943	19173	20716	21953
经营净收入	元/人	2645	2491	2693	2941	3180	3414
财产净收入	元/人	1048	1240	1268	1279	1352	1434
转移净收入	元/人	3368	4077	4370	5070	5527	5963
#养老金或离退休金	元/人	4656	5326	5723	6675	7657	7917
可支配收入构成	%	**100.0**	**100.0**	**100.0**	**100.0**	**100.0**	**100.0**
工资性收入	%	66.5	66.4	68.3	67.4	67.3	67.0
经营净收入	%	12.5	10.7	10.2	10.3	10.3	10.4
财产净收入	%	5.0	5.3	4.8	4.5	4.4	4.4
转移净收入	%	16.0	17.6	16.6	17.8	18.0	18.2
#养老金或离退休金	%	22.1	22.9	21.8	23.5	24.9	24.2

表3-12 农村常住居民可支配收入及构成(2013-2018年)

指 标	单位	2013年	2014年	2015年	2016年	2017年	2018年
可支配收入	元/人	**7847**	**8724**	**9425**	**10183**	**11045**	**11975**
工资性收入	元/人	1243	1848	2131	2527	2796	2945
经营净收入	元/人	5201	5179	5397	5642	6037	6624
财产净收入	元/人	205	229	209	223	233	235
转移净收入	元/人	1198	1468	1687	1791	1979	2170
#养老金或离退休金	元/人	225	270	287	321	388	341
可支配收入构成	%	**100.0**	**100.0**	**100.0**	**100.0**	**100.0**	**100.0**
工资性收入	%	15.8	21.2	22.6	24.8	25.3	24.6
经营净收入	%	66.3	59.4	57.3	55.4	54.7	55.3
财产净收入	%	2.6	2.6	2.2	2.2	2.1	2.0
转移净收入	%	15.3	16.8	17.9	17.6	17.9	18.1
#养老金或离退休金	%	2.9	3.1	3.0	3.2	3.5	2.8

表3-13 全体居民人均可支配收入(按收入五等份分组)(2013-2018年)

指 标	单位	2013年	2014年	2015年	2016年	2017年	2018年
可支配收入	元/人	**13670**	**15096**	**16859**	**18355**	**19975**	**21500**
低收入户	元/人	2393	3097	3617	2740	3204	3715
中低收入户	元/人	7063	8136	8286	8887	9815	9306
中等收入户	元/人	13102	14642	15733	17319	19263	17773
中高收入户	元/人	21629	23624	26769	28638	31113	32677
高收入户	元/人	37522	40241	45237	50876	54545	66915
可支配收入比上年增长	%		**10.4**	**11.7**	**8.9**	**8.8**	**7.6**
低收入户	%		29.4	16.8	-24.2	16.9	15.9
中低收入户	%		15.2	1.8	7.3	10.4	-5.2
中等收入户	%		11.8	7.5	10.1	11.2	-7.7
中高收入户	%		9.2	13.3	7.0	8.6	5.0
高收入户	%		7.2	12.4	12.5	7.2	22.7

注:2013年口径变化,五等份数据无法和上年数据比较

表3-14 城镇常住居民人均可支配收入(按收入五等份分组)(2013-2018年)

指 标	单位	2013年	2014年	2015年	2016年	2017年	2018年
可支配收入	元/人	**21091**	**23213**	**26275**	**28463**	**30775**	**32764**
低收入户	元/人	6571	8959	9165	9676	10824	8609
中低收入户	元/人	15560	17216	19498	20881	22241	21476
中等收入户	元/人	21556	23657	27637	28955	30365	32467
中高收入户	元/人	29041	30934	35621	37997	40212	44974
高收入户	元/人	42477	44804	50023	57584	61308	74743
可支配收入比上年增长	%		**10.1**	**13.2**	**8.3**	**8.1**	**6.5**
低收入户	%		36.3	2.3	5.6	11.9	-20.5
中低收入户	%		10.6	13.3	7.1	6.5	-3.4
中等收入户	%		9.7	16.8	4.8	4.9	6.9
中高收入户	%		6.5	15.2	6.7	5.8	11.8
高收入户	%		5.5	11.6	15.1	6.5	21.9

注:2013年口径变化,五等份数据无法和上年数据比较

表3-15 农村常住居民人均可支配收入(按收入五等份分组)(2013-2018年)

指 标	单位	2013年	2014年	2015年	2016年	2017年	2018年
可支配收入	元/人	**7847**	**8724**	**9425**	**10183**	**11045**	**11975**
低收入户	元/人	1272	1505	2362	1054	1282	2194
中低收入户	元/人	4217	4672	5056	5242	5440	5936
中等收入户	元/人	6451	7215	7385	7964	8550	8581
中高收入户	元/人	9829	11052	11407	12836	14015	12934
高收入户	元/人	20605	23706	25393	29760	33866	38933
可支配收入比上年增长	%		**11.2**	**8.0**	**8.0**	**8.5**	**8.4**
低收入户	%		18.3	56.9	-55.4	21.6	71.1
中低收入户	%		10.8	8.2	3.7	3.8	9.1
中等收入户	%		11.8	2.4	7.8	7.4	0.4
中高收入户	%		12.4	3.2	12.5	9.2	-7.7
高收入户	%		15.0	7.1	17.2	13.8	15.0

注:2013年口径变化,五等份数据无法和上年数据比较

表3-16 全体居民消费支出及构成(2013-2018年)

指 标	单位	2013年	2014年	2015年	2016年	2017年	2018年
消费支出	元/人	11392	11903	12867	14066	15087	16189
食品烟酒	元/人	3677	3854	4093	4213	4338	4692
衣 着	元/人	1174	1205	1274	1272	1305	1456
居 住	元/人	2160	2227	2228	2493	2698	2894
生活用品及服务	元/人	651	669	789	912	943	1083
交通通信	元/人	1510	1625	1842	2052	2383	2274
教育文化娱乐	元/人	1063	1101	1282	1471	1599	1762
医疗保健	元/人	913	979	1078	1333	1466	1593
其他用品及服务	元/人	244	243	281	320	353	435
消费支出构成	%	100.0	100.0	100.0	100.0	100.0	100.0
食品烟酒	%	32.3	32.4	31.8	30.0	28.8	29.0
衣 着	%	10.3	10.1	9.9	9.0	8.7	9.0
居 住	%	19.0	18.7	17.3	17.7	17.9	17.9
生活用品及服务	%	5.7	5.6	6.1	6.5	6.3	6.7
交通通信	%	13.3	13.6	14.3	14.6	15.8	14.0
教育文化娱乐	%	9.3	9.3	10.0	10.5	10.6	10.9
医疗保健	%	8.0	8.2	8.4	9.5	9.7	9.8
其他用品及服务	%	2.1	2.0	2.2	2.3	2.3	2.7

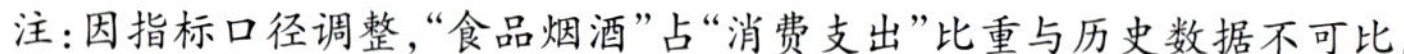

注:因指标口径调整,“食品烟酒”占“消费支出”比重与历史数据不可比。

表3-17 城镇常住居民消费支出及构成(2013-2018年)

指 标	单位	2013年	2014年	2015年	2016年	2017年	2018年
消费支出	元/人	16858	17682	19415	21229	22797	24191
食品烟酒	元/人	5216	5528	5955	6179	6360	6900
衣 着	元/人	1909	1912	2013	1966	2025	2233
居 住	元/人	3114	3263	3167	3544	3955	4287
生活用品及服务	元/人	1047	1088	1286	1544	1590	1642
交通通信	元/人	2250	2407	2869	3074	3545	3425
教育文化娱乐	元/人	1682	1739	2105	2405	2629	2651
医疗保健	元/人	1212	1312	1517	1935	2066	2273
其他用品及服务	元/人	428	434	502	581	627	780
消费支出构成	%	100.0	100.0	100.0	100.0	100.0	100.0
食品烟酒	%	30.9	31.3	30.7	29.1	27.9	28.5
衣 着	%	11.3	10.8	10.4	9.3	8.9	9.2
居 住	%	18.5	18.5	16.3	16.7	17.3	17.7
生活用品及服务	%	6.2	6.2	6.6	7.3	7.0	6.8
交通通信	%	13.3	13.6	14.8	14.5	15.6	14.2
教育文化娱乐	%	10.0	9.8	10.8	11.3	11.5	11.0
医疗保健	%	7.2	7.4	7.8	9.1	9.1	9.4
其他用品及服务	%	2.5	2.5	2.6	2.7	2.8	3.2

注:因指标口径调整,“食品烟酒”占“消费支出”比重与历史数据不可比。

表3-18 农村常住居民消费支出及构成(2013-2018年)

指 标	单位	2013年	2014年	2015年	2016年	2017年	2018年
消费支出	元/人	7103	7365	7698	8277	8713	9421
食品烟酒	元/人	2469	2540	2623	2624	2667	2824
衣 着	元/人	597	651	691	710	710	799
居 住	元/人	1412	1413	1487	1643	1660	1716
生活用品及服务	元/人	340	341	396	401	408	610
交通通信	元/人	929	1010	1032	1226	1421	1301
教育文化娱乐	元/人	577	601	632	716	747	1011
医疗保健	元/人	678	717	732	847	971	1018
其他用品及服务	元/人	100	92	106	109	127	143
消费支出构成	%	100.0	100.0	100.0	100.0	100.0	100.0
食品烟酒	%	34.8	34.5	34.1	31.7	30.6	30.0
衣 着	%	8.4	8.8	9.0	8.6	8.1	8.5
居 住	%	19.9	19.2	19.3	19.9	19.1	18.2
生活用品及服务	%	4.8	4.6	5.1	4.8	4.7	6.5
交通通信	%	13.1	13.7	13.4	14.8	16.3	13.8
教育文化娱乐	%	8.1	8.2	8.2	8.7	8.6	10.7
医疗保健	%	9.5	9.7	9.5	10.2	11.1	10.8
其他用品及服务	%	1.4	1.2	1.4	1.3	1.5	1.5

注:因指标口径调整,“食品烟酒”占“消费支出”比重与历史数据不可比。

表3-19 全体居民平均每百户主要耐用消费品拥有量(2013-2018年)

指 标	单位	2013年	2014年	2015年	2016年	2017年	2018年
家用汽车	辆		16	20	25	28	30
电动助力车	辆		28	33	40	45	52
洗衣机	台		89	93	96	98	97
电冰箱(柜)	台		88	91	99	101	102
微波炉	台		27	24	22	24	26
彩色电视机	台		99	100	101	103	101
空调	台		9	9	14	15	18
热水器	台		51	53	59	60	70
排油烟机	台		43	45	48	49	53
固定电话	线		53	44	39	38	27
移动电话	部		190	193	203	208	213
#接入互联网	部		59	78	98	108	143
计算机	台		38	40	42	43	36
#接入互联网	台		31	33	33	32	30

表3-20 城镇常住居民平均每百户主要耐用消费品拥有量(2013-2018年)

指 标	单位	2013年	2014年	2015年	2016年	2017年	2018年
家用汽车	辆	18	20	26	32	36	38
电动助力车	辆	17	20	25	27	29	30
洗衣机	台	94	94	97	98	100	100
电冰箱(柜)	台	95	95	96	102	104	103
微波炉	台	42	45	39	37	39	41
彩色电视机	台	99	101	100	102	103	100
空调	台	16	16	17	24	26	30
热水器	台	80	80	82	86	86	92
排油烟机	台		74	77	79	81	86
固定电话	线	68	71	61	54	52	38
移动电话	部	189	205	209	215	227	221
#接入互联网	部	75	76	104	127	135	178
计算机	台	60	60	63	65	65	55
#接入互联网	台	52	51	53	53	51	47

表3-21 农村常住居民平均每百户主要耐用消费品拥有量(2013-2018年)

指 标	单位	2013年	2014年	2015年	2016年	2017年	2018年
家用汽车	辆	11	13	13	18	20	19
电动助力车	辆		36	43	54	63	77
洗衣机	台	83	84	88	94	96	95
电冰箱(柜)	台	78	81	86	94	98	102
微波炉	台	6	6	6	5	6	8
彩色电视机	台	97	96	100	101	103	101
空调	台	1	1	1	2	2	3
热水器	台	15	18	22	29	30	44
排油烟机	台	6	7	9	13	13	14
固定电话	线	28	31	25	22	22	14
移动电话	部	167	174	174	189	187	203
#接入互联网	部		38	48	65	76	100
计算机	台	11	13	14	17	17	14
#接入互联网	台		8	10	11	11	10

新中国成立70周年

1949-2019

新疆人民生活

四、农业、畜牧业生产情况（1949-2018年）

表4-1 粮食、棉花播种面积及产量

年份	粮食播种面积（千公顷）	粮食产量（万吨）	棉花播种面积（千公顷）	棉花产量（万吨）
1949年	993.3	110	31.1	0.5
1950年	1084	122.6	36.4	0.6
1951年	1120	139.5	54.6	1.1
1952年	1179.3	160	69.9	1.5
1953年	1187.3	180	58.3	1.6
1954年	1148.7	181.6	55.1	1.6
1955年	1192	183.6	73.7	2.7
1956年	1277.3	211.5	122.8	5.5
1957年	1362	200.5	114.3	5.1
1958年	1435.3	204	123.3	5.8
1959年	1588	208.5	140	6.9
1960年	2291.3	202.5	158.7	3.5
1961年	2277.3	180	130.5	3
1962年	2114.7	180	104.1	2.5
1963年	2050.7	223.6	119.3	3.4
1964年	2132.7	258.5	135.8	4.4
1965年	2224.7	271	159	7.7
1966年	2384.7	334	168.7	7.9
1967年	2434	270	172.3	7.9
1968年	2302.7	222	160.9	6.9
1969年	2238	254.5	153.5	5.3
1970年	2366	307	155.1	6.5
1971年	2372.7	316.5	156.1	6.2
1972年	2298	282.5	159	5.3
1973年	2299.3	310	152.3	6.7
1974年	2265.3	261.5	152.3	5.8
1975年	2312.7	314.5	147.7	4.7
1976年	2284	344	141.5	5.1
1977年	2311.3	327.5	143.4	4.9
1978年	2335.3	375	150.4	5.5
1979年	2270.7	393.5	161.5	5.3
1980年	2177.9	388.5	181.2	7.9
1981年	2082.9	390	231.9	11.4
1982年	2035.1	407.5	285.1	14.6
1983年	1988.2	453.5	276.7	15.7
1984年	1993.2	497	281.5	19.2
1985年	1861.7	498.8	253.5	18.8

表 4-1 续表 1

年份	粮食播种面积(千公顷)	粮食产量(万吨)	棉花播种面积(千公顷)	棉花产量(万吨)
1986年	1810.1	547.7	276.3	21.6
1987年	1788.2	579.4	356.3	28
1988年	1794.5	604.9	356.3	27.8
1989年	1839.5	620.1	367.1	29.5
1990年	1835.5	666.2	435.2	46.9
1991年	1777.9	670.6	546.9	63.9
1992年	1740.8	694.3	643.3	66.8
1993年	1706.9	694.5	606.4	68
1994年	1506.4	643.5	749.8	88.2
1995年	1602.5	718.5	742.9	99.4
1996年	1660.76	805.31	799.26	94.04
1997年	1683.8	830.01	883.65	115
1998年	1585.61	836.6	999.26	140
1999年	1538.99	799.3	995.93	135.4
2000年	1468.16	783.7	1012.3	145.6
2001年	1415.73	779.98	1129.7	145.8
2002年	1514.61	835.6	943.9	147.7
2003年	1377.2	775.48	1055.5	160
2004年	1413.9	796.5	1136.86	178.3
2005年	1492.8	876.6	1160.51	187.4
2006年	1515.4	896.36	1684.07	290.6
2007年	1393.4	852.21	1806.26	356.49
2008年	1594.05	1015.24	1764.53	333.97
2009年	1964.9	1292.27	1466.18	285.2
2010年	2024.28	1392.36	1539.71	291.75
2011年	2050.14	1426.73	1749.7	349.89
2012年	2150.11	1517.36	1862.51	388.48
2013年	2256.89	1726.95	1884.42	393.56
2014年	2303.41	1749.85	2170.62	414.87
2015年	2403.41	1895.32	2144.26	419.1
2016年	2405.28	1552.33	2059.6	407.8
2017年	2295.85	1484.73	2217.47	456.6
2018年	2219.63	1504.23	2491.3	511.09

表4-2 主要畜禽存栏情况

单位:万头(只)

年份	猪	牛	羊	禽类
1949	3.75	139.66	765.11	
1950	5.37	151.55	835.91	
1951	6.36	163.65	906.03	
1952	6.85	171.08	937.96	
1953	8.51	184.60	1010.67	
1954	10.66	199.27	1120.39	
1955	12.84	212.65	1224.33	
1956	11.74	210.40	1295.66	
1957	13.63	192.29	1298.41	
1958	20.57	194.28	1354.49	
1959	30.42	198.06	1498.47	
1960	36.98	195.19	1529.89	
1961	36.10	206.26	1645.30	
1962	31.15	222.26	1726.10	
1963	31.24	245.45	1875.10	
1964	35.46	263.56	1975.12	
1965	41.86	282.13	2192.31	
1966	45.32	268.81	2071.96	
1967	51.43	255.46	2113.61	
1968	43.74	244.20	2071.81	
1969	38.75	221.21	1876.53	
1970	54.30	228.13	1949.67	
1971	91.38	231.63	1957.65	
1972	102.72	232.95	1969.45	
1973	87.02	246.77	2026.34	
1974	63.20	250.60	1974.70	
1975	54.40	237.34	1916.15	
1976	65.73	227.55	1901.22	
1977	92.04	221.22	1862.85	
1978	103.25	222.39	1927.54	
1979	103.74	236.67	2015.17	
1980	84.62	250.65	2105.43	
1981	72.83	263.66	2256.77	
1982	70.01	275.81	2355.25	
1983	69.53	280.90	2444.30	
1984	65.67	285.82	2447.75	
1985	66.58	293.26	2431.91	

表4-2 续表1

单位:万头(只)

年份	猪	牛	羊	禽类
1986	73.32	309.50	2508.85	
1987	73.51	322.32	2590.29	
1988	78.85	331.99	2689.11	
1989	90.54	336.94	2783.13	
1990	89.71	338.22	2830.81	
1991	91.17	336.32	2830.65	
1992	99.24	332.94	2830.36	
1993	108.13	331.62	2842.83	
1994	121.20	337.31	2905.80	
1995	135.26	343.54	3009.02	
1996	138.18	349.78	3136.21	
1997	145.73	359.81	3261.81	
1998	169.82	364.29	3447.38	
1999	188.34	370.52	3592.29	
2000	201.53	384.98	3690.21	
2001	208.23	386.40	3764.88	
2002	219.08	414.13	3908.23	
2003	227.71	453.06	4104.30	
2004	223.08	482.30	4266.73	
2005	238.38	504.16	4355.50	
2006	134.66	372.21	3921.50	2439.68
2007	148.43	374.16	3862.07	2695.90
2008	169.74	357.29	3646.06	2954.42
2009	194.73	353.57	3782.28	2953.73
2010	210.36	355.11	3657.34	2910.58
2011	233.05	343.68	3601.91	3033.08
2012	258.19	373.20	3578.16	3625.90
2013	288.29	392.69	3756.27	3994.81
2014	320.80	409.43	3996.93	4882.93
2015	313.33	426.78	4126.61	5294.07
2016	318.65	442.45	4058.60	5827.94
2017	342.68	432.99	4317.92	6266.69
2018	335.79	457.15	4159.68	5961.81

备注:从2006年起增设禽类存栏。

表 4-3 主要畜禽出栏情况

单位:万头(只)

年份	猪	牛	羊	禽类
1978	50.75	18.75	382.76	
1979				
1980	67.32	24.22	477.81	
1981				
1982				
1983	54.95	40.91	619.46	
1984	53.58	43.44	715.47	
1985	49.07	42.33	723.51	
1986	55.18	48.39	761.53	
1987	61.29	54.05	820.17	
1988	60.04	59.98	852.11	
1989	67.58	63.10	952.99	
1990	78.93	70.10	1070.43	
1991	77.88	77.31	1130.97	
1992	84.31	81.93	1199.85	
1993	88.74	82.70	1194.80	
1994	101.34	90.25	1309.97	
1995	122.32	101.20	1448.72	
1996	153.75	116.25	1550.65	
1997	173.06	125.72	1753.88	
1998	197.39	140.82	1837.57	
1999	203.87	145.95	1820.71	
2000	224.46	154.53	2017.36	

表4-3 续表1

单位:万头(只)

年份	猪	牛	羊	禽类
2001	246.00	179.32	2147.31	
2002	259.05	188.65	2363.02	
2003	307.74	202.23	2626.94	
2004	352.83	220.80	2790.53	
2005	358.71	249.41	3081.88	
2006	223.40	208.43	3079.63	4879.36
2007	245.23	210.68	3077.43	4727.30
2008	275.14	207.31	2862.70	4573.74
2009	296.93	210.89	2779.01	5066.99
2010	343.13	216.69	2989.75	5117.18
2011	381.78	206.20	2966.51	5405.36
2012	413.64	222.26	3066.47	5918.88
2013	461.29	230.26	3186.43	6611.01
2014	502.44	239.39	3424.37	7545.51
2015	492.76	247.29	3556.95	8120.78
2016	504.60	258.07	3744.63	9049.62
2017	495.77	259.27	3605.60	9020.69
2018	526.70	253.53	3677.82	8566.26

备注:从2006年起增设禽类出栏。

表4-4 主要畜禽产品产量

单位：万吨

年份	猪	牛	羊	禽肉	牛奶	禽蛋
1978	2.48	1.85	5.32		4.50	
1979	3.17	1.92	5.65		5.64	
1980	3.29	2.20	6.48		5.84	
1981	3.30	2.60	7.26		7.06	
1982	2.95	3.14	8.04		7.75	2.96
1983	3.05	3.88	8.37		10.45	3.11
1984	3.20	4.29	9.55		12.59	3.55
1985	3.09	4.23	9.97		16.43	4.29
1986	3.33	5.04	11.18		20.38	5.09
1987	3.71	5.40	12.15		26.72	5.68
1988	3.60	6.15	12.57		28.73	6.06
1989	4.11	6.52	13.95		29.37	6.07
1990	4.93	7.08	15.75		30.81	6.30
1991	5.01	8.11	16.71		33.66	6.71
1992	5.46	8.71	18.08		35.97	7.63
1993	6.18	9.32	18.64		37.03	7.72
1994	6.89	10.03	20.77		40.75	8.43
1995	8.37	13.14	24.48		45.21	9.51
1996	10.43	15.18	26.93		48.77	10.33
1997	11.52	16.40	27.72		54.18	12.16
1998	13.60	19.19	32.49		59.96	13.34
1999	16.02	20.61	33.57		64.81	16.68

表 4-4 续表 1

单位:万吨

年份	猪	牛	羊	禽肉	牛奶	禽蛋
2000	17.18	22.24	37.50		72.54	18.53
2001	18.36	23.99	40.48		81.09	20.37
2002	19.70	25.90	43.06		94.87	22.64
2003	22.41	28.77	45.54		113.00	23.62
2004	24.58	30.42	52.65		133.33	24.99
2005	26.18	34.22	59.89		152.22	24.99
2006	15.93	29.18	62.36	7.86	165.43	21.20
2007	17.84	30.24	59.00	7.71	165.14	23.15
2008	20.03	32.42	54.34	7.57	163.23	25.12
2009	22.19	33.88	51.96	8.24	168.08	23.52
2010	25.89	35.47	53.67	8.44	170.21	24.80
2011	28.94	33.76	50.98	9.00	172.53	26.20
2012	31.42	36.16	52.08	10.49	174.57	26.61
2013	32.88	37.82	53.28	11.83	173.24	29.09
2014	35.77	39.16	55.17	13.47	176.51	31.66
2015	35.19	40.45	57.25	14.89	186.37	34.01
2016	36.32	42.48	60.44	16.66	186.74	37.82
2017	35.80	43.04	58.24	16.65	191.86	37.37
2018	38.10	41.97	59.38	16.01	194.85	37.27

备注:从2006年起增设禽肉,从1982年起增设禽蛋。

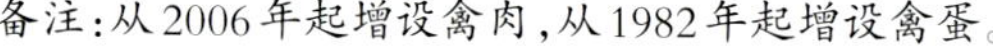